Helga Kernstock-Redl

Schuldgefühle

Helga Kernstock-Redl

Schuld gefühle

Woher sie kommen,
warum sie Ängste verursachen,
wie sie unser Leben unterschwellig lenken
und wie wir sie ablegen können

GOLDEGG VERLAG

Alle Beispiele wurden in allen wesentlichen Details verfremdet, den beschriebenen Personen wurden willkürlich häufig vorkommende Vor- und Familiennamen zugeteilt.

Weiterführende Infos erhalten Sie online unter www.schuldgefühle.at

Der Verlag und seine Autoren sind für Reaktionen, Hinweise oder Meinungen dankbar. Bitte wenden Sie sich diesbezüglich an verlag@goldegg-verlag.com.

Der Goldegg Verlag achtet bei seinen Büchern und Magazinen auf nachhaltiges Produzieren. Goldegg Bücher sind umweltfreundlich produziert und orientieren sich in Materialien, Herstellungsorten, Arbeitsbedingungen und Produktionsformen an den Bedürfnissen von Gesellschaft und Umwelt.

ISBN: 978-3-99060-154-9

Friedrichstraße 191 • D-10117 Berlin
Telefon: +49 800 505 43 76-0

Goldegg Verlag GmbH, Österreich
Mommsengasse 4/2 • A-1040 Wien
Telefon: +43 1 505 43 76-0

E-Mail: office@goldegg-verlag.com
www.goldegg-verlag.com

Layout, Satz und Herstellung: Goldegg Verlag GmbH, Wien
Printed in the EU

Inhaltsverzeichnis

Vorwort

Ab in den Urlaub. Der Sonne entgegen oder mitten hinein in eine aufregend neue Stadt. Es ist zeitweise natürlich schon anstrengend, doch danach kehren wir mit Tausenden neuen Eindrücken, mit interessanten Informationen und hoffentlich berauschend schönen Gefühlen im Gepäck, in Herz und Hirn in die Heimat zurück.

Zu einer solchen Reise lade ich Sie mit diesem Buch ein. Es ist allerdings kein Ort der Außenwelt, den wir besuchen, sondern einer, den wir innerlich in uns tragen, ähnlich und doch einzigartig, so wie keine Stadt der Welt einer anderen gleicht und doch so viel Vergleichbares hat, vertraut und zugleich faszinierend fremd.

Es ist der Ort, wo die Schuldgefühle daheim sind. Dieses Buch ist als Reiseführer gedacht – in einen psychologisch gut erforschten und doch so wenig bekannten Teil im weiten Land der Psyche: mit dunklen Geheimnissen und grandiosen Kostbarkeiten, mit Spielplätzen, Kraftorten, traurigen Denkmälern und wertvollen Andenken. Wer sich mit der Logik der Schuldgefühle auskennt, wird keine Angst mehr vor ihnen haben müssen, sondern sie zur Orientierung nutzen und selbstbestimmter, selbstbewusster und freier durchs Leben gehen.

Schuldgefühle wollen uns etwas Gutes, auch wenn sie sich ziemlich ungut, sogar quälend anfühlen können. Sie sind faszinierend logisch und enorm hilfreich, sobald uns klar wird, wozu sie eigentlich da sind. Das Buch beginnt damit, sie näher kennenzulernen und die richtigen Worte zu finden, um sie fassbar zu machen. Danach werden Sie verstehen können, wieso unser Gehirn sie so liebt, denn sie bringen uns weiter. Doch manchmal irren sie sich, sind viel zu stark oder schlichtweg zu viele. Daher ist es wichtig, sie gewissenhaft prüfen zu können. Viele Bereiche unseres Alltags sind von ihnen durchzogen: Sie lenken unsere Entscheidungen und bestimmen mit, wie wir unsere Konflikte lösen, Kinder erziehen oder wann wir in Pension gehen oder ob wir am Wochenende die Verwandten besuchen. Falls Sie meinen, Sie selbst oder ein Mensch, den Sie mögen, hätten viel zu viele davon:

Es gibt ein Dutzend Wege, um sie ablegen zu können, die ich am Ende des Buches zusammenfasse.

Ich selbst stehe als Reiseführerin zur Verfügung. Mein Wissen stammt aus vielen Tausend Stunden intensiver Begegnung mit Menschen aller Altersgruppen als Psychologin und Psychotherapeutin, ergänzt um spannende psychologische Forschungsergebnisse. Vieles entspringt meinem privaten Umfeld und dem alltäglichen Leben als Mutter und Tochter, als Partnerin und Freundin. Deshalb weiß ich: Trotz aller Individualität, unterschiedlichsten Erfahrungen und Eigenschaften sind wir Menschen überall auf der Welt durch die Ähnlichkeit unserer Gefühle verbunden. Deshalb hoffe ich, dass die Ausrüstung, die ich im Buch zur Verfügung stelle, auch für Sie oder den Menschen, die Ihnen wichtig sind, Nutzen bringt.

Gute Reise und viel Freude wünsche ich Ihnen als Ihr Guide für diese Reise in einen faszinierenden Teil der Innenwelt.

Helga Kernstock-Redl

Alle Beispiele wurden in allen wesentlichen Details verfremdet, den beschriebenen Personen wurden willkürlich häufig vorkommende Vor- und Familiennamen zugeteilt.

Weiterführende Infos erhalten Sie *online* unter:
www.schuldgefühle.at

1. Das schlechte Gewissen

»Warum nur passiert so etwas immer mir?« Alex, ein 15-jähriger Jugendlicher, saß in meiner Praxis. Er konnte vor ohnmächtigem Zorn und Tränen kaum sprechen. Sein Lehrer hatte ihn ohne Grund aus der Klasse geworfen. Ohne Grund! So gemein! Unfair! Immer tiefer versank er in einer Gefühlsmischung, die ich später »Opfergefühl« nennen würde: voller Angst vor dem nächsten Schultag, hilflos, wütend, verletzt, traurig. Diesem Häufchen Verzweiflung hörte ich also zu und überlegte dabei: Wie könnte ich ihm aus seinem emotionalen Tief heraushelfen, wie ihn unterstützen, sich weniger ausgeliefert zu fühlen? Ich vermutete aufgrund unserer bisherigen Gespräche, dass er sehr wohl einen eigenen Anteil an der Eskalation hatte, eine Mitschuld. Doch mir war auch völlig klar, dass ich das keinesfalls so aussprechen durfte, zu groß war seine Not: Wutentbrannt und tief verletzt würde er hinausstürmen, den Halt durch mich verlieren – und vielleicht sogar jeden Halt in sich.

Mein Blick fiel zufällig auf zwei kreisrunde Moderationskarten in Rot und Grün. Ich nahm sie und schnitt beide bis zum Mittelpunkt ein. Ineinandergefügt hatte ich nun ein Kreisdiagramm, das ich in die Hand legte, und fasste die Situation zusammen, mit freundlich-mitfühlenden Pausen: »Ich sehe, wie sehr du dich aufregen musst. Das ist verständlich, du hast schon länger eine Art Kleinkrieg mit ihm und das jetzt war der traurige Tiefpunkt. Ich kann mir deinen Ärger und diese Ohnmacht gut vorstellen. Eine Frage hätte ich noch, damit ich es besser begreifen kann: Wenn du diese zwei Scheiben ineinanderfügst, erhältst du eine Art zweifarbige Torte. Eine Farbe zeigt die Schuld des Lehrers, die andere deinen Anteil. Wie verteilt sich das bei diesem Vorfall?« Alex richtete sich auf und erkundete neugierig die Beweglichkeit der beiden Scheiben. Dann zeigte er mir die Antwort auf meine Frage: Sein Tortenstück war ziemlich schmal, es füllte etwa ein

Zehntel. »Okay, ich sehe, 90 Prozent der Schuld liegt beim Lehrer. Es ist sicher manchmal schwierig mit ihm. Der kleine Teil gehört also dir. Was genau war denn dein Beitrag?« Er antwortet: »Na ja, ich hätte zu ihm vielleicht nicht ›Du A...‹ sagen sollen.« Ich war verblüfft: »Aha, ups, ich kann mir gut vorstellen, wie es dir vorher gegangen sein muss, wenn du so was sagst. Folgender Vorschlag: Wir suchen Möglichkeiten, wie du in solchen Extremfällen trotzdem nur genau das sagen kannst, was du wirklich willst. Etwas, das dir nicht schadet, sondern wovon am Ende du profitierst. Dann kann dich niemand mehr provozieren und damit Macht über dich kriegen. Okay?« Wir sprachen lange über die unterschiedlichen Möglichkeiten der Selbstberuhigung. Mit zunehmendem Ehrgeiz begann er, sich ein Repertoire von schlagfertigen, coolen Reaktionen auf Provokationen aufzubauen. Später überlegten wir, was am nächsten Schultag zur Entspannung zwischen ihm und diesem Lehrer beitragen könnte. Er traf die Entscheidung, sich für sein Schimpfwort – und zwar nur dafür – zu entschuldigen. Der Lehrer war positiv überrascht, entschuldigte sich ebenfalls für den eigenen Anteil und die verbleibenden Schulwochen waren gerettet.

Während unseres Gesprächs lag diese »Kreisdiagramm-Torte« mit der von ihm gewählten Aufteilung auf dem Tisch zwischen uns und erinnerte ihn fortwährend daran, dass ich seine Aufteilung ohne Diskussion respektierte. Später nannte ich sie *»Schuld- und Chancenscheibe«*. Nur mit ihrer Hilfe war es ihm gelungen, sich innerlich ein wenig vom Gefühl zu distanzieren und in die Selbstbeobachtung zu wechseln. Er konnte ohne Angst seinen Teil der Schuld sichtbar werden lassen und fühlte sich trotzdem in seiner Ohnmacht anerkannt. Die genaue Größe seines Anteils war überhaupt nicht wichtig. Wir konnten uns gefahrlos auf jenen winzigen Teil konzentrieren, wo er eigene Schuld sah – und worauf er deshalb Einfluss nehmen konnte! Das machte ihm letztendlich einen wichtigen, persönlichen Entwicklungsschritt möglich. Ich hoffe, er war von Dauer.

Zumindest für mich war er das: Denn an diesem Tag hörte ich auf, Schuldgefühle nur als Last oder Übel zu bewerten, sondern erkannte ihre Kostbarkeit. Mein Interesse an ihren konstruktiven Aspekten und den psychologischen Hintergründen war geweckt.

Die Psycho-Logik des Schuldgefühls

Jeder und jede von uns hat mehr oder weniger starke Gefühle, ob wir das nun wollen oder nicht. Eines davon ist das Schuldgefühl, das oft Hand in Hand mit Angst, Scham und Ärger über sich selbst auftaucht. Es kann überaus unangenehm werden, doch das ist keine sinnlose Selbstquälerei. Im Gegenteil: Die folgenden Seiten werden zeigen, dass der Biologie ein genialer Kunstgriff gelungen ist, weil sie uns in ihrer naiven Logik die Fähigkeit vererbt hat, Schuldgefühle zu empfinden.

Die Dynamik des Schuldgefühls ist sogar ziemlich einfach, obwohl es auf den ersten Blick ziemlich kompliziert wirkt. Doch niemand mag darüber nachdenken, schon das Wort »Schuld« wird von vielen gemieden. In manchen Seminaren oder Gesprächen werde ich sogar ersucht, es doch bitte konsequent durch »Verantwortung« oder »eigener Anteil« zu ersetzen, das würde weniger furchtbar klingen. Das gilt übrigens auch für die Begriffe »Opfer« und »Opfergefühl«.

Keiner will also gern selbst solche Gefühle spüren, doch manchmal scheint unser Gehirn sie regelrecht zu suchen. Wenn es keine findet, kann es sogar welche erfinden. Spätestens im Kindergarten fangen wir an, Schuldgefühle zu vermeiden, Schuldzuweisungen ängstlich abzuwehren und um die größere Opferrolle zu kämpfen. Und in vielen Firmen sucht nach einem Fehler niemand nach einer Lösung, sondern alle Energie fließt in die Frage: »Wer hat Schuld?« Damit scheint die Sache auch schon erledigt. Einzelne Menschen wiederum fühlen sich gänzlich frei von Schuldgefühlen, obwohl man sich nur wünschen kann, sie hätten das eine oder andere, damit sie weniger Unheil anrichten. Wozu das alles?

Tausende Textzeilen sind über die philosophischen, juristischen, religiösen, ethischen oder analytischen Ansichten rund um Schuld, Opfer und Gerechtigkeit geschrieben worden. Sie gehören mit Sicherheit zu den mächtigsten Emotionen überhaupt. Daher finden sich dieses und verwandte Themen wie Gerechtigkeit oder Sühne bereits in den allerältesten, überlieferten Schriften der Menschheitsgeschichte: im Gilgamesch Epos, in der Illias von

Homer, in vielen Mythen oder in religiösen Texten. Mehr denn je ist es Hauptthema einflussreicher Werke großer Schriftstellerinnen und Künstler. Die intensive Beschäftigung damit ist nicht verwunderlich: Schuldgefühle bilden ein zentrales Thema in vielen Lebenssituationen, in Krisen und Konflikten, bei Krankheiten, in Familien und am Arbeitsplatz, in der Politik und in allen Medien. An jedem einzelnen Tag werden wir bei Entscheidungen und im Kontakt mit anderen damit konfrontiert.

Lange Zeit war ich sogar der Ansicht, die Gefühle von Schuld und Gerechtigkeit unterscheiden uns von den Tieren und würden somit das typisch Menschliche bei mentalen Prozessen repräsentieren. Da habe mich übrigens gründlich geirrt, denn zumindest Primaten können ohne jeden Zweifel Schuld fühlen und kennen auch Wege, um sich davon zu befreien.[1]

Wenn Sie nun glauben, ein so komplexes Gefühl müsse kompliziert sein, täuschen Sie sich glücklicherweise. Seine innere Dynamik folgt bestimmten psycho*logischen* Gesetzen, die so verständlich – wenn auch nicht so verbindlich – sind wie die Naturgesetze der Physik. Deshalb hat jedes einzelne Schuldgefühl wichtige *Ursachen,* die es zu erforschen gilt – in neun von zehn Fällen finden Sie das bereits durch eine einzige Frage heraus! Und es verfolgt sinnvolle *Ziele.* Unsere Natur (oder welche Instanz auch immer), die Schuldgefühle in unserer biologischen Ausstattung verstärkt und verankert hat, will dadurch natürlich etwas Gutes für uns Menschen erreichen. Und obwohl es unangenehm ist, ist es letztendlich nur ein Gefühl, das wie jedes andere kommt, um seinen Beitrag zu leisten, und danach wieder vergehen will: Inzwischen habe ich mehr als ein Dutzend Wege kennengelernt, die Menschen gefunden haben, um es hinter sich zu lassen. Voraussetzung ist allerdings, dieses Gefühl vorher genau zu betrachten, zu verstehen und zu akzeptieren. Das unterscheidet nämlich eine nachhaltige Veränderung vom bloßen Verdrängen.

Schauen wir mal genau hin: Wie fühlt sich Schuld an?

Beginnen wir mit unserer Forschungsreise am Anfang: Wie bemerken Sie persönlich dieses Gefühl, sobald es sich leise aufbaut oder wenn es Sie plötzlich überfällt? Tatsächlich kennt es wohl jeder Mensch, zumindest ist mir noch nie jemand begegnet, der noch nie ein Schuldgefühl in sich beobachtet hat.

Formulierungen wie »in sich beobachten« oder »das Gehirn mag dieses oder jenes« wollen Sie einladen, die Innenwelt mit ein wenig Distanz zu beobachten – ganz im Stil einer Forschungsreise. Lieber sich davon nicht mitreißen lassen, sondern den Kopf »über Wasser« halten. Wir *sind* nicht unsere Gefühle und Gedanken, wir *haben* sie nur. Bei aller Verbindung können wir lernen, dass ein Teil von uns in einer Selbstbeobachtungsposition bleibt: ähnlich wie eine Schiedsrichterin im Tennis es tut, um den Überblick zu bewahren und, wenn notwendig, steuernd einzugreifen, sobald in uns Schuld, Ärger und Angst wild diskutierend einander Argumente wie Tennisbälle hinpfeffern und den Verstand übertönen – oder umgekehrt.

Schuldgefühle finden wir in allen menschlichen Kulturen überall auf der Welt. Sie müssen nicht erlernt werden, sondern gehören zu unserer biologischen Grundausstattung. Allerdings kann man ihnen, anders als beispielsweise Freude, Ekel oder Angst, keine klare Mimik und keine immer gleichen Reaktionen zuordnen. Die psychologische Forschung konnte kein eindeutiges Muster des Schuldgefühls finden,[2] weder im Körper noch im Gehirn. Wir sehen es deshalb anderen Personen nicht immer an, ob sie sich schuldig fühlen. Nur die Betroffenen selbst spüren es – und manchmal nicht einmal die, denn es verbirgt sich gern hinter anderen Gefühlen, die weniger ängstigend, unangenehm oder schwächend sind. Von außen lassen sich nur Verhaltensweisen beobachten. Dadurch können wir Rückschlüsse auf das Gefühl dahinter ziehen: Bedrücktheit, Unruhe, Verhaltensweisen in Richtung von Wiedergutmachung und Entschuldigung. Oder ein unverhältnismäßig zorniger Gegenangriff, rechtfertigende Schuldabwehr oder Vorwürfe lassen vermuten, dass ein Schuldgefühl zwar da ist, aber abgewehrt werden muss. Denken Sie an eine typische Situation im Autoverkehr, wo jemand Ihnen die Vorfahrt nimmt und sich anschließend über Sie aufregt. Manchen fehlt vielleicht tatsächlich ein Unrechtsbewusstsein. Doch einige Mitmenschen scheinen einen eigenen Fehler unter keinen Umständen zugeben zu wollen und weisen deshalb sofort und auffallend vehement alle Schuld anderen zu.

Sobald Sie beginnen, ein Schuldgefühl zu beobachten, werden Sie merken: Wie jedes andere steht es nicht einsam in der Psyche herum, sondern geht immer Hand in Hand mit anderen Innenwelt-Aktivitäten, nämlich …

mit typischen, selbstquälenden Gedanken darüber; mit Wahrnehmungsveränderungen, die meist dazu führen, unseren Anteil übermäßig groß zu bewerten; Erinnerungen über frühere Verfehlungen tauchen auf; innere Bilder und Filme versorgen uns permanent mit Details darüber, was wir Schlimmes verursacht haben (könnten); Verhaltensimpulse, oft in Richtung von Wiedergutmachung, entstehen und der Körper reagiert: Er fühlt sich trotz aller Unruhe irgendwie schwer und gedrückt an.

Frau Wagner kommt, um aus ihrem seelischen Tief herauszufinden: »Am schrecklichsten ist das Schuldgefühl. Es drückt mich nieder und lässt mich doch nicht untätig sein. So beklemmend, bedrückend. Es gibt einige Erinnerungen, die verfolgen mich seit Jahren. Ich habe in der Erziehung so viele Fehler gemacht, immer bemüht, eine nette Mama zu sein in der begrenzten Zeit, die ich neben meinem Job hatte. Und dann hatte ich diesen schweren Unfall beim Skifahren und hab dann sowohl meine Familie als auch die Firma im Stich gelassen. Das Schuldgefühl nagt an mir. Ständig frage ich mich, warum ich das getan habe. Ich versuche, mich so zu verhalten, dass ich mich nie wieder schuldig fühlen muss. Aber es ist nicht möglich.« Unruhe steigt in ihr hoch. Sie kann nicht mehr im Sessel sitzen bleiben, sondern wandert ruhelos im Raum umher. Doch ihrem quälenden Schuldgefühl kann sie nicht davonlaufen. »Je genauer ich darüber nachdenke, umso schlimmer werden die Last und die Unruhe.

Das zieht mich nur hinunter. Können wir bitte über ein anderes Thema sprechen?« Ich unterstütze Frau Wagner seit geraumer Zeit und denke, sie ist ein wirklich wertvoller Mensch: verantwortungsbewusst, fürsorglich und gutherzig. Gleich, welchen Fehler sie begangen hat: Sie hat es nicht verdient, dafür ein halbes Leben lang so zu leiden. Das sage ich ihr und ergänze: »Irgendwann haben doch wohl auch Sie genug gebüßt. Oder?«

Wie ein Netzwerk wirken die genannten Verbindungen oft in beide Richtungen: Schuldgefühle verursachen unter anderem häufig das Gefühl der Schwere. Einem Forschungsteam ist nun der Nachweis gelungen, dass ein beschwerter Körper Schuldgefühle verstärkt. Sie kamen auf die interessante Idee, Versuchspersonen mit und ohne schwere Rucksäcke unterschiedliche Aufgaben bewältigen zu lassen. Währenddessen wurden ihnen diverse Fragen gestellt. Das Ergebnis: Wer körperlich eine Last zu tragen hatte, entwickelte mehr Schuldgefühle.[3]

Unser Gehirn hat die spontane Neigung, durch diese Verknüpfungen jedes einmal vorhandene Gefühl automatisch zu verstärken: Angst erzeugt Vermeidungsverhalten, das die Angst noch verstärkt. Trauer schickt uns Fantasiebilder darüber, was wir durch den Verlust nun alles nicht mehr erleben werden können, das noch trauriger macht. Freude verursacht Lächeln, diese Mimik – auch wenn es künstlich erzeugt wird[4] – hebt die Stimmung manchmal noch ein wenig an. Ärger verändert unsere Wahrnehmung, sodass wir ein Verhalten rasch mal als Aggression umdeuten.[5]

Herr Yilmaz, ein Techniker mit Leib und Seele, berichtet: »Es ist wie ein Verstärkerkreislauf im Gehirn. Besonders intensiv laufen bei mir die automatischen inneren Filme. Bei einem Spaziergang mit den Kindern mussten wir miterleben, wie kurz vor uns ein Auto auf der Landstraße quietschend ins Schleudern geriet. Es krachte in einen Baum neben der Straße. Fünf Minu-

ten später wären wir genau dort gestanden. Vielleicht wären meine Kinder verletzt worden. Ich hätte sie nicht schützen können. In meinem Kopf habe ich seither den Anblick der verletzten Kinder und das quälende Schuldgefühl. Dabei ist doch gar nichts passiert.«

Normalerweise hört so ein »Futterkreislauf« nach einer Weile wieder von selbst auf, weil uns das Leben vor neue Herausforderungen stellt und sich Gefühle mit der Zeit beruhigen wollen. Doch unter bestimmten Umständen bleiben Menschen darin hängen. Für Außenstehende wirkt das manchmal so, als ob die Betroffenen das Gefühl »nicht loslassen wollen«, doch das Umgekehrte ist der Fall: Sie sehen sich chancenlos gefangen in dieser Dynamik. Wir wundersame Menschenwesen können uns deshalb über viele Jahre hinweg grausam schuldig fühlen wegen Dingen, die nie passiert sind. Die Katastrophenfantasie allein reicht schon. Dazu braucht es ein wahrlich hochentwickeltes Gehirn. Kein Lebewesen kann uns hierbei das Wasser reichen, wohl nicht einmal jene, die uns am ähnlichsten sind, die Primaten.

Verstehen hilft: Warum fühlen wir uns schuldig?

Die Ursachen hinter einem Schuldgefühl müssen wohl wichtig sein, denn ein davon angetriebener Mensch kann jahrzehntelang Unglaubliches leisten oder erleiden. Lüften wir also das Geheimnis hinter diesem genialen Kunstgriff der Natur: Ich behaupte, ein Schuldgefühl entsteht in uns immer dann, wenn wir ein höchstpersönliches Gesetz gebrochen haben (bis auf später genannte Ausnahmen). Das ist der zentrale Schlüssel zum Verständnis – der übrigens eine der Türen zum Ausstieg öffnen kann. Diese übertretene Regel muss uns schon wichtig sein: ein strenges Gesetz, an das zu halten wir uns verpflichtet haben oder verpflichtet fühlen, kein simpler Wunsch, keine lose Vereinbarung, kein bloßer Neujahrsvorsatz nach dem Motto: »Wenn es leicht geht, dann tu ich …« Dieser Ernst steckt schon im Begriff selbst: »Schuld« und »soll« haben laut Duden beide ihren Ursprung im selben altgermanischen Wort, das ursprünglich die verbindliche Pflicht zu einer Leistung bezeichnet. Bürokaufleute nennen »Schulden und Guthaben« daher heute noch »Soll und Haben«.

Noch ein Beispiel: Ein Strafmandat flattert mir ins Haus. Ich habe bei einer Fahrt die Höchstgeschwindigkeit überschritten. Kein Zweifel, ich bin schuld. Würden Sie nun ein Schuldgefühl bekommen? Ich gebe zu, in mir entsteht keines. Ich ärgere mich vielleicht über das Radar oder mich selbst. Natürlich übernehme ich die Schuld und zahle die Strafe, denn ich habe nun mal ein »äußeres Gesetz« übertreten. Vielleicht lerne ich daraus und achte in Zukunft besser auf meine Geschwindigkeit. Doch bei aller Selbsterforschung: keine Spur von Schuldgefühl. Sobald ich den Geburtstag eines Familienmitglieds vergesse, überfällt mich jedoch sehr wohl das schlechte Gewissen. Wie kann das sein, wo es sich doch im ersten Fall klar um eine Rechtsverletzung handelt, wohingegen es gar kein äußeres Gesetz gibt, das vorschreibt, sich an Geburtstage von Angehörigen erinnern zu müssen?

Von außen vorgegebene Gesetze erzeugen in uns nur dann Schuldgefühle, falls wir sie innerlich als gültig und richtig übernommen haben. Sollte das nicht der Fall sein, halten wir uns vielleicht aus Vernunft, Loyalität oder Angst an die rechtlichen oder sozialen Vorgaben bekommen, aber keinerlei Schuldgefühl, wenn wir eines davon übertreten: Ob wir – trotz klaren Vertrags – auch ein Schuldgefühl entwickeln, sobald wir ausgeborgtes Geld nicht zurückzahlen, hängt von der innerlichen Verpflichtung ab. Oder wir können offiziell absolut unschuldig sein, uns aber aufgrund eines inneren Gesetzes enorm schuldig fühlen.

Ursache Nummer eins für die Entstehung eines Schuldgefühls: Wir übertreten ein inneres Gesetz.

Alle inneren Gesetze, die uns oft unbemerkt steuern, weil sie uns bei einer Übertretung mit Schuldgefühlen versorgen, wurden im Lauf des Lebens gelernt. Manche wurden uns vorgelebt, eingeredet oder wir haben sie damals aus Empathie oder sozialer Intelligenz heraus abgeleitet und verinnerlicht. Sie merken: Starke Schuldgefühle von uns Erwachsenen gehen immer mit vielfältigen Lern- und Denkprozessen einher. Eine psychologische Forschungsgruppe rund um Cavalera und Pepe (2014) hat vielleicht deshalb bessere Gedächtnisleistungen bei Menschen mit starker Neigung zu Schuldgefühlen gefunden. Doch die wichtigste, gute Nachricht für alle davon übermäßig geplagten Leserinnen und Leser: Etwas Gelerntes können wir umlernen oder ablegen. Das Neu-Schreiben der eigenen Gesetzestexte liegt in Ihrer Hand, genauer gesagt in Ihrem Gehirn. Als Babys hatten wir schließlich kein einziges dieser Schuldgefühle, die uns heute das Leben leicht oder schwer machen.

Der Weg zur Veränderung beginnt damit, diese inneren Gesetze zunächst einmal zu erkennen. Ich schlage deshalb vor, Sie gehen gleich auf die Suche danach: Auf welches innere Gesetz, das Ihnen vielleicht vor dessen Übertretung gar nicht bewusst war, macht Sie ein konkretes Schuldgefühl energisch aufmerksam? Vielleicht müssen Sie ein wenig tiefer danach graben, bis es sich offenbart.

Susanna Swoboda erzählt im Coaching wütend: »Gestern bin ich zu spät in die Firma gekommen. Meine Kollegin schaut mich an und meint mit gestresster Stimme: ›Warum kommst du so spät?‹ Zerknirscht und voller Schuldgefühl habe ich es ihr erklärt. Später kam der Ärger: Ich brauche mich vor ihr doch nicht zu rechtfertigen!« Wir suchen innere Regeln, die wohl streng sind, sonst würden sie kein Schuldgefühl erzeugen. Die erste ist rasch gefunden: »Ich muss pünktlich sein. Das gehört sich so.« »Gehört« hat sie das tatsächlich von Kindesbeinen an, mit durchwegs negativen Bewertungen der Unpünktlichkeit: Diese zeuge von Respektlosigkeit, Gleichgültigkeit, Provokation und so weiter. Das elterliche Dogma wurde zwangs-

läufig verinnerlicht und danach nie mehr bewusst infrage gestellt. Ihren Ärger zu verstehen, verlangt ein wenig mehr Detektivarbeit. Ich frage weiter: »Wieso genau dieser große Ärger? Ich nehme an, die Kollegin war tatsächlich nur gestresst. Was genau macht Sie an der Frage nach dem ›Warum‹ so zornig?« Susanna Swoboda meint: »Eigentlich habe ich mich nicht gefragt gefühlt, sondern zu Unrecht beschuldigt. Verärgert wollte ich deshalb gar nicht antworten, habe es aber getan und bin deshalb noch dazu wütend auf mich.« Ich frage sie, warum sie überhaupt geantwortet hat. »Ich hätte mich sonst schuldig gefühlt. Man muss doch antworten, wenn man gefragt wird. Oder?« »Muss man das? Tut Ihre Kollegin das immer?«, frage ich zurück – und mache sie sofort auf etwas aufmerksam: »Ich zum Beispiel habe das jetzt nicht getan, sondern eine Gegenfrage gestellt.« Sie schmunzelt: »Guter Tipp.« Diese kleine Episode hat zwei der zahlreichen inneren Regeln zutage gefördert, von denen diese lebenserfahrene Frau gar nicht wusste, wie sehr sie ihr Gefühlsleben bestimmen: »Ich muss pünktlich sein« und »Ich muss antworten«. Etwas verwirrt fragt sie: »Aber ist das nicht normal und gut?« Ich antworte: »Darum geht es mir nicht – und ich habe ehrlich gesagt keine Ahnung, wie viel Prozent der Bevölkerung diese Regeln für normal und gut halten. Vorrangig erscheint mir: Wollen Sie diese zwei inneren Gesetze behalten oder vielleicht ein wenig aufweichen? Dann könnten sie zu bloßen ›Richtlinien‹ werden, die angestrebt, aber nicht zwingend befolgt werden müssen.«

Grundsätzlich ist es großartig, wenn wir nützliche soziale und moralische Spielregeln verinnerlichen. Schuldgefühle und die Anstrengung, sie zu vermeiden, haben außerordentlich sinnvolle Ziele und lebenswichtige Auswirkungen. Dazu später mehr. Bleiben wir noch ein wenig bei den Ursachen: Woher stammt konkret ein inneres Gesetz, ohne das es das dazugehörige Schuldgefühl nicht gäbe? Welche eigenen, inneren Richtlinien fallen Ihnen ein, wenn Sie das hier lesen? Schuldgefühle sind wie Hinweisschilder, an denen wir uns zunächst schmerzhaft den Kopf stoßen müssen, um zu erkennen: Ups, da steht ein inneres Gesetz im Weg.

Neben Kindheitserfahrungen und persönlichen Entscheidungen liefert uns Empathie, also die Fähigkeit zum Mitfühlen, Mittun und Mitleiden, einige weitere Gesetze. Wer jedoch glaubt, empathiearme oder gar soziopathische oder strafrechtlich verurteilte Personen hätten keine Schuldgefühle, sonst würden sie doch wohl keine Verbrechen begehen, der irrt sich vermutlich. Sie haben sie möglicherweise nur nicht wegen jener Straftat, die sie ins Gefängnis gebracht hat. Die begangene Körperverletzung macht ihnen genau so wenig Schuldgefühle wie mir mein Strafmandat, wenn das innere Gesetz lautet: »Ich darf das.«

Manche Regeln wurden uns gezielt eingeredet. Listige Mitmenschen und mächtige Gruppierungen erzeugen Loyalität, steuern Entscheidungen, motivieren zu kämpfen oder jonglieren aus Selbstschutz unverblümt mit Schuldzuweisungen und Rechtfertigungen (Seite 129). Denn unsere Gefühle, besonders die Schuldgefühle, sind noch leichter manipulierbar als der Verstand: Man braucht uns schließlich nur entsprechende Gesetze zu suggerieren. Überall dort, wo wir selbst zu den Mächtigen gehören, zum Beispiel in Führungspositionen oder in der Kindererziehung, ist es deshalb enorm wichtig, verantwortungsbewusst darauf zu achten, welche Regeln wir vorleben, einfordern und vermitteln.

Ein Trio unterschiedlicher Schuldarten

Im Alltag passiert das Vermitteln sozialer Regeln samt den dazugehörigen Schuldgefühlen glücklicherweise meist mit sehr guter oder zumindest ohne jede böse Absicht. An der Verwirrung ist die deutsche Sprache mit schuld. Sie hat nämlich keine unterschiedlichen Begriffe für die unterschiedlichen Schuldarten, die es bei näherer Betrachtung gibt: Die *Moral-Schuld* ist eine »Frage der Ehre«: Gute Menschen tun das oder jenes nicht. Daneben steht die konventionelle oder *Regel-Schuld*: In einem Umfeld gelten diese, im anderen andere soziale Spielregeln. Schon früh unterscheiden Kinder diese beiden Schuldarten und bewerten die Moral-Schuld völlig anders als eine bloße Regel-Schuld. Für allergrößte Verwirrung sorgt jedoch die dritte Form, die *Ursachen-Schuld*. Wenn ich vor wenigen Zeilen geschrieben habe: »Die deutsche Sprache ist schuld daran«, bedeutet das selbstverständlich nicht, dass sie »echte« Schuld hat. Eine Sprache kann weder Moral- noch Regel-Schuld auf sich laden. Ich will damit selbstverständlich nur zum Ausdruck bringen, dass sie die *Ursache* für ein weitreichendes Missverständnis ist. Doch im Alltag ist es üblich, dafür ebenfalls den Schuld-Begriff zu verwenden. Mehr dazu im nächsten Kapitel.

Nun ist es der deutschen Sprache völlig egal, wenn ich sie »beschuldige«, nicht jedoch einem Menschen, vor allem keinem Kind. Dieses muss dabei gar nicht einen direkten Vorwurf hören, wie zum Beispiel: »Du bist schuld, dass ich nicht durchschlafen kann.« Aufgrund von später genannten Eigenheiten des Gehirns reicht für die Entstehung falscher Ursachen-Schuldgefühle manchmal schon ein verzweifeltes »Warum kannst du nicht endlich schlafen?« oder eine zufällige Gleichzeitigkeit: »Als du in der Volksschule warst, konnte ich nicht schlafen.«

Schuldgefühle und die dahinter stehenden Regeln können – manipulativ oder in guter Absicht – eingeredet werden. Manches ist ein simples Missverständnis, verursacht durch Ungenauigkeiten unserer Sprache.

Es gibt in zwei von zehn Fällen weitere Ursachen, die einem Schuldgefühl zugrunde liegen. Ganz so einfach ist es dann nicht mehr. Möge Sie die nun folgende Sammlung von Beobachtungen inspirieren, weiter zu forschen, falls Sie keine gebrochene, innere Regel hinter einem Schuldgefühl finden:

Vielleicht ist das Schuldgefühl Ausdruck einer »Gefühls-Infektion«. Gefühle sind nämlich ansteckender als jede Grippe, weil Empathie im Spiel ist. In Gegenwart eines Menschen, der sich intensiv schuldig (oder zornig, traurig, ängstlich oder gestresst) fühlt, können wir sofort genau das Gleiche empfinden. Wir schwingen dabei mit dem Gefühl des anderen mit, so wie die Saite einer Gitarre beim entsprechenden Ton in Resonanz geht und den eigenen Ruhezustand verliert. Die Alltagssprache nennt es Mitleid, Pflegende reden über Kranke oder Eltern über ihre Kinder im »wir« – oft ohne es bewusst zu bemerken. Mehr zu Hintergründen und Handlungsmöglichkeiten ab Seite 112.

»Ich fühle empathisch, was du fühlst« – so stark, dass es anstrengend ist, das Eigene vom anderen zu unterscheiden.

Ein weitere Ursache, an die kaum jemand denkt, weil sie auf den ersten Blick paradox klingt, sind Erlebnisse reiner, unschuldiger Ohnmacht. Deshalb taucht diese Form sehr häufig bei extrem oder frühkindlich traumatisierten Menschen auf: Wie erwähnt, schickt uns ein Schuldgefühl die Botschaft über einen Gesetzesbruch: »Du hast etwas falsch gemacht …« Indirekt suggeriert es uns jedoch damit eine zweite Botschaft: »Du hättest es also richtig machen können. Du hattest die Wahl. Das nächste Mal kannst und musst du besser sein.« Was auf den ersten Blick unwesentlich oder als mühselige Aufforderung zur Verhaltensänderung erscheint, kann in der Not zu einem wichtigen Überlebensfaktor werden: Das Schuldgefühl erzeugt »Kontrollillusionen«, eine Überlebensstrategie der Psyche, um lähmende Hoffnungslosigkeit nicht spüren zu müssen. Daher wird dieser Mechanismus in der Schematherapie nach Eckhart Roediger als Escape-Strategie bezeichnet.[6]

In dieser Schutzmantelfunktion überdeckt das Schuldgefühl fallweise unerträgliche Trauer, Wut, erloschene Liebe oder Angst. Immer stehen dann Gefühle oder Tatsachen dahinter, die nach Ansicht der eigenen Psyche noch weit unerträglicher wären. Darunter fallen auch die bösen Seiten von (scheinbar) überlebenswichtigen Personen, bei misshandelten Kindern, betrogenen Erwachsenen oder Entführungsopfern, die sich plötzlich fühlen, als wären sie an ihrer Not selbst schuld. Letzteres wurde unter dem Namen »Stockholm-Syndrom« bekannt.

Die Psyche kann Schuldgefühle in einer Notsituation erfinden – als Überlebensstrategie und Schutzmantel.

Hugo Bauer ist am Boden zerstört, gequält von starken Schuldgefühlen. Er kümmerte sich mit großer Fürsorge um seinen alten, rüstigen Vater. Vor wenigen Wochen brachte er ihn wie so oft zu seiner Behandlung ins Krankenhaus. Weil die Zeit knapp und kein Parkplatz zu finden war, ließ er ihn ausnahmsweise direkt vor dem Zugang aussteigen und fuhr eilig weiter. Was er nicht wissen konnte: Es sollte das letzte Mal sein, denn der Vater verstarb vollkommen unerwartet. Seither macht er sich enorme Vorwürfe, wobei er betont, dass ihm völlig klar ist, er hätte es nicht verhindern können. »Doch warum nur habe ich mich nicht richtig verabschiedet?« Die Suche nach einem gebrochenen, inneren Gesetz bringt uns nicht weiter. Auch die Frage: »Ich weiß, wie oft und gern Sie Ihren Vater umarmt haben. Was hätte es geändert, wenn Sie das noch einmal getan hätten?«, kann Herr Bauer nicht beantworten. Vielleicht schützen ihn die Schuldgefühle und zornige Selbstvorwürfe davor, sich der Trauer stellen zu müssen? Daher beginne ich, allgemein über den Ablauf eines Trauerprozesses zu sprechen. Wir können nämlich darauf vertrauen, dass Trauer mit der Zeit seelische Verletzungen nach Verlusten heilt. Irgendwann frage ich Hugo Bauer nach seinen früheren Erfahrungen mit Trauer. Langsam kann er sich dem Thema annähern, ohne Angst davor zu bekommen, nie wieder herauszufinden. Das Schuldgefühl verblasst, je mehr er trauern kann.

Wozu das alles? Ziele und Auswirkungen

Schuldgefühle tauchen natürlich nicht nur aufgrund verständlicher Ursachen auf, sie verfolgen auch nützliche Ziele. Denn die Biologie hat die Menschheit wohl nur jene Gefühle vererben lassen, die grundsätzlich sinnvoll sind – oder zumindest in der Steinzeit gut für uns waren. Das wichtigste: Menschen strengen sich an, verinnerlichten Gesetzen zu folgen, damit sie sich eben *nicht* schuldig fühlen müssen. Denn weil Schuldgefühle so unangenehm sind, wollen wir instinktiv vermeiden, »unrecht« zu handeln. Diese Dynamik hat der Menschheit bei der Selbst- und Arterhaltung geholfen und wurde deshalb irgendwann zur emotionalen Standardausrüstung. Wann immer wir frei von Schuldgefühlen und zugleich als Teil einer Gruppe leben wollen, verinnerlichen und beachten wir deshalb zumindest teilweise die moralischen und sozialen Regeln, die dort gelten. Das sorgt für Anerkennung, soziale Sicherheit und viele andere Vorzüge.

Schuldgefühle motivieren zum »freiwilligen« Befolgen sozialer und moralischer Spielregeln.

Das System funktioniert natürlich nicht immer: Regeln werden gebrochen, Unrecht geschieht, Konflikte entstehen, vielleicht gibt es sogar Geschädigte. Sobald wir ein Schuldgefühl haben, motiviert das meistens stark, es bald wieder loszuwerden: Indem wir Schuldausgleich, Strafe oder Ähnliches auf uns nehmen, aus Fehlern lernen, uns entschuldigen oder das Gesetz neu verhandeln, befreien wir uns davon und stellen Gerechtigkeit her. Das beendet Konflikte, bringt gegenseitige Unterstützung und sichert den Fortbestand einer Gemeinschaft.

Gerechtigkeit ist jedoch ein äußerst unklarer Begriff, obwohl wir alle das dazugehörige Gefühl und den Gedanken »So ist es fair« gut kennen. Nur selten denken wir nach, was genau damit gemeint ist: »Gerecht ist, wenn jene Gesetze befolgt werden, die ich für richtig halte.« »Gerecht ist, Schwache zu schützen.« Oder doch: »Gerecht ist die Gleichbehandlung«? Sie merken, das ist ein eigenes Kapitel wert (Seite 103).

Schuldgefühle wieder loswerden zu wollen, motiviert zu gerechtigkeitsstiftenden Aktionen.

All die bisherigen Überlegungen machen wohl sichtbar: Es sind in den allermeisten Fällen die herzensguten, mitfühlenden Personen, die unter starken Schuldgefühlen leiden. Sie sind ehrenwert, haben hohe Ansprüche an sich selbst, sehen oder suchen den eigenen Anteil am Geschehen. Ein solcher Mensch schiebt die Verantwortung nicht ab, sondern übernimmt sie. Sobald Sie seinen Kodex kennen, wissen Sie ziemlich genau, wie er sich in Zukunft verhalten wird. Schuldgefühle sagen also grundsätzlich etwas Gutes über den Charakter der Person aus, die sie hat. Sie laden mit Recht ein, ihr zu vertrauen.

Ich werde von einem Freund eingeladen, ihn auf seinem Lieblingswanderweg zu begleiten. Er organisiert alles perfekt, doch völlig überraschend schlägt das Wetter um. Durchnässt und frierend erreichen wir das Ziel. Er hat ein furchtbar schlechtes Gewissen und meint: »Es tut mir so leid. Hätte ich dich doch nur nicht eingeladen.« Er weiß natürlich selbst, dass ihn keine echte Schuld trifft. Doch er will mir Gutes und hat vielleicht als innere Regel verinnerlicht: »Ich will ein guter Gastgeber sein und bin verantwortlich für das Wohlbefinden meines Gastes.« Natürlich widerspreche ich ihm – und bemerke: Er ist mir noch sympathischer als vorher.

Neben den bisher genannten wird es wohl noch einige andere, verständliche Ursachen und gute Ziele geben. Doch trotz aller guter Absicht: Überstarke Schuldgefühle belasten Psyche, Körper und soziale Beziehungen – und damit auch das Umfeld. Falls sie zu lange oder zu stark auf Menschen einwirken, machen sie regelrecht krank: Dann können sie sogar Depression, Burn-out, Traumafolgesymptome, sogar Gewaltbeziehungen erzeugen oder stabilisieren.

Glücklicherweise ist jede erwachsene Person imstande, das Ruder selbst in die Hand zu nehmen. Schließlich muss man Ursachen-Schuldzuweisungen nicht übernehmen, kann Verantwortungen abgeben, sich für neue Spielregeln entscheiden oder den persönlichen Moralkodex verändern. Selbst Menschen, die sich seit Jahrzehnten dadurch wie eingesperrt, gefoltert und zu unguten Entscheidungen gezwungen fühlen: Sie können innere Gesetze loswerden oder gezielt für das eigene Wohl nutzen, zum Beispiel zur Selbstmotivation: »Das bin ich *mir* schuldig.« Hat man erst die Psycho*Logik* des Gefühls durchschaut, ist der konstruktive, selbstbestimmte Umgang damit leichter. Mehr als ein Dutzend Wege habe ich mittlerweile kennengelernt, die Menschen für sich gefunden haben, um in die Freiheit entlassen zu werden oder sich selbst die Tür dorthin zu öffnen. Sie finden diese im letzten Kapitel.

Die richtigen Worte machen Gefühle erst fassbar

Stellen Sie sich vor, ein Neffe kommt zu Besuch. Am gleichen Tag setzt Starkregen ein und verursacht Überflutungen. Man sagt üblicherweise, der Regen sei schuld an der Überschwemmung. Natürlich meint so ein Satz nicht, dass das Wetter ein Gesetz übertreten und für Sachbeschädigung bestraft werden kann. Denn die Wetterlage erfüllt keine Kriterien des echten Schuldbegriffes. Der Besuch des Neffen am Tag des Regens tut das ebenfalls nicht, es ist eine zufällige Gleichzeitigkeit. Trotzdem kann uns bei seinem darauffolgenden Besuch ein ähnlich mulmiges Gefühl beschleichen wie beim nächsten Starkregen. Unser Gehirn hat einen falschen Zusammenhang gelernt: Neffe = Überschwemmung. Vielleicht begrüßen Sie ihn sogar im Scherz mit den Worten: »Na, hast du heute wieder Regen mitgebracht?« Je jünger dieses Kind, umso größer seine Verwirrung und umso wahrscheinlicher ein Schuldgefühl.

Unsere Sprache kann Nährboden für allerlei Verwirrungen und Verirrungen werden und damit schrecklich falsche Schuldgefühle auslösen, vor allem bei Kindern oder in emotional belastenden Situationen. Denn wir alle verwenden Sätze und Begriffe rund um die »Schuld« in unklaren, wechselnden Zusammenhängen. Die Warum-Frage hat diesbezüglich einen ganz speziell unguten Stellenwert. Wem solche scheinbaren Nebensächlichkeiten in der Kommunikation – samt den Tücken unserer Neuropsychologie, über die ich dann im nächsten Kapitel schreibe – präsent sind, der kann sich und andere bewusst vor so manchem Missverständnis und Schuldgefühl schützen.

Dazu trägt bei, dass es unterschiedliche Formen von Schuld und den dazugehörigen Gefühlen gibt, die im Alltag nicht immer verschieden benannt werden. Das wird sich natürlich nicht ändern. Deshalb ist es mir jedoch wichtig zu beschreiben, welche Worte für die unterschiedlichen Arten von Schuld und verwandte Themenbereiche *in diesem Buch* verwendet werden. Das erspart das eine oder andere Missverständnis und macht es besser möglich, Gefühle genauer zu erfassen und sich darüber mit anderen auszutauschen.

Die vorwurfsvolle Warum-Frage, absolut verdorben für den Alltag

»Warum hast du das getan?« »Warum kommen Sie erst jetzt?« »Warum passiert immer ausgerechnet mir so etwas?« Unser Alltag ist durchzogen von solchen Fragen. Sie könnten eigentlich dem interessierten Erforschen von Ursachen und Zielen dienen – doch nur bei kleinen Kindern ist das noch so. Später wird das »Warum?« gründlich verdorben. Denn wir Erwachsene stellen solche Fragen meist rein rhetorisch und wollen dem Gegenüber in Wahrheit nur Schuldzuweisung, Kritik oder eine strikte Anweisung vermitteln. Diese emotionsgeladene Wirkung von »Warum?« ist wie eine babylonische Verirrung, die es interessanterweise in manchen anderen Sprachen ebenfalls zu geben scheint.

Wollen Sie mehr darüber wissen, was die Warum-Frage so kostbar für die Ursachen-Suche macht, wie sie meiner Ansicht nach sogar zur menschlichen Entwicklung beigetragen hat, doch wieso Sie leider dennoch in Gesprächen unbedingt darauf verzichten sollten, sie zu stellen? Meine umfassende Recherche dazu gibt es online.

An dieser Stelle jedoch einige Gedanken zum praktischen Umgang damit: Sollten Sie selbst demnächst die empörte Frage »Warum kommst du erst jetzt?« hören, empfehle ich, zunächst eine Gegenfrage zu stellen: »Wie meinst du das?« Oder Sie sprechen direkt an, worum es Ihrer Vermutung nach wirklich geht: »Du fragst mich, warum ich so spät komme. Doch ich sehe, du bist total sauer. Magst du wirklich wissen, was mich aufgehalten hat? Oder reden wir drüber, was ich dir als Wiedergutmachung anbieten soll?« Vielleicht braucht Ihr Gegenüber wirklich nur eine Auskunft über die Gründe? Dann können Sie diese natürlich direkt benennen. Keine Sorge: Eine sachliche Begründung ist keine »Rechtfertigung«. Dazu würde sie erst, wenn Sie dabei tatsächlich ein Schuldgefühl in sich spüren. Auch Erklärungen sind nicht automatisch »Ausreden«, obwohl sie von erfahrenen Schuldzuweisenden in ziemlich gemeiner Art so genannt und damit abgewertet werden können.

Moralische und soziale Schuld – und was Mobbing damit zu tun hat

Der Begriff *Moral* bezeichnet ein Bündel von Werten und ethischen Gesetzen, an denen sich »gute« Menschen orientieren. Damit reguliert sich das zwischenmenschliche Verhalten einer Gruppe, sobald die Mehrheit sie verinnerlicht hat und befolgt, um Schuldgefühle und negative Konsequenzen seitens der Gemeinschaft zu vermeiden. Die »Menschenrechte« definieren zum Beispiel eine solche Wertesammlung, die weithin anerkannt ist. Meistens jedoch sind die geltenden Moralvorstellungen in einer Gruppe oder Familie nicht niedergeschrieben. Mehr noch: Den Menschen ist oft gar nicht bewusst, welchen moralischen Regeln sie wie selbstverständlich folgen. Erst die Übertretung macht sie sichtbar: »Das tut man nicht!« Noch vielschichtiger wird dieses Thema, weil die aktuell wirklich gültige Moralvorstellung in einer Gemeinschaft oder Einzelperson den offiziellen Gesetzen durchaus widersprechen kann: Zum Beispiel entwickelte sich die Ansicht, dass es unmoralisch ist, Kinder zu schlagen, in vielen Ländern bereits jahrzehntelang *vor* der Schaffung eines entsprechenden Strafgesetzes.

Konflikte, Schuldzuweisungen und Schuldgefühle entstehen oft auf Basis von solchen, selten klar definierten oder bewussten Gesetzen. Wir merken nur, dass uns ein eigenes Verhalten Schuldgefühle macht oder uns bei anderen empört, aber können auf Anhieb gar nicht sagen, warum. Deshalb ist es so wichtig und spannend, aber auch schwierig, die konkreten Regeln zu erkennen und in Worte zu fassen.

»Mobbing« hat selbstverständlich unterschiedliche Gründe. Hier nur eine Möglichkeit: Es kann ausgelöst werden, weil ein Mensch ein heimliches Gesetz oder ein Tabu in einer Gruppe bricht. Weil das jedoch einer offiziellen Regel widerspricht, kann dieser unschuldige »Rechtsbrecher« gar nicht wissen, was er getan hat, und niemand wird es ihm sagen. Die Empörung der anderen ist groß, doch natürlich darf es auch jetzt zu keiner offenen Schuldzuweisung kommen. Stattdessen erfolgt ein Ausschluss aus der Gemeinschaft mit irgendwelchen vorgeschobenen Argumenten oder anderen falschen Anschuldigungen.

> *Meine Großmutter trat als junges Mädchen eine Stelle in einer Textilfabrik an. Sie war hochmotiviert, möglichst tüchtig zu sein und damit die offiziellen, sozialen Erwartungen zu erfüllen. Nach wenigen Tagen schaffte sie den »Akkord«, also übertraf die geforderte Stückzahl in der Produktion, und erhielt einen Bonus. Was sie nicht wusste: Es herrschte das geheime Gebot, dass so etwas nur nach langjähriger Erfahrung gelingen durfte. Das hatte sie gebrochen, die soziale Ächtung folgte umgehend. Doch den echten Grund konnte man ihr natürlich nicht vorwerfen. Nach wenigen Wochen gab sie auf. Erst Jahre später erfuhr sie von einer damaligen Arbeitskollegin die Wahrheit.*

In manchen Familien oder Gemeinschaften sind die moralischen Grundregeln leider absolut ungesund, ungesetzlich, vernichten Gutes, bewahren sinnlos gewordene Traditionen oder bestärken loyal Schreckensherrschaften. Die Mafia als »ehrenwerte Gesellschaft« ist wohl eines der besten Beispiele dafür. Doch Schuldgefühle gibt es jede Menge, sie entstehen aber aus ganz anderen »moralischen« Gesetzesübertretungen als unsere.

Soziale Spielregeln unterscheiden sich von den Moralvorstellungen. Bereits Kinder können die moralischen Gesetze – die Schwachen schützen – unterscheiden von sozialen Konventionen – die Älteren siezen.[7] Eine »soziale Spielregel« zu übertreten, kann eine *Regel-Schuld* verursachen – samt dem dazugehörigen *Regel-Schuldgefühl,* falls sie der betroffene Mensch eigentlich befolgen wollte. Im Zentrum sozialer Regeln steht meistens ein »richtiges« Verhalten. Solche Vorgaben sind relativ leicht veränderbar und differieren stark zwischen unterschiedlichen Gruppen: Schon Kleinkinder begreifen, dass im Kindergarten andere Spielregeln herrschen als daheim und dass die Mama andere hat als der Papa. Sie lernen früh und leicht, sich einfach umzustellen. Auch wir Erwachsene richten uns problemlos nach unterschiedlichen sozialen Regeln – solange wir dafür nicht unsere moralischen Gesetze brechen müssen.

Dann würde ein *Moral-Schuldgefühl* entstehen. Das wiegt wesentlich schwerer und bezieht sich ebenfalls vorwiegend auf ein Verhalten, aber nicht nur: Wenn wir eine zentrale, moralische Regel brechen, wird das (zusätzlich) ein ungutes Licht auf uns als Person werfen. Es zeigt mehr als einen Regelbruch, sondern weist auf einen persönlichen Makel hin, stellt unsere Identität und unseren Wert als »guten Menschen« infrage. Daher keimt neben extrem intensiven Schuldgefühlen, Angst vor Strafe und sozialer Abwertung ein weiteres auf: ein *Schamgefühl.* »Was sollen die Leute von mir denken? Wie konnte ich das nur tun? So peinlich.« Scham will unter den Teppich kriechen und nie wieder hervorkommen. Es ist ein wichtiges, doch ebenfalls überaus belastendes Gefühl, das ein eigenes Buch füllen würde, denn auch daraus kann ein Ausstieg gut gelingen.

Also nochmals: Zu der reinen Kritik »Du hast falsch gehandelt« gesellt sich der Vorwurf einer schuldhaften Verursachung oder des Gesetzesbruchs: »Du weißt das doch« oder »Du hättest es wissen müssen«. Bei Regel-Schuldgefühlen betrifft das eher ein Verhalten. Die Übertretung moralischer Gesetze lässt vorrangig ebenfalls Schuldgefühle entstehen. Doch hier kann Kritik an der Persönlichkeit selbst mitschwingen und deshalb zusätzlich Scham auftauchen: »Was sollen die Leute über dich als Person denken, wenn du so handelst?«

Wer etwas verursacht, hat immer echte Schuld. Oder?

Sobald ich in diesem Buch von *Ursachen* spreche, meine ich damit wie allgemein üblich Handlungen oder Umstände, die bestimmte Konsequenzen haben: Die Höchstleistung meiner Großmutter als Textilarbeiterin verursachte das Mobbing. Ein Regen verursachte eine Überschwemmung. Es besteht hier jeweils ein echter Kausalzusammenhang. Und trotzdem gilt: Weder Regen noch Großmutter trifft eine *echte Ursachen-Schuld*.

Ich verwende diesen ungewohnten Begriff, um sprachlich darauf aufmerksam zu machen: Die bloße Verursachung darf keinesfalls mit einem echten Verschulden in einen Topf geworfen werden, obwohl wir üblicherweise das gleiche Wort verwenden. Echte Ursachen-Schuld trifft nur zu, wenn etwas laut der sieben Prüfkriterien (sie finden Sie am Beginn des letzten Kapitels) schuldhaft verursacht wurde. Dieses »schuldhaft« ist entscheidend: Beim Regen ist es wohl jedem klar, doch auch meine Großmutter hatte keine echte Schuld, denn es fehlte ihr die Information über das heimliche Verbot und damit die Möglichkeit für eine echte Wahl. Die in solchen Fällen jedoch oft entstehenden, unberechtigten *Ursachen-Schuldgefühle* sind leider furchtbar häufig. Doch auch sie können realistisch geprüft und danach anerkannt oder abgelehnt werden.

Die deutsche Sprache spielt uns einen bösen Streich (bemerken Sie, wie schräg das klingt, als ob die Sprache selbst moralisch handeln könnte), weil sie überaus großzügig mit dem Schuldbegriff umgeht. Wir hören »Es ist schuld« seit frühester Kindheit in tausendfacher Wiederholung und unterschiedlichem Kontext, übernehmen Verwirrendes und geben es weiter, ohne jemals genau darüber nachzudenken. Und verstärkend kommt noch die fatale Neigung unseres Gehirns dazu, großzügig falsche Kausalzusammenhänge zu konstruieren. Damit führt es uns oft in die Irre und geradewegs in den Aberglauben.

Eine Schuldzuweisung durch diesen Sprachgebrauch, die beim Wetter-Beispiel natürlich absurd klingt, weil wir Erwachsene wissen, was gemeint ist, kann in Kindern oder in psychischen Notlagen furchtbare, falsche, meist Ursachen-Schuldgefühle auslösen. Denn wie soll sich ein Kind auskennen, wenn das Wort »Schuld« in solch verwirrender Vielfalt verwendet wird? In stark psychisch belastenden Situationen betrifft das jedoch auch Erwachsene (s. ab Seite 151). Dazu kommt noch die Neigung von vielen Menschen, tatsächlich großzügig und spontan Schuld auszuteilen, sobald die »böse Welt« ihre Erwartungen nicht erfüllt – dazu mehr im nächsten Kapitel. Wenn wir also etwas verursachen, ohne selbst einen Funken Schuld zu haben, treffen wir viel zu oft auf einen Mitmenschen, der uns trotzdem vehement beschuldigt.

> *Der gutherzige Herr Willi Rudolf erzählt: »Ich bin sehr langsam unterwegs gewesen, vorsichtig, so kurz nach der Knieoperation. Eine Fußgängerin kam von hinten und wollte schnell vorbei. Dabei ist sie vom Gehsteig auf die Straße gestiegen, umgeknickt und gestürzt. Sie konnte nicht mehr aufstehen. ›Nur wegen Ihnen! Warum schleichen Sie so auf dem Gehsteig!‹ Sie hat mich die ganze Zeit beschuldigt und beschimpft. Irgendwie konnte ich sie trotzdem nicht allein da sitzen lassen und habe mit ihr gewartet, bis die Rettung gekommen ist.«*

Was ist Unrecht? Was gerecht? Und wer ist unschuldig?

Unschuld bedeutet natürlich, keine Form echter Schuld zu haben. Wir können gemäß den 7 Kriterien (s. ab Seite 62) unschuldig sein, obwohl wir möglicherweise einen Schaden tatsächlich persönlich verursacht haben: Einen kranken Menschen trifft keine Ursachen-Schuld wegen der Behandlungskosten und des Arbeitsausfalls. Er hat keine echte Wahl. Ihn trifft auch keine Schuld am Leid seines Kindes, das deshalb belastet aufwachsen muss. Doch für das Wohl eines Kindes hat er sehr wohl Verantwortung zu übernehmen, so will es das Gesetz. Er muss so gut wie möglich dafür sorgen oder sich Hilfe holen (siehe im Kapitel über Schuldgefühle von Eltern, ab Seite 177).

Durch erwiesene Unschuld ist man frei von etwaigen Forderungen oder Strafen und muss natürlich auch keine Schuldgefühle entwickeln. Das scheint auf den ersten Blick also nur Vorteile zu haben – auf diesen Irrtum werde ich an mehreren Stellen im Buch zurückkommen.

Von manchen wird diese Position der Unschuld so energisch verteidigt, als ginge es um ihr Leben. Dahinter stehen manchmal extrem ungute Erlebnisse mit Schuld und Strafe.

> *Ich begrüße die erste Klientin an diesem Morgen in meinen Praxisräumlichkeiten. Sie wirkt angespannt, daher steige ich mit einer Bemerkung über das Wetter ein: »Ganz schön stürmisch und kalt heute.« Sie faucht mich zornig an: »Sind Sie jetzt extra wegen mir bei diesem Wetter hergekommen? Aber dafür können Sie doch nicht mich verantwortlich machen!« Und schon haben wir ein gutes Thema für diese Stunde: Woher kommt wohl dieser Reflex ihres Gehirns, Schuldzuweisungen herauszuhören und sich sofort zornig verteidigen zu müssen? Wann ist er in ihr Leben getreten?*

Aus manchen familiären, betrieblichen und politischen Diskussionen habe ich übrigens viel darüber gelernt, mit welchen Argumenten die Unschulds-Position elegant verteidigt wird – außer, es passiert etwas Gutes, dann gibt es plötzlich viele, die daran ursächlich »Schuld« haben wollen.

Sobald *Unrecht* oder Ungerechtigkeit passiert, gibt es nicht nur die Schuldfrage zu klären. Denn möglicherweise wurde dabei jemand geschädigt und daher zum Opfer einer schuldhaften Handlung. Die dabei häufig entstehende Gefühlsmischung nenne ich global *Opfergefühl.* Ähnlich wie das Schuldgefühl können wir es haben, obwohl es objektiv gesehen nicht »vernünftig« ist, daher bitte dieses Gefühl genauso prüfen und erforschen (s. ab Seite 89). In Konflikten oder vor Gericht wird das oft zum Hauptstreitpunkt, denn aus der Tatsache, unschuldig geschädigtes Opfer zu sein, erwachsen wichtige Rechte, zum Beispiel auf Schuldausgleich in Form von Schmerzensgeld.

Verantwortung für ein Geschehen zu übernehmen, wird manchmal fälschlicherweise mit Schuld gleichgesetzt und als Schuldeingeständnis gesehen. Das trifft nicht zwangsläufig zu: Ich zum Beispiel übernehme manchmal ohne jede Schuld die Verantwortung dafür, Abfall wegzuwerfen, den ich nicht verursacht habe, einfach, weil ich mich entscheide, es zu tun. Falls es eine entsprechende Regel oder Vereinbarung dazu gibt, kann natürlich Verantwortungsübernahme sehr wohl der Grund für echte Schuld sein: Eltern haften für das Verhalten ihrer Kinder, Firmenleitungen haben gewisse »Fürsorgepflichten«.

Gerechtigkeit ist ein großes Wort, ein hoher Wert für viele Menschen. Dazu gehört das *Gerechtigkeitsgefühl,* also die Empfindung, etwas sei fair abgelaufen – oder eben nicht. Das muss jedoch der objektiven Sachlage nicht unbedingt entsprechen: Nur weil ich mich gerecht oder ungerecht behandelt fühle, bedeutet das noch lange nicht, dass es objektiv betrachtet auch so ist. Und was genau ist überhaupt »gerecht«? Mehr im Kapitel über Gerechtigkeit ab Seite 103).

Im Zusammenhang mit Schuldgefühlen begegnen mir manchmal Missverständnisse rund um *Dankbarkeit.* Das ist natürlich ein wunderbares, überaus positives und stärkendes Gefühl. Falls genau Sie ein glücklicher Zufall trifft oder Sie ein Geschenk erhalten, können Sie ruhig dafür bis an Ihr Lebensende dankbar sein. Für manche entsteht in solchen Fällen leider nur ein beschwerendes Schuldgefühl, manchmal sogar Angst vor zukünftigen Verpflichtungen oder Rückforderungen. Später werde ich dazu das Beispiel bringen, wie der Nikolaus-Tag für meine Nachbarin eine solche Falle wurde. Könnte Sie das auch betreffen? Dann ist es wichtig, die dahinter stehenden inneren Gesetze zu prüfen, vielleicht gibt es entsprechende Vorerfahrungen mit Menschen, die nach jeder Zuwendung ewige »Dankbarkeit« und Treue eingefordert haben. Höchste Zeit, Schuldgefühle aufgrund solcher falschen Gesetze zu ändern oder Rechte aufzubauen. Mehr dazu im letzten Kapitel (s. ab Seite 228).

2. Die Tricks des Gehirns, um Schuld zu finden

Ich gehe einen unbekannten Stiegenaufgang hinauf. Die dritte Stufe ist niedriger als die beiden davor. Ein Schreck durchfährt mich und ich denke voller Vorwurf: »Wer bitte baut ungleich hohe Stufen?«

Es ist eine der zentralen Aufgaben unseres Gehirns, Schuld in all ihren Facetten, manchmal samt dazugehörigen Schuldgefühlen, beharrlich zu suchen: Sein intensives, automatisches Lernen dient unter anderem dazu, Ursachen zu finden, Erfahrungen zu verallgemeinern und daraus Erwartungen an andere und an sich selbst zu bilden. Genau daraus entstehen unsere sozialen und moralischen Regeln. Es neigt dazu, Unpassendes auszublenden oder Unerwartetes als Störung zu betrachten. Schlechte Fragen können seine so geniale Suchmaschinenfunktion lahmlegen. Es mag sich und uns durch das Finden von guten Gestalten entlasten und braucht die Klärung der Schuldfrage als Schlusspunkt. Und schließlich dienen Schuldgefühle nicht nur dem Erhalt von Kontakt und Gemeinschaft. Die Suche danach verhilft zu mehr Sicherheit, Kontrollgefühlen oder Kausalzusammenhängen – oder wenigstens zur Illusion davon.

Wie Erwartungen unser ganzes Leben bestimmen

Weite Bereiche unseres klugen Kopfes dienen vorrangig einem Zweck: Zusammenhänge zu lernen. Genauer gesagt hält er ständig Ausschau nach Gleichzeitigkeit, nach Reihenfolgen und nach echten Kausalzusammenhängen, also Ursachen und ihren Auswirkungen. Auf dieser Basis liefert es Erwartungen, damit wir uns in der Welt besser zurechtfinden und sie vielleicht sogar verändern können.

Käme ich als junges Würmchen auf die Welt, wüsste ich schon bald: Wo es hell ist, wird es warm und ich fühle mich schlecht. In der Dunkelheit ist es kühl und angenehm. Ich verallgemeinere diese Erfahrung und habe damit gelernt: hell = heiß = schlecht, dunkel = gut. Die nächste Herausforderung ist es, zeitliche Abläufe zu lernen, denn das beinhaltet bereits Erwartungsbildung: Als kluges Würmchen merke ich, dass ich ungute Erwärmung verhindern kann, wenn ich bei beginnender Helligkeit sofort in Richtung Dunkelheit loskrieche. Obwohl es noch angenehm kühl ist, habe ich die Abfolge gelernt: wenn hell, dann später warm = unangenehm. Als nächste kniffelige Aufgabe nach diesem »Wenn-dann« wartet das Erkennen und Lernen von Kausalbeziehungen. Warum wird es hell? Als Würmchen komm ich da nicht mit.

Bringen uns die Schwalben den Sommer?

Echte Ursache-Wirkung-Verknüpfungen zu verstehen, wurde zum absoluten Renner beim Kampf um die Spitze der Nahrungskette, ein Ansporn zur permanenten Weiterentwicklung des Gehirns. Leider verdanken wir diesem immensen Wunsch einen typischen Denkfehler, der mit der Ursachen-Schuldsuche in engem Zusammenhang steht: Wir sehen Kausalzusammenhänge auch dort, wo gar keine sind. Aus einer Gleichzeitigkeit oder einer zeitlichen Wenn-dann-Reihenfolge konstruieren Menschen seit Urzeiten gern und oft ein Ursachengefüge: weil – deshalb. »Die Schwalben bringen uns den Sommer«, glaubten daher möglicherweise unsere Ururgroßeltern tatsächlich. In alten Religionsgeschichten, Mythen und Legenden taucht Ähnliches auf und auch heute noch muss jedes Kindergehirn eine Phase des magischen Denkens halbwegs schadlos überwinden (s. Seite 200). Seit Steinzeiten neigt also jedes kluge Gehirn dazu, diese typische Dummheit zu machen und Kausalzusammenhänge zu erfinden, vor allem im Hochstress oder in emotional aufwühlenden Situationen. Denn dann lernt unser Gehirn besonders gut – wenn auch selten das, was wir es lehren wollen.

Der Nobelpreisträger in Psychologie, Daniel Kahneman, berichtet von einer solchen Lernerfahrung. Auf dem Weg zum Arbeitsplatz nutze er immer eine bestimmte Straße. Eines Tages brannte dort ein Auto und bot ein spektakuläres Bild. Wie es der Zufall so wollte, passierte wenige Wochen danach ein paar Blocks entfernt etwas Ähnliches. Der Autor schreibt, es sei bis heute für ihn die Straße, in der die Autos brennen, als ob die Straße schuld wäre.

Unser Gehirn sucht geradezu verzweifelt solche Ursachen-Schuldzuschreibung. Wenn es keine findet, erfindet es sich gern mal welche. Schlimmstenfalls führt das zu zwischenmenschlichen Katastrophen, weil zum Beispiel einzelne Gruppen kollektiv beschuldigt werden, Ursache eines Ungemachs zu sein, und deshalb verfolgt werden. Im eher harmlosen Fall entwickeln wir plötzlich abergläubische Rituale: So soll es die Zukunft beeinflussen, wenn wir auf Holz klopfen oder wenn wir bei einer Prüfung die gleichen Schuhe tragen, die uns schon einmal Glück gebracht haben.

Bestenfalls jedoch ermöglichen solche Ursachen-Suchen eine korrekte Schlussfolgerung und dadurch eine Erwartung, also eine (bewusst oder automatisch entwickelte) Vorhersage. Wir überprüfen das Ergebnis, sehen uns bestätigt oder bemerken den Irrtum und stellen dazu eine neue Theorie auf. Wir verallgemeinern die Erkenntnisse, aber forschen weiter, solange es kleine Abweichungen gibt, die mit den Erwartungen nicht übereinstimmen. Damit werden die Warum-Frage und die Ursachensuche zum Antrieb für die Entwicklung jeder Fähigkeit oder Wissenschaft, gleich ob wir lernen, Stiegen zu steigen, Essen zu kochen oder wir die Gesetze der Psychologie oder der Physik erforschen.

Heute wissen wir: Die Schwalben bringen nicht den Sommer, sondern der Lauf der Sonne in Kombination mit der Neigung der Erde. Die richtige Antwort auf die Frage »Was ist wirklich schuld daran?« bewirkt letztendlich ungemein viel: mehr Sicherheit, mehr Kontrolle und Einfluss auf die Umgebung werden möglich. Korrekte Vorhersagen erlauben exakte Pläne für die Zukunft. Erwartungen erfüllen sich.

Erwartungen und Gesetzmäßigkeiten zu bilden, spart Zeit

Wenn ich vor einem unbekannten Stiegenaufgang stehe, dauert es einige Millisekunden, bis über Sehzellen und Nervenbahnen die richtigen Gehirnregionen darüber informiert sind. Passende Erinnerungen zum Thema »Treppen hinaufgehen« werden aufgerufen und ein Bewegungsimpuls wird ans Bein geschickt. Noch während der Körper mit der allerersten Stufe dieser Treppe beschäftigt ist, bildet das Gehirn eine Erwartung: Es vermutet aufgrund seiner Lernerfahrungen mit Treppen in unserer Gegend, dass die zweite Stufe exakt gleich hoch und breit sein wird wie die erste. Daher stellt es meinem zweiten Bein genau so viel Muskelkraft zur Verfügung, wie es dieser Erwartung nach dafür brauchen wird. Das geht natürlich so rasch, dass ich von alledem nichts bemerke, sondern nur »automatisch« die zweite Stufe schneller gehen kann als die erste.

Genau genommen ruft unser Gehirn fortwährend Vergangenes auf, um Gegenwärtiges verstehen und die unmittelbare Zukunft noch genauer und rascher vorhersagen zu können. Dabei ist es immer ein wenig spät dran, denn die hereinkommenden Informationen sind »veraltet«: Nervenleitung und Denkprozesse brauchen zumindest Sekundenbruchteile, die Rückmeldung an den Körper ebenfalls. Nur über Erwartungsbildung und die möglichst frühe und richtige Verallgemeinerung von Erfahrungen können wir uns so sicher und schnell fortbewegen.

Kleine Kinder, die Treppen steigen, haben noch wenige Vorerfahrungen. Sie erobern sich langsam jede einzelne Stufe, denn sie schauen sehr genau. Ihr Gehirn hat noch nichts verallgemeinert und schickt ihnen daher keine vorschnell gebildeten Erwartungen. Besonders im zwischenmenschlichen Bereich tun wir gut daran, immer wieder mal wie kleine Kinder unvoreingenommen an Dinge und Menschen heranzugehen und möglichst bewusst wahrzunehmen, was wirklich jetzt da ist, bevor wir handeln. Doch wehe, die gebildete Annahme, dass die Stufenhöhe immer gleich ist, war falsch: Es irritiert und erschreckt, wenn die dritte Treppenstufe die automatisch gebildete Vorannahme nicht erfüllt.

Bitte beachten Sie: So wie bei unseren sozialen und moralischen Erwartungen an Menschen oder an uns selbst macht uns erst die Nicht-Erfüllung – in Form von Enttäuschung, wenn andere nicht mitspielen, oder Schuldgefühl, wenn wir selbst nicht so tun wie erwartet – bewusst, dass wir überhaupt eine hatten!

Schuldzuweisung als Reaktion auf enttäuschte Erwartung

Sobald eine Treppe – oder der Mensch vor uns – unsere Erwartung nicht erfüllt, sucht unser Gehirn in der Sekunde die Ursachen und verteilt Schuld. Die wenigsten registrieren emotionslos: »Aha, interessant: andere Stufenhöhe.« Gehören Sie wie ich zu jenen, die spontan Ärger auf die Außenwelt entwickeln? »Wer, bitte, baut denn ungleich hohe Stufen! Das ist falsch!« In Wahrheit waren nur unsere Vorausberechnungen fehlerhaft, weil die Realität nicht gut genug überprüft wurde. Doch wir können nach dem ersten Schreck ziemlich »beleidigt« auf die Umgebung sein, die nicht tut, was wir geglaubt haben. Sie ist es uns »schuldig« und wir sind im Recht. Basta. Sind wir das?

Nachdem also eine Erwartung enttäuscht wurde, stehen im Prinzip mehrere Wege offen: Geben wir für diesen konkreten Irrtum der Umwelt die Schuld oder uns selbst? Ist uns die Sache überhaupt wichtig? Und bewerten wir etwas daran als veränderbar? Denn nur dann legen wir uns vielleicht ins Zeug: Im Fall der Stufen könnten wir einen Beschwerdebrief an die Baufirma schreiben, die für die Errichtung der Stufen verantwortlich ist. Schließlich hätten wir stolpern und uns verletzen können. In einer sozialen Situation würden wir in diesem Fall zornig einfordern, dass sich unser Mitmensch verändert, damit er künftig unsere Erwartungen erfüllt.

Natürlich können wir uns auch selbst verändern, im Verhalten oder zumindest in unseren Vorannahmen: »Es sind offenbar doch nicht alle Stufen einer Treppe gleich hoch. Also will ich in Zukunft besser aufpassen.« Oder: »Ich werde meine sozialen Erwartungen an mein Gegenüber herunterschrauben. Veränderung zu erhoffen oder einzufordern, ist sinnlos.« Solche Lernerfahrungen sind wichtig, denn sonst riskieren wir die nächste Enttäuschung.

Manches Gehirn lernt jedoch zu engagiert, verallgemeinert einzelne Erfahrungen und bildet daraus fixe Überzeugungen und Gesetze: »*Immer* sind die anderen schuld.« »*Schon wieder* mache ich *alles* falsch.« »Ich bin einfach so. Ich kann mich nicht ändern.« »Die Welt ist und bleibt enttäuschend.« In der Psychologie werden solche Gewohnheiten unseres Gehirns »Attributionsstile« genannt, sie können ein ziemlich stabiles Interpretationsmuster der Welt darstellen. Unberechtigte Schuld- und Opfergefühle können die Folge davon sein. Mehr dazu in den nächsten Kapiteln.

Achtung Falle: Das Gehirn will sparen und Bestehendes bestärken

Zu Schwierigkeiten führt eine zweite Eigenheit des Gehirns: Neben seinem unbändigen Lernwillen will es nämlich immer auch Energie sparen. Anders als gute Wissenschaftler oder Forscherinnen möchte es sich selbst nicht gern korrigieren müssen. Daher nehmen wir bevorzugt genau das wahr, was Bestehendes bestärkt, also was wir erwarten. Anderes »übersehen« wir automatisch oder wehren es bewusst ab. Die Psychologie kennt diese Phänomene schon lang als »selektive Wahrnehmung« und »selbsterfüllende Prophezeiung«.

Außerdem arbeitet unser Gehirn nicht nur bei der Vorausberechnung von Stufen sehr schnell: Ein Blick aufs Foto, zwei Informationen über eine Person, ein dreiminütiges Gespräch – schon haben wir aus diesem oberflächlichen ersten Eindruck eine

Verallgemeinerung samt zugehöriger Erwartung gebildet: »So ein arroganter Mensch.« Oder: »Sie schaut so ehrlich.« Und hartnäckig will unser Gehirn diese Erwartung behalten. Seine Neigung, nur jenen Teil der Wirklichkeit wahrzunehmen, der Bestehendes bestärkt, beeinflusst uns: Wir behandeln die andere Person, als ob sie tatsächlich so ist, wie wir glauben. Und schon erleben wir selbsterfüllende Prophezeiungen, denn die meisten Mitmenschen reagieren freundlich auf Freundlichkeit und ungut auf Ungutes. Wir setzen uns damit in eine vom eigenen Gehirn aufgestellte Falle und merken es oft nicht mal.

»Ich wusste es seit der ersten Begegnung«, meint ein Freund. »Dieser neue Chef ist echt das Letzte. Gleich am ersten Tag hat er mich nicht gegrüßt, sondern stur an mir vorbeigeschaut. Und als ich ihm entsprechend reserviert begegnet bin, hat er mich wegen meiner so gerechtfertigten Unfreundlichkeit angeschnauzt.«

Nun ist unser Gehirn natürlich so, wie es ist – und das seit Urzeiten und aus gutem Grund. Denn meistens hat es ungefähr recht mit dem, was es uns beständig an Erwartungen schickt, und bringt uns deshalb gut durch die Welt. Würde es nicht über Erwartungsbildung funktionieren, wären wir langsamer als Elefanten mit ihren ewig langen Nervenbahnen. Apropos: Auch ein Elefant wird irritiert sein, wenn mal ein Baumstamm schwerer ist als erwartet. Vielleicht reagiert er zornig, doch wohl kaum empört. Er fragt nicht nach dem Warum, verteilt keine Schuld, fühlt sich nicht ungerecht behandelt oder beschimpft sich nicht selbst ob seiner Unfähigkeit. Und er besteht nicht darauf, recht zu haben, und blendet den unpassenden Teil der Wirklichkeit einfach aus.

In der Paarberatung bitten mich Ulla und Hanna, bei denen sich über die Jahre Ärger und Langeweile in der Beziehung breitgemacht haben, um Unterstützung. Sie wollen um ihre Liebe kämpfen, doch beide hängen in der typischen Erwartungsfalle des eigenen Gehirns fest. Als ich von Ulla Details erfragen will, wie das allererste Treffen verlaufen ist, antwortet Hanna sofort: »Ich weiß schon, was kommt. Und ich hasse es. Ulla wird mich nun vorwurfsvoll anschauen und die alte Leier, dass ich sie damals nicht als Erste angesprochen habe, beginnt.« Jetzt bin ich es, die unterbricht und sagt: »Moment, liebe Hanna. In der vorigen Stunde habe ich Ihrer Frau einmal diese Frage gestellt, doch da hat sie anders reagiert und vom Zauber der ersten Begegnung berichtet.« Ich ernte Kopfschütteln: »Hab ich gar nicht bemerkt. Aber wenn schon: Hier ist das vielleicht anders, aber daheim wird es so sein wie immer.« Die fixen Erwartungen machen beide im Moment noch blind und taub für die kleinen, kostbaren Ausnahmen, die man zu einer großen Veränderung ausbauen könnte.

Unsere inneren moralischen und sozialen Regeln erfüllen im Prinzip genau die gleiche Funktion wie die Vorausberechnung bei Stufen: Sie helfen dem Gehirn beim Sparen. *Jedes einzelne, äußere oder innere Gesetz, jede soziale Spielregel ist eine in Form gegossene Erwartung.* Es ist damit »fixiert«. Das ermöglicht Vorhersage und erspart uns die permanente, zeitaufwendige Neuorientierung. Sobald die Mehrheit in einer Gruppe ähnliche Erwartungen hat, können sich die Mitglieder reibungslos danach richten. Wir wissen deshalb, was zu tun ist und wie sich die anderen verhalten werden. Wir müssen uns nicht immer neu orientieren oder entscheiden, was richtig und falsch ist, nicht immer neu Informationen sammeln, ordnen, Schlussfolgerungen ziehen, individuelle Vereinbarungen treffen oder ständig neue Regeln aushandeln. Das spart Zeit und Energie.

Natürlich hat also dieses System der Erwartungsbildung, bei aller Denk- und Zeitersparnis, einen Nachteil: Es irrt sich manchmal. Sobald wir selbst oder eine Vertrauensperson eine unserer zentralen oder moralischen Erwartungen brechen, kann das bis in die Grundfesten erschüttern: Im ersten Fall folgen quälende Schuldgefühle, im zweiten Schuldzuweisungen, starke Opfergefühle oder Traumafolgen, in enttäuschten Paarbeziehungen beginnen deshalb oft Rosenkriege.

Das »Grübel-Übel«: Warum das Gehirn manchmal im Kreis läuft

Gespeicherte Informationen – von Erinnerungen, Zusammenhängen, bekannten Erklärungen, früheren Vorhersagen, Gesetzen, Fakten – möglichst rasch zu liefern, ist eine wichtige Aufgabe dieses neuronalen Wunderdings im Kopf. Eine zentrale Möglichkeit, um Informationen bewusst aufzurufen, ist es, Fragen zu stellen. Unser Gehirn mag Fragen sehr gern, denn so weiß es, wonach es Ausschau halten soll. Voller Elan stürzt es sich in die Suche, fast wie eine Suchmaschine das Internet durchforstet, sobald wir Schlüsselworte eingeben. Sie überlegen sich: »Was soll ich meiner Freundin schenken?«, und vielleicht schon im nächsten Film, in der Einkaufsstraße oder beim Waldspaziergang könnten Sie etwas entdecken, wo die Idee anspringt: »Das ist es!«

Welche Fragen stellen denn Sie tagaus, tagein Ihrem Gehirn? Sind es gute oder schlechte, lösbare oder gar vorwurfsvolle Warum-Fragen? Bedenken Sie: Kein Gehirn kann bei Beschimpfung, Drohung oder böser Kritik gut arbeiten. »Warum bin ich immer so dämlich?« – Bei dieser Frage reagiert jedes Gehirn gleich, ganz egal, wie jung oder alt es ist: Hochstress, Schuld und Scham blockieren dann tatsächlich jeden klugen Gedanken. Lösung findet man so keine, höchstens Beweise für die »Dummheit«.

Gute Fragen wollen gut überlegt werden. Ich habe mir deshalb angewöhnt, sehr gewissenhaft auf Fragen an mich selbst zu achten. Denn manche Wörter haben eine besondere Strahlkraft und ziehen möglicherweise die gesamte Aufmerksamkeit des Gehirns auf sich. Ein vorwurfsvolles »Warum kann ich das schon wieder nicht?« wird gut gehört – und der kluge Kopf liefert einen Haufen kritisch-vernichtender Antworten samt den dazugehörigen, die Unfähigkeit bestätigenden Erinnerungen. Das fördert sicher keine neutrale Ursachensuche und schon gar nicht das kreative Finden einer Lösung. Besser, Sie richten stattdessen folgende, dringende Anfrage nach oben: »Wie kann ich es schaffen?«, oder: »Wann konnte ich das schon mal?«, vielleicht auch: »Was ist der nächste, kleine Schritt?« Indirekte Fragen oder (doppelte) Verneinungen stiften Verwirrung: »Was darf ich nicht tun, um Unglück zu vermeiden?« Bessere Suchergebnisse liefert vermutlich: »Was will ich tun, um einen Moment Glück zu finden?«

Unlösbare Fragen sind ein besonderes Übel

Unlösbare Fragestellungen verursachen Endlosschleifen, denn das Gehirn geht trotz der Aussichtslosigkeit auf eine befriedigende Antwort auf die Suche und läuft schlimmstenfalls jahrelang im Kreis. Ein wichtiger Tipp: Sollten Sie längere Zeit keine Antwort finden, dann ist entweder die geforderte Information nicht im Gehirn verfügbar oder die Frage selbst ist schlecht! Verändern Sie schleunigst die Frage!

> *Martina Kraus sitzt im Kreis einer Gruppe. Wir sprechen über den Begriff der Identität. Sie meint traurig: »Seit Jahren frage ich mich schon: ›Wer bin ich eigentlich?‹ Doch ich finde keine Antwort.« Verständnisvolles Nicken in der Runde. Ich gebe zu bedenken: »Möglicherweise kann man nur indirekt bemerken, dass man eine Antwort gefunden hat: Dann wird nämlich die Frage selbst bedeutungslos. Was kommt, ist ein Gefühl der fraglosen Selbstverständlichkeit, wie Kinder sie noch haben: ›Ich bin ich. Eh klar, wer sonst.‹« Sie schüttelt den Kopf. »Aber das kommt eben nicht. Die Frage bleibt und quält.« »Ich will ehrlich sein, Frau Kraus«, antworte ich ihr, »ich mag die Wer-bin-ich-Frage gar nicht gern. Sie ist zwar philosophisch höchst interessant, aber psychologisch nicht zielführend. Günstiger ist es, das passende Gefühl zu suchen.« Und dann gebe ich der Gruppe folgende Anregung mit auf den Weg: »Bitte stellen Sie sich einige Male am Tag eine neue Frage und warten Sie geduldig*

> *auf eine Antwort. Nicht aktiv nachdenken, nur offen sein für Gedanken.« Zwei Ideen biete ich an: »WIE bin ich«, und: »In welchen Situationen fühle ich mich richtig lebendig?« Taucht das alte »Wer?« auf, dann sofort stoppen und zu sich selbst sagen: »Ich brauche das jetzt nicht mehr. Es ist genug. Ich hätte da aber eine neue Frage, liebes Gehirn.«*

Vielleicht fragen Sie sich an dieser Stelle, was diese Ausführungen mit dem Thema »Schuldgefühle« zu tun haben. Nun, was passiert langfristig, wenn wir die unguten, unlösbaren oder vorwurfsvollen Warum-Fragen in uns nicht rechtzeitig stoppen? Wenn wir Schuld suchen, wo es keine zu finden gibt? Das Gehirn hört gar nicht mehr auf, daran zu denken. Deshalb finden sich im Zentrum von depressiven Erkrankungen sehr häufig ganz üble schuld- oder schamerzeugende Fragen. Darum herum ranken sich endlose Grübelschleifen, an die sich die Gehirne von Betroffenen regelrecht gewöhnen können.[8] Depression zeichnet sich durch extrem intensives Nachdenken über schlechte Fragen aus, die permanent Schuldgefühle nähren.

Ich bezeichne dieses Denkmuster oft als das *»Grübel-Übel«* in der Hoffnung, eine Prise Humor möge bei der Distanzierung und dem Stoppen helfen. Besonders auf Warum-Fragen reagiert das eigene Gehirn so wie ein Familienmitglied (Infos online): Es hört sie als Kritik, will sie schuldbewusst beantworten – und denkt bei all der Aufregung gar nicht mehr darüber nach, ob die zugrunde liegende Behauptung, also der »Gesetzesbruch«, wirklich zutrifft. Das hat in Einzelfällen durchaus verheerende Auswirkungen.

> *Es ist Nachmittag. Wenige Minuten nach dem vereinbarten Termin hetzt die Klientin Sandra in meine Praxis und entschuldigt sich gefühlte hundert Mal. Es wäre ein furchtbarer Tag gewesen, erzählt sie, und fragt mich gequält: »Warum nur habe ich schon wieder alles vergeigt?« Ihr Gehirn liefert schneller Antworten, als ich Atem holen kann: »Ach, ich weiß eh:*

Weil ich so dämlich bin und mich stressen lasse. Ich werde das wohl nie lernen. Schon früher habe ich da immer …« Jetzt endlich habe ich genug Luft und kann sagen: »Halt, bitte retour: Welcher Anteil am heutigen Misserfolg gehört Ihnen und wer oder was war sonst noch beteiligt? Denn ich finde es zwar ehrenwert, dass Sie spontan die ganze Schuld auf sich nehmen. Aber für mich ist das nicht so eindeutig. Später analysieren wir, was Sie daraus lernen können. Oder wir suchen frühere Ausnahmen, also Gelassenheitserlebnisse und die damaligen Umstände.« Was passiert zu Beginn des Gespräches? Das kluge Gehirn von Frau Nikolic übernimmt die implizite Schuldzuweisung der Warum-Frage, liefert prompt Antworten und untermauert diese sekundenschnell mit Beweisen aus der Vergangenheit. Selbst wenn nur ein einziges, zur Frage passendes Erlebnis im hintersten Gedächtnisspeicher abgelegt ist: Es wird fündig! Was es dabei übersieht, sind die vielen Gegenbeweise. Denn danach hatte diese Frau ihr Gehirn nicht suchen lassen. Die Suchmaschinen im Internet liefern schließlich ebenfalls nur die Infos, nach denen sie gefragt werden.

Die Suchmaschine Gehirn liefert Antworten

In Kombination mit den ohnehin automatisch ablaufenden neuronalen Prozessen der Ursachensuche und Schuldverteilung kann die Suche nach Antworten richtig anstrengend werden. Die Vieldenkerinnen und Hochklassegrübler unter uns können damit ergebnislos ganze Tage verbringen. Achten Sie also auf die Frage, denn die Suchmaschine »Gehirn« liefert erbarmungslos Treffer. Schlechte Fragen bringen schlechte Antworten – oder keine, was manchmal noch schlimmer ist.

Manfred Horvath kommt bereits seit Monaten zu mir in meine Praxis. Wie so oft seufzt er gleich zu Be-

ginn: »Warum passiert immer mir das Schlechte? Was stimmt mit mir nicht?« Diese beiden Fragen kreisen seit Jahren in seinem Gehirn. Er kennt inzwischen ihre Entstehungsgeschichte, denn natürlich ist er nicht damit zur Welt gekommen. Die Fragen laufen und liefern passende Antworten, die ihn immer tiefer in den Strudel von Selbstvorwürfen und Versagensgefühlen hineinziehen. Er sieht natürlich, was er erwartet. Das Grübel-Übel beeinflusst die Wahrnehmung auch in der Gegenwart. Ich habe deshalb eine besondere Karte vorbereitet. Auf der einen Seite stehen die alten, quälenden Fragen, auf der Rückseite einige neue, nützlichere. Die Idee, die ich ihm gemeinsam mit der Karte übergebe, lautet: »Herr Horvath, mir scheint, Sie haben nun alles richtig gesehen und verstanden. Die Zeit ist reif für Veränderung: Tragen Sie diese Karte eine Weile bei sich. Wann immer eine alte Frage auftaucht, können Sie diese bewusst bemerken, dann sofort die Karte wenden und sich selbst die neuen Fragen vorlesen. Wenn möglich, darüber bitte eine Minute lang nachdenken. Ist das machbar?« Herr Horvath antwortet: »Natürlich. Warum sollte mir das auch nicht gelingen?« O weh, schon wieder eine Frage, wo ihm das Gehirn brav die Gründe für ein Versagen liefern könnte. Wir lachen gemeinsam über sein listiges »Hirnkastl«, wie er es nennt, das unbedingt im alten Muster weiterlaufen will. Ich ergänze rasch »Warum sollte es nicht gelingen?« auf der Vorderseite. Auf der Rückseite steht bereits: »Wann ist mir heute etwas kleines Gutes passiert? Was alles stimmt mit mir?«, nun vervollständigt durch: »Wie kann mir Neues gelingen?«

Es gibt daneben selbstverständlich geplagte Mitmenschen, deren vorwurfsvolle Warum-Fragen sich in erster Linie auf andere Menschen oder das Schicksal beziehen: »Warum hat er das getan?«, »Warum musste diese Krankheit mein Kind treffen?«, oder »Wieso kannst du nie nachgeben?« Auch Derartiges kann zu einer Endlos-Suchschleife werden. Manchmal spuckt das Gehirn in seiner Not irgendetwas aus, das jedoch ganz und gar nicht stimmt. Doch wir halten es fest, denn lieber irgendeine Antwort als keine. Möglich – und viel besser – ist es, sich bewusst für eine nützliche Antwort zu entscheiden und diese gut in sich zu verankern:

Ich treffe Gia Chang wieder im Kinderkrankenhaus. Leider, denn ihr Sohn hat eine chronische Erkrankung. Heute wirkt sie besonders niedergeschlagen: »Wissen Sie, am meisten quält mich die Frage, warum ihn das getroffen hat. Warum muss er so leiden? Was habe ich verbrochen?« Ich antworte nach einer Weile des gemeinsam Traurigseins: »Das ist schwer, vielleicht sogar unmöglich zu beantworten. Darüber zerbrechen sich klügere Menschen als wir seit Jahrhunderten die Köpfe. Für manche bietet eine Religion die Idee eines Sinns dahinter. Die Fragen selbst jedoch bilden einen Teufelskreis, denn Leiden verursacht die Fragen und die Fragen verstärken das Leiden. Das schadet Ihnen und der innigen Beziehung zu Ihrem Sohn. Mein Vorschlag: Stoppen Sie die Frage durch eine Antwort. Wir suchen also Antworten, die andere Menschen in ähnlichen Situationen gefunden haben. Dann wählen Sie eine davon aus, von der Sie sagen: ›Ich will das irgendwann glauben können.‹« Wir sammeln. Frau Chang entscheidet sich letztendlich für folgende: »Es ist so, weil so furchtbare, schlimme Dinge leider passieren. So ist die Natur. Doch egal, was geschieht, ich kann damit umgehen lernen.« In Zukunft wird sie sich die alten Fragen immer wieder auf diese neue Weise beantworten. Je öfter ihr ein solcher Gedankenstopp gelingt, umso stärker fühlt sie sich: Egal, was geschieht, sie kann damit umgehen lernen.

Die brennende Suche nach dem Schluss, nach Kontakt, Kontrolle und Sicherheit

Irgendwo, tief verwurzelt in den ältesten und innersten Regionen des Gehirns, schlummern die fundamentalen Antriebe der Natur. Es sind wohl Selbsterhaltung und Arterhaltung. Doch diese beiden reichen nicht, um uns selbst und die Funktion von Schuldgefühlen gut zu verstehen. Daher möchte ich von Sehnsüchten des menschlichen Gehirns berichten, die darüber hinaus wirken: jene nach der »guten Gestalt« von Erlebnissen und der Suche nach Ursache und Endpunkt sowie nach Erfüllung wichtiger Grundbedürfnisse.

Wann ist etwas abgeschlossen? Die Suche nach der »guten Gestalt«

> *Ein Hund sucht seinen Stock, den er mitten im Spiel aus den Augen, eigentlich wohl aus der Nase, verloren hat. Vergeblich. Nach wenigen Sekunden läuft er weiter. Für ihn ist die Geschichte damit zu Ende. Fast möchte man sagen: beneidenswert. Denn der Hundehalter kommt mit ihm heim und sucht sein Lieblingshemd. Vergeblich. Für ihn geht's jetzt erst los: »Das gibt's doch nicht!« Alle möglichen und unmöglichen Orte werden durchstöbert. Selbstbeschuldigung kommt: »Warum habe ich es nicht dorthin gegeben, wo es hingehört?« Der Ärger steigt, nun werden weitere Schuldige im Familienkreis gesucht: »Ich wette, du hast es verräumt.« Es taucht nicht auf, am nächsten Tag sucht er weiter. Endlich, nach einer Woche …*

Darf ich das so stehen lassen – oder wollen Sie mehr wissen? Könnte ich Sie dabei ertappen, wie Sie nun selbst darüber weiter nachdenken? Das menschliche Gehirn mag offene Geschichten nicht. Die Wahrnehmungspsychologie nennt diese Dynamik *die Suche nach der »guten Gestalt«*. Gute Gestalten sind in sich schlüssig: Man kennt sich aus, sie sind »fertig«, weiteres Nachdenken nicht notwendig. Denken Sie an gute Filme oder Bücher, sie folgen solchen Kriterien. Logische Brüche und offene Enden irritieren – was natürlich manchmal durchaus beabsichtigt sein kann, damit wir sie eben *nicht* so leicht aus dem Kopf kriegen können, weiter nachdenken oder neugierig die Fortsetzung herbeisehnen. Medien, TV-Serien und Filme nutzen das und bauen unbeantwortete Fragen und offene Enden, »Cliffhanger«, ein.

Wichtige Elemente einer guten Gestalt sind das Ende und die Klärung der Warum- beziehungsweise der Ursachen- und der Schuldfrage. Bieten wir unserem Gehirn keine gute Gestalt, sucht es verbissen weiter, vielleicht erfindet es sich die fehlenden Bestandteile sogar. Beim Sehsinn ist dieser Automatismus besonders beeindruckend: Erkrankungen mit Gesichtsfeldausfällen werden einige Zeit von Betroffenen selbst nicht erkannt, denn das Gehirn konstruiert einfach die fehlenden Teile des Bildes. Augenärztliche Untersuchungen müssen erst mal diesen Mechanismus austricksen. Auch bei jedem Spielfilm sehen wir im Prinzip nur einzelne, wenige Szenen. Alles dazwischen »erfinden« wir innerhalb von Sekunden.

> *Der Hundehalter findet sein Hemd unter dem Sofa. Ist das ein Schlusspunkt? Mitnichten, er grübelt nach, wie es wohl dorthin gekommen sein könnte. Das erzählt er mir und ich biete ihm eine »gute Gestalt«: Es wird wohl sein Hund gewesen sein, der das Hemd als Kopfkissen benutzen wollte, weil es so gut nach seinem Herrchen roch. Die Vorstellung erscheint ihm plausibel. Das reicht seinem Gehirn, die Schuldfrage ist nun geklärt, alles gut und fertig.*

Solange keine Antworten auf wesentliche Fragen – und dazu gehören zentral jene nach Ursachen und nach Schuldigen – gefunden sind, will unser übereifriges Gehirn ein Thema nicht loslassen. Liefern Sie ihm diese, sonst bleibt das Denken dabei hängen oder sucht sich irgendeine Erklärung:

> *Ein Notfallanruf von Elfriede Schmied, einer Coaching-Klientin, die ein kleines Unternehmen leitet: »Ich kann nie mehr hin«, erzählt sie aufgelöst. Sie hätte, zermürbt von einigen durchwachten Nächten, einen Nervenzusammenbruch erlitten. Nach einem Schreiduell mit ihrer Vorarbeiterin aus einem nichtigen Anlass heraus wäre sie schluchzend aus dem Betrieb geflüchtet, erzählt sie. Alle hätten es mitbekommen. So peinlich. Nach einigem klärenden Hin und Her erarbeiten wir folgenden Plan: Sie wird am nächsten Tag früh in die Firma gehen und ein Meeting mit den wichtigsten Leuten einberufen. Dieses wird sie mit einer Begründung samt einer Forderung eröffnen: »Mein Nervenzusammenbruch gestern hat Ihnen wohl gezeigt: So kann es nicht weitergehen. Ich brauche von Ihnen in Zukunft …« Ich erkläre ihr die Psychologie dahinter: »Derzeit weiß das Team nicht, was genau los ist und wer woran schuld war. Jede und jeder hat irgendwelche Fantasien, denkt besorgt oder ängstlich nach. Indem Sie nun schlüssig das Weinen mit Ihren Forderungen in Verbindung bringen, stoppen Sie das, denn Sie liefern eine gute Gestalt: alles klar, kein Nachdenken und Fantasieren mehr notwendig. Und als angenehmen Nebeneffekt untermauert der Nervenzusammenbruch sogar die Dringlichkeit Ihres Appells.«*

Ich vermute, diese Suche nach der guten Gestalt ist unter anderem deshalb so wichtig für uns, weil unser Gehirn schließlich aus der Vergangenheit eine möglichst passende Erwartung für die Zukunft bilden möchte. Erst danach können Ereignisse als »erledigt« archiviert werden. Die Frage: *»Was kann ich daraus lernen?«*, ist daher ein außerordentlich effektiver, hirnfreundlicher Weg, einen solchen Schlusspunkt bewusst zu setzen. Sogar ein allfälliges Schuldgefühl lässt sich vielleicht auf diese Weise ablegen, denn es folgt die Erkenntnis: »Das wird mir nicht mehr passieren. Ich habe daraus gelernt.« In jedem Fall ist man um eine Erfahrung reicher. Manchmal, wie im später beschriebenen Beispiel über einen Großbrand in Wien, muss es glücklicherweise gar keine eigene Erfahrung sein.

Die tiefe Sehnsucht nach sozialem Kontakt

Um die Kräfte zu verstehen, die uns über Selbst- und Arterhaltung hinaus antreiben, hilft das Koordinatensystem der Bedürfnisse. Es besteht aus der Sehnsucht nach sozialem *Kontakt,* dem Bedürfnis nach *Sicherheit* und, als dritte Achse, dem Wunsch nach *Einfluss und Kontrolle* über unser Leben.[9] Die Schuldthematik hilft auf ihre eigene, geniale Weise, in allen drei Bereichen mehr Lebensqualität zu gewinnen.

Menschen haben von Natur aus ein auf den sozialen *Kontakt* hin ausgerichtetes Gehirn, beweist die Hirnforschung: Intensive Sozialkontakte schützen nachweislich vor vielen Demenzerkrankungen. Die zuständigen Hirnbereiche für Schmerz bei körperlicher Verletzung und jene für Schmerz bei sozialer Ausgrenzung sind nahezu ident, wie funktionelle MRT-Untersuchungen sichtbar machen.[10] Menschen waren von Natur aus niemals als Einzelwesen gedacht, sondern konnten nur in der Gemeinschaft in sicherer Verbindung mit anderen überleben, beweisen Bindungsforscher wie Henri Julius. Die Beachtung sozialer Spielregeln und die Angst vor sozialer Ausgrenzung haben wir also in den Genen, auch wenn wir es als Erwachsene durchaus allein gut aushalten können.

Um Schuldgefühle zu verstehen, ist es besonders spannend zu wissen, dass in unserer »Gehirn-Hardware« Spiegelneuronen für den Sozialkontakt fix einprogrammiert sind. Diese wurden erstmals bei Primaten entdeckt: Eine einzelne Nervenzelle in jenem Gehirnteil, der für Bewegung zuständig war, wurde bei ihrer Arbeit beobachtet. Man entdeckte, dass sie aktiv wurde, wenn ein Affe eine Rosine in seine Hand nahm. Doch zur allgemeinen Überraschung arbeitete sie auch, wenn dieser Affe still dasaß und den Forscher nur dabei beobachtete, wie *dieser* nach einer Rosine griff. *Empathie* nennt die Forschung die sich daraus ergebende Fähigkeit zu fühlen, was andere fühlen, und das beobachtbare Verhalten anderer intuitiv zu verstehen. Tiere können sich dagegen gar nicht wehren: Wenn eine Ratte sieht, wie ein ihr bekannter Artgenosse in Schreckstarre fällt, erstarrt sie ebenfalls.[11] Auch wir tragen diese Basis-Empathie in uns: Der zappelige Sitznachbar macht vielleicht, dass auch wir unruhig werden, der Anblick von zutiefst glücklichen Eltern rührt zu Tränen und wir machen instinktiv Platz, weil wir »wissen«, wie sich der eilige Mensch vor uns bewegen wird. Ergriffen von Basis-Empathie verlieren wir für den Moment das eigene Gefühl. Im Kapitel »Mitgefühl: Segen oder Fluch?« (s. Seite 199) erfahren Sie, wie dieser geniale Mechanismus bereits Kleinstkinder dazu veranlasst, anderen nicht wehzutun und Ursachen-Schuldgefühle zu entwickeln, lange bevor sie moralische Regeln begreifen können.

Es sind wohl Sprache und Großhirn, die uns später helfen, diese Basis-Empathie noch viel konstruktiver zu nutzen und zum *Mitgefühl* weiterzuentwickeln: Wir wenden uns empathisch-freundlich einem anderen zu, doch behalten wir daneben unser eigenes Gefühl. Später können wir, darauf aufbauend, die Fähigkeit des *»Mentalisierens«* erwerben, ein von der Bindungsforschung rund um die Psychoanalytiker Peter Fonagy und Mary Target geprägter Begriff. Damit ist die Fähigkeit gemeint, sich selbst und andere zu beruhigen und vor emotionaler Überflutung zu bewahren – eine wichtige Voraussetzung für seelisches Wohlbefinden. Zu gutem »Gefühlsmanagement« möchte schließlich auch dieses Buch einen kleinen Beitrag leisten.

Schuldgefühle fördern indirekt den Kontakt. Denn schließlich befolgen wir soziale und moralische Spielregeln, leben friedlich und handeln fürsorglich nicht nur aus Liebe, Empathie, Begeisterung, Vernunft oder Angst, sondern eben auch deshalb, um ein Schuldgefühl zu vermeiden. Man könnte meinen: Davon kann man nie genug haben, also her damit! Doch so einfach ist es nicht. Ein ungebremstes Schuldgefühl bewirkt Schlechtes. Ich kenne Erwachsene, die so hohe Ansprüche an sich haben, so viele innere Regeln, dass sie niemals Führungspositionen einnehmen oder Eltern werden, um den befürchtet hohen Berg aus Schuldgefühlen zu vermeiden. In Bezug auf Arterhaltung macht das der Biologie wohl eindeutig einen Strich durch die Rechnung. Und auch für die Selbsterhaltung sind extreme Schuldgefühle kontraproduktiv, kann man doch endlos im »Futterkreislauf« festhängen und im Extremfall daran psychisch fast zugrunde gehen.

Ein enorm attraktives Ziel: Kontrolle und Einfluss auf unser Leben

Wir Menschen mögen *Einfluss auf uns selbst und die Welt um uns herum haben.* Davon können wir einfach nie genug bekommen. Unter anderem gehören dazu Wahlmöglichkeiten, kontrollierbare Bereiche und das Gefühl von Selbstwirksamkeit. Darin besteht in der psychologischen Forschung eine seltene Einigkeit. Jeder richtige Kausalzusammenhang, jedes Erkennen eines Musters, eines physikalischen oder sozialen Gesetzes hilft beim guten Leben: Wir können bessere Erwartungen bilden, zutreffendere Vorhersagen machen, das Umfeld gestalten oder das eigene Verhalten danach ausrichten – alles im Griff.

Sobald wir etwas aktiv gestalten, wählen und kontrollieren können, fühlen wir uns weniger machtlos, hilflos und ausgeliefert. Erinnern Sie sich an das Beispiel mit dem Jugendlichen Alex nach dem Streit mit seinem Lehrer zu Beginn des Buches? Ein klein wenig Ursachen-Schuld bei sich zu sehen, lässt ihn die lähmende Ohnmacht abschütteln.

Wer also Ursachen-, Moral- oder Regel-Schuld bei sich findet, akzeptiert nicht nur deren Last: *»Ich habe etwas falsch gemacht.«* Indirekt suggeriert uns die bloße Existenz eines Schuldgefühls eine verpasste Chance auf Kontrolle: *»Ich hätte es richtig machen können. Ich habe möglicherweise das nächste Mal Einfluss darauf. Dann wird es mir vielleicht nicht mehr passieren, denn ich kann diesen Fehler vermeiden.«* Hoffnung entsteht. Sogar wenn es in Wahrheit keine Einflussmöglichkeit und damit keinen eigenen Fehler gibt, kann das Gehirn dem Bewusstsein Schuldgefühle zuwerfen wie ein rettendes Seil: besser Schuldgefühle haben, als die Ohnmacht anerkennen müssen. Wer die unberechtigten, quälenden Schuldgefühle von traumatisierten Menschen oder Kindern wirklich verstehen will, sollte diese Schutzmantel-Dynamik als Möglichkeit im Hinterkopf haben. Das Psycho-*Logische* daran zu verstehen, kann Betroffenen und den Menschen im Umfeld deutlich weiterhelfen. Im Kapitel über Trauma wird am Beispiel der jungen Frau Novak nach einem Überfall gezeigt, wie verlockend es ist, sich Schuld einzureden. Denn das schützt vor der Anerkennung der Tatsache, dass wir eben keinerlei Einfluss hatten. Doch irgendwann kann hoffentlich die ängstigende und zugleich enorm entlastende Wahrheit der eigenen Schuldlosigkeit anerkannt werden. Dann wird es möglich, eine solche Rettungsleine, die sonst zu einer einschneidenden Fessel wird, wieder loszulassen.

Dieses Bedürfnis nach Kontrolle und Einfluss und die panische Vermeidung vom Gegenteil, der Ohnmacht, kann fallweise hässliche Blüten hervorbringen. In letzter Zeit hatte ich das fragwürdige Vergnügen, mehrmals Zeugin von durchaus selbstgerechten Kommentaren von Gesunden samt offenen Schuldzuweisung an Kranke zu sein. Die Kontrollillusion dahinter: *Wer alles richtig macht, wird nicht krank. Wer krank ist, hat etwas falsch gemacht.* Durchaus giftige Sätze hört man da: »Du willst ja gar nicht gesund werden, versteckst dich nur hinter deiner Krankheit.« »Es ist ja alles nur eine Frage der Einstellung. Was man wirklich will, das schafft man auch.« »Haben Sie überhaupt die Empfehlung genauso umgesetzt, wie ich gesagt habe? Ansonsten ist es kein Wunder, dass es nicht hilft.« Solche Dialoge führen manche kranke Menschen übrigens auch mit sich selbst. Wer zu hundert Prozent fest daran glaubt, dass jede Krankheit vermeidbar ist oder eine Botschaft haben muss, der sucht genauso im sozialen Umfeld oder der eigenen Psyche nach Schuld. Die Akzeptanz des Zufalls kann tatsächlich erlösen: Der Psychologe Roland Kopp-Wichmann beschreibt in seinem Blog, wie er auf die Frage eines Schwerkranken nach dem »Warum ich?« geantwortet hat: »Vielleicht, weil Sie zum ersten Mal richtig Pech hatten.«

Würde aus der Schuldzuweisung an Kranke eine allgemeine, gesellschaftliche »Moralvorstellung«, dann hätten wir uns seit dem Mittelalter nicht weiterentwickelt. Damals wurden viele Krankheiten in grausame Kausalzusammenhänge gequetscht:

Sie waren Strafen, Zeichen böser Mächte oder Hinweise auf irgendwelche Verfehlungen der Gemeinschaft. Man wusste sich ihr Kommen und Gehen nicht anders zu erklären, also konstruierte sich auch das Gehirn der damaligen Menschen irgendwelche Kontrollillusionen. Etwas als Zufall, als Pech akzeptieren zu müssen, hat Menschen damals wie heute zwar frei von Schuldgefühlen, gleichzeitig jedoch hilflos und ängstlich gemacht – immerhin könnte es dann einem selbst jederzeit auch passieren und man kann nichts dagegen tun. Inzwischen wurden in Gesundheitsfragen viele, echte Kausalzusammenhänge erforscht, manche Risikofaktoren gefunden, die Wahrscheinlichkeiten erhöhen. Doch noch immer ist manches unerklärbar und vieles unbeeinflussbar. »Glücklicherweise« werden wir alle einmal krank und entwickeln hoffentlich mehr Verständnis, auch mit uns selbst. Denn es hat mit Sicherheit noch nie jemanden gesünder gemacht, in der Enttäuschung darüber unterzugehen: »Aber ich habe doch alles richtig gemacht«, oder sich selbst mit aggressiven Schuldzuweisungen zu überhäufen. Besser ist es wohl, Zufall als Teil unseres Lebens zu akzeptieren, sich echte Fehler, falls vorhanden, zu verzeihen und, wenn möglich, daraus für die Zukunft zu lernen. Manchmal bleibt nur die radikale Akzeptanz der Erkrankung: vielleicht traurig, dafür aber wahr.

Das Ideal: angstfrei und entspannt das Leben genießen

In Sicherheit zu leben, ist ein weiteres, zentrales Bedürfnis aller Lebewesen. Nur angstfrei können wir genießen, lachen, spielen, uns erholen und optimal lernen. Falls wir uns hin und wieder ein wenig Aufregung und Gefahr ins Leben holen, dann nur etwas »Thrill«, also (vermeintlich) absolut kontrollierbare Gefahr wie bei einem Fallschirmsprung oder Computerspiel. Kinder beginnen nur in sicherer Umgebung neugierig und autonom ihre kleine Welt zu erforschen – im Wissen um den Hafen bei ihren wichtigen Personen, in den sie jederzeit zurückkehren können.

Die Schuldsuche leistet einen wichtigen Beitrag dazu. Denn wer die Ursachen eines Unglücks kennt, der kann prüfen, ob er selbst in Gefahr ist, oder kann aus den Fehlern (anderer) lernen.

> *Ein Großbrand in Wien, zufällig bin ich in der Gegend und sehe die Rauchsäule mit eigenen Augen. Natürlich taucht unter den geschockten Menschen, die das Feuer von der Straße oder im TV beobachten, die Frage auf: Wer oder was war schuld? War es menschliches Versagen, Brandstiftung oder Zufall? Ein Attentat? Gerüchte verbreiten sich, flauen wieder ab. Dann, nach einigen Tagen, fast wie eine Erlösung, ein Medienbericht: Schuld waren ausrangierte, elektronische Geräte am Dachboden. Schlagartig verschwindet das Thema aus den Medien, es hat eine gute Gestalt. Ende und aus. Mich wundert das ein wenig, denn in meinem Gehirn arbeitet es noch eine Weile nach: »Kann mir das auch passieren, wenn ich schachtelweise Geräte und Batterien staple?«, frage ich mich mit etwas ängstlichem Gefühl. Obwohl ich nicht sicher bin, ob es notwendig ist oder die Information aus den Medien überhaupt wahr ist, entschließe ich mich tatsächlich, solche Dinge in Zukunft anders zu lagern. Ich lerne also aus der Beantwortung der Schuldfrage. Auch mein Gehirn kann nun Ruhe geben. Aus und Ende.*

Sie verhelfen sich selbst und vielleicht auch anderen zu mehr realer Sicherheit, indem Sie sich bewusst fragen: *»Was kann ich aus diesem Stück Vergangenheit für die Zukunft lernen?«* Es müssen glücklicherweise nicht immer eigene Erfahrungen sein. Das wird nicht nur spannende Ergebnisse liefern, sondern kann die eine oder andere Geschichte erst wirklich zum Abschluss bringen. Auch deshalb ist das »Daraus lernen« einer der hilfreichsten Weg zur »Ent-Schuldung«.

Eine fragwürdige Strategie, die sich trotzdem großer Beliebtheit erfreut, weil sie leider gut unserer Neuropsychologie entgegenkommt, ist die Schuldzuweisung an die ohnehin Leidenden. Sie verhindert nicht nur eigene Hilflosigkeit, sondern ist auch eine Strategie gegen die Angst.

»Herr Pichl ist gestorben«, erzählt die Nachbarin ihrem Bekannten Herrn Moser. Typischerweise kommt von diesem gleich nach der Beileidsbekundung die Frage nach dem Warum und bald danach jene nach dem Alter. Unbewusst versucht Herr Moser damit vermutlich – so wie die meisten von uns – eine Liste von beruhigenden Unterschieden zu erstellen: »Immerhin hat er mehr geraucht. Und er war viel jünger als ich. Er hat sich über Kleinigkeiten immer so aufgeregt, ich hingegen bin ein ruhiger Mensch.« Vielleicht verteilt er sogar aktiv Schuld: »Er hätte auf mich hören sollen, ich hab's ihm gesagt.«

Jeder Unterschied, jede Schuld des anderen suggeriert uns Sicherheit, während Zufälle und Ähnlichkeiten beunruhigen: Schließlich könnte uns dann ja das Gleiche passieren. Hinter verzweifelter oder zorniger Schuldzuweisung steckt in manchen Fällen das Bedürfnis nach einem solchen Sicherheitsgefühl. Unterschiede und schuldhafte Fehler werden sogar extra konstruiert, um einem Pechvogel, möge dieser in Wahrheit noch so unschuldig an einer Situation sein, Mitschuld an seinem Unglück zuzuweisen. Für Angehörige von Verstorbenen, Kranken oder Verunfallten ist das naturgemäß kränkend, für Betroffene selbst sind solche Reaktionen regelrecht katastrophal und seelisch massiv verletzend.

Werden wir dann noch durch eine mediale Form der Informationsaufbereitung, die den Opfern Schuld zuweist, gezielt in der Denkrichtung beeinflusst und emotionalisiert, lässt sich noch sicherer auf diejenigen schimpfen, die schließlich »an ihrem Unglück selbst schuld« sind. Ein weiterer Nebeneffekt: Wer selbst schuld ist, verdient, so eine allgemein verbreitete Ansicht, kein Mitleid. Man kann sich selbstzufrieden und schuldgefühlsfrei abwenden und noch dazu in Sicherheit wiegen. Wer von uns diese Dynamik erkennt, muss da vielleicht nicht mehr gedankenlos mitmachen, obwohl unser Gehirn das gern hätte (S. ab Seite 125).

3. Einladung zum Realitätscheck: wirklich schuldig?

Angenommen, Sie entdecken in sich ein konkretes Schuldgefühl. Was nun?

Auf den folgenden Seiten lade ich Sie zu einem Realitätscheck ein, damit Sie die Frage beantworten können: Bin ich wirklich schuldig? Gibt es in einem konkreten Fall echte Ursachen-, Moral- oder Regelschuld?

Zuerst allerdings schlage ich vor, dass Sie sich freuen: Vermutlich sind Sie ein ehrenwerter Mensch. Sie können nun sofort auf *die Suche nach Ursache und Ziel* dieses Gefühls gehen: Mit hoher Wahrscheinlichkeit steht ein Gesetz oder eine soziale Spielregel dahinter, die Sie nicht befolgt haben, obwohl Sie das offensichtlich wollten, sonst hätten Sie dieses Schuldgefühl nämlich gar nicht. Die Fragen nach Ursachen und Zielen bringen vielleicht weitere Infos zutage. Irgendwann taucht hoffentlich die Frage auf, ob es »richtig« ist, dieses Schuldgefühl haben zu müssen: »Bin ich wirklich schuld?« Hier einige Beispiele aus meinem Alltag:

> *In einem Coaching berichtet Hermann Schneider, der die Teamleitung in einer sozialpädagogischen Wohngemeinschaft übernommen hat, über starke Schuldgefühle angesichts der Kritik des neuen Teams an seinem Führungsstil. Er bemerkt bald sein inneres Gesetz: »Gerechtigkeit ist das Wichtigste.« Nun wird jedoch gerade ihm vom Team massive Ungerechtigkeit vorgeworfen. Wir entdecken die Quelle des Konfliktes: Er selbst definiert Gerechtigkeit als Gleichbehandlung. Daher hat er allgemeingültige Regeln erarbeitet. Das Team war jedoch ein anderes Verständnis von Ge-*

rechtigkeit gewöhnt: Bestimmte, nach klaren Kriterien als »benachteiligt« eingestufte Personen hatten mehr Rechte als andere. Ebendiese waren natürlich extrem ungehalten über die Gleichbehandlung. Er fragt mich: »Bin ich jetzt schuld oder nicht? Haben meine Teammitglieder recht mit der Anschuldigung? Soll ich etwas an meinem System ändern oder bin ich im Recht und sie sollen meine Spielregeln akzeptieren?«

Am Abend des gleichen Tages sitzt Walter, ein junger, alleinerziehender Vater vor mir, voller Reue und Selbstvorwürfe. Sein Sohn war krank, die üblichen Hausmittel halfen nicht und schließlich brachte er ihn ins Krankenhaus. Dort hörte er zuallererst die Frage: »Warum kommen Sie erst jetzt?«, und empfand das natürlich als massiven Vorwurf: »Bin ich wirklich schuld? Ich will doch ein idealer Vater sein. Und was soll ich tun«, meint er, »wenn mein Sohn nun nie wieder gesund wird? Wie soll ich mit einer solchen Schuld weiterleben?«

Wenige Tage später kommt Frau Emilia Novak, eine junge Frau, die unter den Folgen eines Überfalls leidet, und meint: »Warum nur bin ich zu Fuß gegangen? Sonst wäre das nicht passiert. Daran war ich allein schuld. Was sagen Sie dazu?«

Der Jugendliche Sven beklagt sich: »Ich warte auf den Bus, da rempelt mich so ein Typ an und beschuldigt mich auch noch dafür. Was stimmt mit dem nicht? Oder liegt es an mir? Was kann ich tun?«

Die grandiose Chirurgin Anna Vasic ist ein Ass auf ihrem Fachgebiet, eine richtige Superwoman. Sie macht sich Sorgen: »Darf ich guten Gewissens in Urlaub gehen, wenn ich weiß, dass in dieser Zeit Menschen sterben, die ich, vielleicht nur ich, hätte retten können?«

Bei all diesen Beispielen aus meiner Praxis war es zunächst wichtig, die Frage zu beantworten: Wann genau sind wir wirklich schuldig? Und unter welchen Umständen sind Schuldzuweisungen gar nicht gerechtfertigt und wir tun gut daran, dem vielleicht trotzdem bestehenden Schuldgefühl nicht zu glauben? Die »Lösungen« zu den oben gestellten Fragen finden Sie nach dem Abschnitt »Check it out – Realitätsprüfung«.

Das Konzept der 7 Faktoren

Nahezu täglich fragen mich Menschen, ob sie »wirklich schuld« sind. Daher finde ich es extrem wichtig, eine möglichst klare Vorstellung darüber zu haben, unter welchen Umständen ein Schuldgefühl als »gerechtfertigt« akzeptiert werden muss, weil wir »reale« Schuld auf uns geladen haben. In den anderen Fällen können wir es getrost als unvernünftig und »irrational« bezeichnen, weil die Umstände uns unschuldig machen oder das innere Gesetz, das dadurch schonungslos sichtbar wird, guten Gewissens verworfen werden kann. Wann wird aus einer simplen »Ursache« eine echte Ursachen-Schuld samt dazugehörigem, vernünftig begründbarem Schuldgefühl? Wie ist das mit Moral- und Regelschuld?

Ich schlage *sieben Faktoren* vor, um »echte« Schuld zu definieren. Dieses Konzept soll eine erste Orientierungshilfe bieten, um aus dem Durcheinander, das dieses Gefühl in vielen Menschen auslöst, herauszufinden. Wer die Faktoren kurz und knackig dargestellt haben möchte, findet den Überblick dazu zu Beginn des letzten Kapitels »Realitätscheckliste Schuldgefühl«.

Lernen wir von Rechtsexpertinnen und Juristen!

Die einzelnen Kriterien, ob wir uns zurecht schuldig fühlen oder nicht, habe ich für mein Konzept der 7 Faktoren aus jenem Wissensgebiet hergeleitet, das sich seit Langem ausschließlich mit der Schuldfrage beschäftigt: aus der Judikatur, der Lehre von Recht und Rechtsprechung. Deren Geschichte reicht in Europa und wohl auch in anderen Kulturen viele Tausend Jahre zurück. Unzählige Generationen haben sich also im Dienst der Gerechtigkeit und der Staatsordnung mit Schuld und Unschuld beschäftigt.

Sie werden merken: Die grundlegende Logik und die Prinzipien der Rechtsprechung können wir durchaus auf psychologische Fragestellungen und Alltagssituationen übertragen. Die Rechtsprechung gibt uns ein gutes Grundgerüst und eine Anleitung dafür zu erforschen, ob unser inneres Schuldgefühl in anderen Lebensbereichen gerechtfertigt ist.

Wann also laden wir tatsächlich Schuld auf uns?

Faktor 1: Das Gesetz – welche Regel wurde missachtet?

Schuldig wird, wer ein Gesetz bricht oder ein Recht missachtet. Und zwar nur dann. Ohne eine Gesetzesübertretung entsteht keine Schuld und niemand muss sich schuldig fühlen.

Gesetze im juristischen Sinn definieren für unterschiedlichste Lebensbereiche, was richtig und was falsch ist. *Soziale Spielregeln* und *moralische Gesetze* sind hingegen selten niedergeschrieben. Wenn doch, gibt es vielleicht eine offizielle und zusätzlich eine alltägliche, informelle Variante.

Sobald uns die Übertretung eines solchen Gesetzes vorgeworfen wird oder uns ein Schuldgefühl auf die Übertretung eines *inneren Gebotes* aufmerksam macht, gilt es zunächst zu erforschen: Wie genau lautet es? Ist es tatsächlich so anerkannt und allgemeingültig, dass wir uns danach richten wollen? Und können wir es überhaupt erfüllen?

> *Jakob, ein junger Fußballspieler, erzählt: »Ich habe kein Schuldgefühl, wenn ich weiß, dass ich gut vorbereitet und mit voller Energie gespielt habe – auch wenn ich das Tor verfehle und meine Mannschaft verliert.« Er folgt der nützlichen moralischen Regel: »Ich will das Bestmögliche tun.« Sein Freund hört ihm erstaunt zu, denn seine Erwartung an sich selbst lautet: »Ich darf keine Fehler machen.« Höchste Zeit für ihn, sein absolut lebensfeindliches Gesetz infrage zu stellen.*

Bei Konflikten wird man durchaus darüber diskutieren müssen. Denn die unterschiedlichen inneren Erwartungen braucht niemand »einfach so, weil es eben so ist«, zu akzeptieren. Das Recht haben aber natürlich meine Mitmenschen auch, sie müssen ebenfalls nicht meine Gesetze fraglos akzeptieren.

> *Ein Streit unter den Freundinnen Birgit und Anna: »Es war so eine Frechheit von dir, mich nicht zu deiner Hochzeit einzuladen. Schließlich warst du ja auch bei meiner.« Die angesprochene Anna verteidigt sich: »Aber du weißt doch, dass ich nur die allerengste Familie einladen kann, bei meiner finanziellen Lage.« Die erste begründet ihren Ärger mit einer gebrochenen Rückzahlungsverpflichtung (Faktor 6) aufgrund ihrer inneren Spielregel: »Was ich für dich mache, erwarte ich auch von dir.« Die zweite hat dieses Gesetz nicht. Die Fortsetzung dieses Beispiels finden Sie bei Faktor 4.*

Bei unterschiedlichen Auffassungen, enttäuschten Erwartungen und Konflikten ist es immer zielführend, zuerst die dazugehörigen, inneren Gesetzestexte herauszuarbeiten, zu vergleichen und dann eventuell im gemeinsamen Gespräch zu überprüfen. Vielleicht lässt sich so Klärung und Einigung erzielen.

Faktor 2: Zurechnungsfähigkeit – konnten wir uns selbst steuern?

Schuldig im Sinne der Rechtsprechung kann nur werden, wer zurechnungsfähig ist und in einer konkreten Situation auch so handeln kann.

Echte Schuld braucht dementsprechend innere *Steuermöglichkeit, Vernunft* und *Denkvermögen* – Fähigkeiten, die laut Gesetz keinem Kind zur Verfügung stehen können. Auch für Erwachsene vermindern manche seelische oder körperliche Zustände mit reduzierter oder fehlender Zurechnungsfähigkeit die

Schuld. Sie machen manchmal sogar schuldunfähig, ihnen wird dann vielleicht jemand zur Seite gestellt, der teilweise oder volle Verantwortung übernimmt. Dieser Faktor wird, besonders wieder in Konflikten, heiß diskutiert: »Ich war so überlastet und konnte nicht klar denken.« Ich schlage deshalb vor, sich hier tatsächlich an der geltenden Rechtslage zu orientieren und sich die Frage zu stellen: »Würde mich ein Gericht wohl für zurechnungsfähig oder verantwortlich erklären?«

Faktor 3: Das Alter – hatten wir die Fähigkeit, uns richtig zu verhalten?

Eine fundamental wichtige Grundsatzentscheidung war es, in weiten Teilen der Welt gesetzlich zu verankern, dass Kinder noch gar nicht die notwendigen Fähigkeiten haben, wirklich schuldhaft im juristischen Sinn zu handeln. Sie können die Folgen ihres Handelns nicht abschätzen, sich nicht gut selbst steuern und sind noch einfacher beeinflussbar als wir Erwachsene.

Im familiären und schulischen Alltag sind wir nicht vor Gericht. Doch trotzdem müssen wir bitte sehr genau überprüfen, ob die Situation für ein Kind alle anderen sechs Faktoren erfüllt, denn nur dann soll es tatsächlich die Verantwortung für sein Verhalten bekommen.

> *Die einjährige Maria, die quietschend vor Vergnügen das Essen im weiten Umkreis verteilt, hört einen ernsten Stopp, aber noch keine Schuldzuweisung.*
> *Der dreijährige Manfred wird dafür schon Kritik einstecken müssen: »Ich will das nicht. Hör auf!«, weil man davon ausgehen kann, dass er die Regel mittlerweile kennt. Trotzdem wird er sich schwertun, mit einer so spaßigen Sache aufzuhören. Dazu braucht er Erwachsenen-Hilfe: »Ich räum das Essen jetzt weg. So was kannst du am Abend in der Badewanne mit dem Schaum machen. Aber jetzt machen wir das zuerst gemeinsam sauber.«*
> *Und bei der sechsjährigen Merve wird es wohl davon*

abhängen, ob ihre Handlung eine klare Absicht ist oder nur die Reaktion auf Zorn, den sie noch nicht allein regulieren kann, und sie deshalb wieder zuerst Ihre Hilfe braucht: Statt »Hör auf, dich zu ärgern« lieber Infos im Kapitel über Kinderschuld lesen und die 4-Schritte-Technik nutzen.

Faktor 4: Die echte Wahl – konnten wir uns entscheiden?

Schuldig im Sinne der Rechtsprechung wird, wer sich für ein unrechtes Verhalten entscheidet, obwohl er sich für das rechte entscheiden hätte können. Nur wer eine Wahl hat, hat auch eine Schuld. Verminderte Wahlmöglichkeit kann aus psychischen, körperlichen oder situativen Notlagen heraus entstehen: Der »rechtfertigende Notstand« wirkt genau deshalb schuldmildernd, Krankheiten oder emotionale Ausnahmezustände ebenfalls. Wegen Hunger zu stehlen, verursacht weniger Schuld und daher geringere Strafe als ein Diebstahl aus Langeweile.

Kommt Ihnen der Satz »Ich konnte ja gar nicht anders. Da muss man doch ...« bekannt vor? Auf die fehlende Wahlmöglichkeit zu pochen, gehört zu den beliebtesten Argumenten bei eskalierenden Streitigkeiten. Wahlmöglichkeiten aufzuzeigen, lässt übrigens Schuldgefühle entstehen – samt der kostbaren Bereitschaft zu einer Entschuldigung. Mehr dazu im Kapitel über Konflikte (s. Seite 126).

Im Alltag kann die Prüfung dieses Faktors sehr hilfreich sein. Mir begegnen Menschen mit überaus quälenden Schuldgefühlen, weil sie falsche Entscheidungen getroffen haben, dabei aber keine echte Wahl hatten. Denn es ist natürlich keineswegs so, dass jede freie Entscheidung, jede selbst gewählte Handlung, die eine Kette von Ereignissen nach sich zieht, automatisch zu echter Ursachen-Schuld führen muss. Sollten Sie zum Beispiel zehn Minuten später als sonst wegfahren und »deshalb« Opfer eines Überfalls werden, trifft Sie natürlich keinerlei Schuld, obwohl die Abfahrtszeit selbst gewählt war. Solche Ereignisse fallen in die Rubrik »Pech« oder »Zufall«. Durch eine solche »Verursachung« allein erwächst keine Schuld, denn man konnte die Folgen schließlich nicht wissen. Nur die Fähigkeit, die Zukunft voraussehen zu können, würde in so einem Fall – objektiv betrachtet – eine Schuld rechtfertigen. Das beträfe also nur »echte« Wahrsager oder Hellseherinnen.

Eine echte Wahl braucht nämlich das Wissen um mögliche Folgen der einzelnen Alternativen: Wer im Stau steckt und so die Chance seines Lebens verpasst, hat nur dann Schuld, wenn er vorab um die Verkehrssituation hätte wissen können. Nur in diesem Fall gibt es schuldhaftes Verhalten mit Absicht und Vorsatz oder aus Fahrlässigkeit. Letzteres bedeutet zum Beispiel, nicht genug aufgepasst oder sich nicht informiert zu haben, obwohl man die Möglichkeit beziehungsweise die Pflicht dazu gehabt hätte. Wir alle müssen daher einer Operation im Wissen um das Risiko zustimmen und sie somit frei wählen – und entlasten damit das chirurgische Team von einer möglichen Schuld bei Komplikationen.

Diesen Faktor veranschaulichen manche juristischen Entscheidungen indirekt, aber doch eindeutig, zum Beispiel in folgenden Details: Wer eine Körperverletzung verursacht, weil er als Laie falsche erste Hilfe leistet oder bei einem Überfall um sein Leben fürchtet, den entlastet das Gericht in der Regel von Schuld. Werden wir hingegen in solchen Situationen mit medizinischer Ausbildung aktiv oder haben als Überfallsopfer Kampfsporterfahrung, dann nimmt ein Gericht an, dass wir durchaus Wahlmöglichkeiten gehabt hätten. Die Folgen werden daher etwas anders bewertet.

Zurück zu den beiden Freundinnen: Falls Anna Birgits Hochzeit im vollen Wissen um die Erwartung von Birgit **und** *um die Unmöglichkeit, ihr später Gleiches zurückzugeben, besucht hat, erfüllt Annas Entscheidung die Kriterien einer echten Wahl und damit von schuldhaftem Verhalten. Denn sie hat die Einladung von Birgit vermutlich absichtlich ausgenutzt. Wenn jedoch eine der beiden Voraussetzungen nicht zutrifft, dann wusste sie es nicht besser und hat keine Schuld.*

Wir Menschen können nicht wissen, was wir nicht wissen können. Doch erklären Sie das mal dem Schuldsuchprogramm des Gehirns, das unbedingt Kausalzusammenhänge und Mitschuld samt Kontrollillusionen finden will. Genau deshalb ist die Frage nach der echten Wahlmöglichkeit ein enorm wichtiger Punkt bei der Prüfung von Schuldgefühlen.

Faktor 5: Verantwortungsübernahme – wofür müssen wir einstehen?

Sobald eine andere Person, für die wir von Rechts wegen Verantwortung haben, ein Gesetz übertritt, zu Schaden kommt oder Schaden verursacht, können wir ebenfalls schuldig werden. Vorgesetzte tragen teilweise Verantwortung für die Leistung oder das Wohl ihrer Mitarbeiter, Politikerinnen für ihre Ressorts. Ausbildner haften vielleicht für die Aktionen von Auszubildenden und Eltern für ihre Kinder. Gesetze und Verträge geben das manchmal eindeutig so vor. Öfter jedoch bestimmen gesellschaftliche Normen, gewachsene Traditionen oder innerfamiliäre, anerzogene Regeln, wer wofür Verantwortung hat und eventuell die Schuld übernehmen muss. Diese soll natürlich im Einzelfall offengelegt und diskutiert werden.

In der psychologischen Arbeit gilt es zunächst zu klären, wer wofür Verantwortung hat. Ich empfehle grundsätzlich, davon auszugehen, dass Erwachsene die volle Verantwortung für sich und das eigene Verhalten zu übernehmen haben. Weil Gefühle in uns manchmal unvermutet auftauchen, gilt meiner Erfahrung nach: Wir sind nicht schuld daran, *was* wir fühlen. Doch wir sind voll verantwortlich dafür, was wir mit einem Gefühl tun, ob wir ihm folgen, ob wir es verstärken oder aktiv schwächer machen, indem wir den Futterkreislauf unterbrechen.

Faktor 6: Rückzahlungsverpflichtung – was schulden wir wem?

Wer sich Geld ausleiht, muss es zurückzahlen, und wer sich vertraglich verpflichtet, eine bestimmte Leistung zu erbringen, ist schuldig, das auch zu tun. Der Inhalt einer solchen Vereinbarung muss natürlich der Person, die sich dafür entscheidet, vorher bekannt sein und auch sonst die Kriterien einer echten Wahl erfüllen. Juristisch gesehen ist dieser Faktor also einfach.

Bei Geschenken ist die Sache schon schwieriger, also hat der Gesetzgeber das genau definieren müssen und greift damit übrigens ein spannendes, zwischenmenschliches Thema auf, dem ich später ein eigenes Kapitel widme: den sozialen und moralischen Regeln rund um Gerechtigkeit.

Noch ein Satz zu Birgit und Anna: Sobald die beiden die unterschiedlichen inneren Regeln als wahre Ursache erkannt haben, können sie beginnen, Lösungen zu suchen: Vielleicht verändert Birgit ihre Erwartung über die Rückzahlungsverpflichtungen in Freundschaften. Oder Anna erklärt sich bereit, eine andere Form von Gegenleistung zu erbringen. In jedem Fall kann nun weiter diskutiert werden, ohne grundsätzlich den Wert dieser Freundschaft infrage zu stellen.

Faktor 7: Ausnahmen – was wiegt schwerer, welche Rechte begrenzen Schuld?

Es gibt Umstände, durch die wir »im Recht« sein können, obwohl wir eigentlich ein Gesetz missachten. Eine der wichtigsten davon ist die Rangreihung im Sinne eines »höherwertigen Rechtsguts«.

Der Schutz des Lebens zählt zum Beispiel mehr als der Schutz von Gütern. Rechte können ebenfalls Schuld eindämmen: Bei Gewalt gibt es den Begriff der angemessenen Notwehr, denn man darf sich bei einem verbalen Angriff verbal, bei einem körperlichen Angriff durchaus gewaltsam schützen. Kinder dürfen vieles bekommen, ohne dass ihnen daraus eine Rückzahlungsverpflichtung erwächst, denn sie haben besondere Rechte. Wer Unrecht mit Unrecht bekämpft, wird schuldig, denn das verringert den Opferstatus. Es passiert oft, dass sich nach einem Streit beide Seiten als Opfer fühlen, obwohl in Wahrheit beide unrecht gehandelt haben. Deshalb wird jede erlittene Schädigung akribisch festgehalten, währende jene, die man anderen zugefügt hat, geleugnet oder bagatellisiert wird. Schließlich soll der eigene »Gegenschlag« als Verteidigung eines höherwertigen Rechtsgutes oder angemessene Notwehr eingestuft werden können, zumindest vor dem eigenen, schlechten Gewissen. (Mehr dazu ab Seite 125.)

Check it out – Realitätsprüfung in Kurzform

Jede auch noch so alltägliche Schuldfrage können wir auf die genannten sieben Faktoren hin kritisch und realistisch überprüfen. Auf welches moralische und/oder soziale Gesetz, das ich übertreten habe, macht mich das Schuldgefühl aufmerksam? Ist es ein gutes, richtiges Gesetz, allgemein anerkannt, erfüllbar, im Einklang mit den Menschenrechten? *Und:*

1. War ich zu diesem Zeitpunkt zurechnungsfähig? War mir normales Denken möglich? *Und:*
2. War ich über 14 Jahre alt? *Und:*
3. Hatte ich eine echte Wahl?
4. Gibt es eine (Rück-)Zahlungsverpflichtung, die auf einer allgemein anerkannten Regel beruht oder zu der ich zurechnungsfähig über 14 mit echter Wahlmöglichkeit zugestimmt habe?
5. Hatte ich wirklich die Verantwortung für das Verhalten oder das Befinden einer dritten Person und muss daher unter Umständen dafür die volle Verantwortung übernehmen? Beruht das auf einer allgemein anerkannten Regel oder habe ich zurechnungsfähig über 14 mit echter Wahlmöglichkeit zugestimmt?
6. Gab es Umstände, die eine Schuld reduzieren, wie zum Beispiel ein eigenes Recht, die Wahrung eines höherwertigen Rechtsgutes oder einen anderen Milderungsgrund?

Und wie geht es nun weiter? Das Beispiel von Birgit und Anna zeigt, wie es gehen kann. Am Ende dieses Kapitels finden Sie die Antworten zu den Fragestellungen vom Beginn.

Falls Sie eine echte Schuld hinter Ihrem Schuldgefühl gefunden haben, können Sie gern gleich aus dem letzten Kapitel einen Weg zur Entschuldung wählen. Denn auch wenn zum Beispiel Wiedergutmachung unmöglich ist, stehen Ihnen einige Türen offen. Nur für Schwerstverbrechen muss man ein Leben lang büßen. Und selbst dann gelten die Menschenrechte. Sobald der Vernunft klar ist, dass ein Schuldgefühl unbegründet ist, kann es sein, dass es sich auflöst. Wenn nicht, lesen Sie bitte weiter, denn dann beginnt ein besonders spannender Teil der Reise durch die Innenwelt: Sie betreten vermutlich unbekanntes Land.

Zuvor noch die Fortsetzungen der Geschichten von Betroffenen vom Beginn dieses Kapitels:

Hermann Schneider, der Gerechtigkeit anders definierte als sein Team, entschied sich letztendlich, keinen Machtkampf über Recht und Unrecht zu beginnen. Sondern er teilte seine Erkenntnis über die unterschiedlichen und doch gleichwertigen »Gesetzeslagen« mit allen Betroffenen und startete eine Diskussionsrunde. Anschließend ließ er das Team selbst mit Zweidrittelmehrheit abstimmen, welche Regelung sie wollten.
Walter, den jungen Vater des kranken Buben, holte ich in dieser Stunde energisch weg von den Katastrophenfantasien zurück auf den Boden der Gegenwart, wodurch sich die dazugehörenden Schuldgefühle sofort auflösten. Er konnte sich nun die weit wichtigere Frage stellen: »Was braucht mein Kind jetzt?« Die Krankheit ging glücklicherweise ohne Folgen vorbei. Nach dem Hochstress begann er, seine inneren Gesetze rund um die Erwartung, ein »idealer Vater« sein zu wollen, kritisch zu erforschen, zu entrümpeln und zu verändern. Einen Teil der Schuldgefühle bewertete er jedoch als begründet, denn tatsächlich hatte er dem Thema »Kinderkrankheiten« noch wenig Aufmerksamkeit gewidmet. Damit er auch sie ablegen konnte, wählte er den Weg »Daraus lernen« und besuchte einen Kurs »Erste Hilfe in Kindernotfällen«.

Emilia Novak, dem Überfallsopfer, halfen Realitätsprüfung und Traumabehandlung nach vielen Monaten, ihre Symptome samt den als unbegründet erkannten Schuldgefühlen loszuwerden.
Für den unrechtmäßig beschuldigten Jugendlichen Sven brachte der Realitätscheck Klarheit, dass er im Recht und der andere im Unrecht war. Doch weil es ihm sinnlos und gefährlich erschien, in einer solchen Situation mit einem Angreifer zu diskutieren, entwickelten wir acht Möglichkeiten für schlagfertige und dabei deeskalierende Reaktionen unter dem Motto: »Schuldabladen verboten!« (s. online).
Und zur Frage von Anna Vasic, der unentbehrlichen Chirurgin: Was denken Sie? Soll diese »Superwoman« schuldfrei in Urlaub gehen dürfen, obwohl deshalb Unrecht passiert oder Menschen sterben? Gibt es dazu ein Gesetz? Muss man – vielleicht sogar ohne jede Gegenleistung oder bei eigener Gesundheitsgefährdung – andere retten, nur weil man es kann? Gelten die Menschenrechte auch für Super(wo)men? Oder gibt es noch andere Alternativen? Finden Sie bitte selbst Ihre Antwort.

Typische unbegründete Schuldgefühle

Sie haben nun ein konkretes Schuldgefühl geprüft und als unbegründet erkannt? Es könnte nun sofort verschwinden – das tut es aber nicht immer. Sobald Sie beginnen, ein offensichtlich unberechtigtes Gefühl zu erforschen, ist Überraschung fast garantiert. Es wird helfen, sich selbst noch besser kennenzulernen und danach das eigene Leben selbstbestimmter zu lenken.

Walter, der junge Vater, erkannte im Lauf der Beratung die Entstehungsgeschichte hinter seinem schäd-

lichen Perfektionsanspruch an sich selbst. Er hatte nämlich unter einem miserablen Vater gelitten und sich geschworen, er würde dessen Fehler niemals wiederholen, sondern alles besser machen. Doch wer kein »Vorbild«, sondern nur ein »Gegenbild« hat, hat es schwer, nicht übers Ziel hinauszuschießen – und zu viel des Guten wird irgendwann ungut. Wir erarbeiteten, worauf es im Umgang mit seinem Sohn wirklich ankam: Genau zu schauen, was gebraucht wurde und welche Wirkung es hatte, anstatt innerlich ein Anforderungsprofil an sich selbst abzuarbeiten.

Auch ein unberechtigtes Gefühl, das sei nochmals betont, hat im Prinzip eine gute Absicht und verständliche Ursachen. Es ist jedoch ein weit verbreiteter Irrtum, dass Gefühle sich nicht täuschen und wir daher immer unreflektiert »auf den Bauch« oder »sein Herz hören« sollen, können oder dürfen. Doch trotzdem wollen sie uns vermutlich wichtige Botschaften über die Außen- oder Innenwelt vermitteln. Daher verdienen auch die unbegründeten Schuldgefühle an dieser Stelle ein wenig Aufmerksamkeit.

Ihr Schuldgefühl offenbart ein veraltetes oder falsches Gesetz? (Faktor 1)

Der bisherige Text hat hoffentlich in vielen Beispielen verdeutlicht: Ein Schuldgefühl hat oft (nicht immer!) mit innerlich aufgestellten oder übernommenen Gesetzen zu tun, gegen die verstoßen wurde. Manche dieser Regeln sind wichtig und bringen Einzelne oder ganze Gemeinschaften recht gut durchs Leben. Doch andere verursachen nur sinnloses Schuld-Leid, Unrecht oder verhindern Entwicklung. Oder sie erlauben jenen, die im Umgang damit gewieft sind, unbehelligt jahrelang Manipulation, Gewalt und Tyrannei.

Steckt hinter Ihrem Schuldgefühl, wo Sie vielleicht so oft hören, Sie bräuchten sich doch bitte gar nicht schuldig zu fühlen, vielleicht ein unberechtigtes, zerstörerisches oder unerfüllbares moralisches Gesetz, ähnlich wie bei Herrn Walter? Wie lautet dieses konkret? Es kann notwendig sein, durchaus ein wenig in die Tiefe zu gehen, um es von Grund auf zu verstehen und sich schließlich davon zu lösen.

Einige Bücher beschäftigen sich mit dem wichtigen Thema, wie man ohne Schuldgefühl Nein sagen kann. Tatsächlich ist »Ich darf nicht Nein sagen« der erste Teil eines weit verbreiteten inneren Gesetzes. Eine Ebene tiefer gelangt man über seine Fortsetzung: »Ich darf nicht Nein sagen, weil …« Das fördert vielleicht hohe Werte zutage: »… weil ich sonst ein schlechter Mensch bin. Ich muss aber ein guter Mensch sein. Gute Menschen sagen immer Ja.« Manchmal kommen Ängste: »… weil sonst passiert mir Schlimmes«, samt dem Gesetz: »Ich darf mich nicht wehren«, oder: »…, weil es steht mir nicht zu, selbst Bedürfnisse zu haben«. Aha, wieder eine innere Regel, die sogar den Menschenrechten widerspricht.

Viele solche Gesetze haben ihren Ursprung in der Vergangenheit. Jede einzelne Moral- und Sozialregel hat eine eigene Geschichte und einen guten Grund für ihre Entstehung. Denn kein Kind kommt damit auf die Welt. Nach dem Entdecken kann also die Forschungsreise beginnen, seit wann es diese inneren Regeln gibt und wie sie entstanden sein könnten. Vielleicht kommt dann die Zeit, einige dieser früher vielleicht lebenswichtigen Gebote durch nützlichere, neue zu ersetzen? Solange ein Gehirn lernfähig ist, kann es gelingen.

Schuldgefühle trotz fehlender Zurechnungsfähigkeit und Wahl? (Faktoren 2 und 4)

Hochstress verändert die Funktionstüchtigkeit unseres Gehirns. Im Angesicht von Lebensgefahr oder in körperlichen Ausnahmesituationen ist die logische Kompetenz nachweislich beeinträchtigt, das Sprachzentrum kann blockiert sein, das Körpergefühl verändert. Rettende Erinnerungen sind wie weggeblasen, ein Erstarrungszustand verhindert das Helfen oder Weglaufen.

Es geht auch weniger dramatisch: Eine zeitliche Überlastung machte es nicht möglich, sich daneben noch um die Krise im Freundeskreis zu kümmern, oder die eigene Erkrankung verhinderte eine optimale Begleitung eines Familienmitgliedes. Die Tatsache zu verleugnen, dass wir manchmal gar nicht anders können, ist wie eine Einbahnstraße mitten hinein in unberechtigte Schuldgefühle. Während es in Konflikten eher darum geht, die eigene Wahlmöglichkeit zu erkennen, geht es in der Verarbeitung solcher Erlebnisse im Gegenteil darum, die eigenen Grenzen zu akzeptieren.

Ein Alter unter 14 zur Zeit der »schuldhaften« Handlung? (Faktor 3)

Kinder haben nur eingeschränkt echte Schuld, doch sie können unter Umständen enorm viele, unberechtigte Schuldgefühle haben. Das Kleinstkind-Gehirn muss sogar die Ursache für Ungutes immer bei sich suchen, denn es kann noch gar nicht anders. Manche Erwachsene fühlen sich quälend schuldig, sobald bestimmte, vielleicht traumatische Kindheitserinnerungen auftauchen, oder sie folgen auch heute noch den mittlerweile veralteten Geboten aus jungen Jahren. Mehr zu diesen wichtigen und häufigen Themen finden Sie ausführlich in den späteren Kapiteln dieses Buches.

Falsche, unrechtmäßige Verantwortungsübernahme oder -gabe? (Faktor 5)

Kinder oder hochempathische Personen sind es auch, die sich für das Wohl und Verhalten anderer vorschnell verantwortlich fühlen, obwohl – objektiv betrachtet – wirklich keinerlei Einflussmöglichkeit oder Verpflichtung da ist. In diesen Bereich fällt außerdem jede Form der Kollektivschuld oder Sippenhaftung: das Gefühl von Mitschuld, allein durch Zugehörigkeit zur gleichen Berufsgruppe, Firma, Familie, Altersgruppe, zum gleichen Geschlecht oder Kulturkreis. Als Mitglied eines Systems kann selbstverständlich reale Mitverantwortung bestehen, doch eben nur dann, wenn man etwas beeinflussen oder mitbestimmen kann oder ein anerkanntes Gesetz dazu verpflichtet.

> *Hier einige Beispiele dafür: »Es war eine Österreicherin wie ich, die sich in diesem Hotel mit Meerblick unfassbar ungut verhalten hat. Ich habe mich dann gleich bei der Geschäftsführerin dafür entschuldigt.« »Die Person neben mir ist schlimm gestürzt. Ich hätte wohl auf sie achten sollen.« »Dass meine Eltern wegen mir so gestritten haben, löst noch heute in mir Schuldgefühle aus. Dabei war ich doch noch ein Kind. Heute weiß ich, ich war nicht schuld, denn sie streiten sich 30 Jahre später noch genauso wie damals. Doch Schuldgefühle habe ich trotzdem.«*

In vielen Fällen enttarnt sich dadurch ein Kindheitsmuster: »Immer schon« wurde man verantwortlich für das Verhalten anderer gemacht oder hatte so ein kindlich-gutes Herz, dass man das »freiwillig« auf sich nahm. Bedenken Sie dabei: Kinder haben nur selten eine echte Wahl – das galt auch für Sie und mich als Kind.

Ich schulde dir nichts – und habe trotzdem Schuldgefühle? (Faktor 6)

Manche Schuldgefühle entstehen wegen einer ungerechtfertigten Rückgabeverpflichtung. In diese Kategorie fallen zum Beispiel jene für Geschenke: Wer von den Genen, durch angeborene Fähigkeiten, durch Glück, Zufall oder einen Mentor begünstigt wurde, kann durchaus irrationale Schuldgefühle haben (»Ich habe das doch nicht verdient«). Hat man ein Geschenk bekommen bzw. angenommen, muss man keine Verantwortung für das Verhalten des Schenkenden übernehmen und ist daher nichts schuldig. Aufgezwungenes oder Vorgetäuschtes zählt nicht, denn man hatte keine echte Wahlmöglichkeit. Kinder sind ihren Eltern grundsätzlich keine Rückzahlung schuldig, denn es ist ihr verbrieftes Recht, gut versorgt zu werden. Erwachsene leben verschiedene Beziehungsformen, doch im Prinzip ist eine gewisse Balance im Geben und Nehmen wohl schon günstig, denn bei aller Liebe: Niemand soll sich auf Dauer ausnutzen lassen oder andere ausnutzen dürfen. Mehr dazu in den Folgekapiteln.

Wie so oft sind es die besonders Verantwortungsbewussten oder jene, die ein strenges inneres Gesetz zur Balance im Geben und Nehmen in sich tragen, die sich trotz besseren Wissens schuldig fühlen.

Eine Studienkollegin erzählt: »Meine Lieblingstante meinte damals: ›Du kannst das alte Auto von mir ruhig haben. Als Geschenk. Ich brauche es nicht mehr.‹ Es war mir gleich ein wenig unangenehm, doch als junger Mensch ohne viel Einkommen freute ich mich trotzdem. Einem geschenkten Gaul schaut man nicht ins Maul. Doch ich hätte genau das tun sollen. Denn nicht nur, dass mich das alte Auto einiges an Geld kostete, folgten ab diesem Zeitpunkt in regelmäßigen Abständen Anfragen für Taxidienste samt großer Kränkung bei ihr und Schuldgefühl bei mir, wenn ich mal keine Zeit hatte. Schlussendlich verkaufte ich es weiter – es war natürlich kaum was wert. Dann fühlte ich mich wieder frei und meine Tante und ich konnten einander wieder unbelastet treffen.«

So weit zu den Schuldgefühlen, die laut den sieben Faktoren ungerechtfertigt sind. Jetzt fängt es richtig an, psycho*logisch* und interessant zu werden. Unser Gehirn ist nämlich unglaublich erfinderisch, sobald es darum geht, uns mit Ursachen-, Moral- oder Regel-Schuldgefühlen zu versorgen. Als ob es nichts anderes zu tun hätte – was ja schließlich teilweise sogar stimmt.

Haben Sie Schuldgefühle aufgrund von Fantasievorstellungen?

Spätestens dann, wenn sich Menschen schuldig fühlen, obwohl klar weder ein Fehler gemacht wurde noch Schaden entstanden ist, zeigt das: Es gibt eindeutig »falsche« Gefühle. Produziert werden sie meist entweder durch die üble Frage: »Was hätte da nicht alles passieren können?« samt lebendig-bildhafter Katastrophenfantasie wie im Beispiel unten oder durch die Idealisierung einer nicht realisierten Idee, mit der natürlich keine Realität mithalten kann.

> *Tanja Djordjevic, eine Managerin in verantwortungsvoller Position, kommt wegen starker Schuldgefühle ins Coaching, weil sie fast eine falsche Entscheidung getroffen hätte. Aber nur fast. Denn in letzter Sekunde erhielt sie eine weitere Information und konnte den Schaden abwenden. Trotzdem kreisen seither beständig die Vorstellungen darüber in ihrem Kopf, was passieren hätte können, und bescheren ihr schlaflose Nächte. Was ihr letztendlich hilft, ist einerseits das Verständnis für ein Naturgesetz, dem jedes Gefühl unterliegt, also auch das Schuldgefühl: Einmal entstanden, neigt es dazu, sein eigenes Futter zu erzeugen. Das aktuelle Schuldgefühl verrät ihr außerdem einiges über ihre inneren Regeln, denen sie bisher unreflektiert gehorchte. Es ist nicht leicht, doch es gelingt ihr, manche der teilweise perfektionistischen Forderungen an sich zu verändern. Und zusätzlich wählt sie bewusst den Weg des Lernens zur Auflösung des verbliebenen Rests: Sie setzt in der Firma durch, dass so wichtige Entscheidungen nur mehr im Vieraugenprinzip getroffen werden dürfen.*

Schuldgefühle, die eine zeitliche Logik oder die Realität ausblenden?

Manche Personen fühlen sich schuldig, zur falschen Zeit am falschen Ort gewesen zu sein, keine Superkräfte gehabt, kein perfektes Gedächtnis oder nicht übermenschlich rasch reagiert zu haben. Sie hadern mit sich, weil sie vor Jahren ohne echte Wahl eine Entscheidung getroffen haben, die ihnen selbst oder anderen heute noch Schaden verursacht. Zusätzlich werden die »nicht gelebten Leben« in der Regel idealisiert – was leicht möglich ist, denn es gibt de facto keinen Gegenbeweis, der es mit diesem perfekten Produkt reiner Fantasie aufnehmen kann. Genau deshalb findet die Forschung, wie sie zum Beispiel die Psychologin Maren Lammers zusammenfasst, folgendes Ergebnis: Ausgeführte Handlungen werden kurzfristig mehr bereut, wenn sie ungute Folgen haben. Hingegen bereuen Menschen länger und intensiver unterlassene Handlungen: »Es wäre so schön gewesen, wenn ich das getan hätte!«

> *Herr Varga klagt verzweifelt: »Warum habe ich nur damals keinen anderen Beruf gewählt? Alles wäre heute besser. Ich würde jetzt mehr Geld verdienen und könnte meinem Kind ein leichteres Leben bieten. Was habe ich uns nur mit dieser falschen Entscheidung angetan?« Ich werfe ein, dass man nie wissen kann, was dann passiert wäre. Vielleicht hätte der berüchtigte Ziegelstein, der vom Dach fällt, bereits alles zunichtegemacht. Doch sein Film vom idealen Leben läuft unerbittlich weiter, beliefert ihn mit Schuldgefühlen, Ärger und Trauer, wertet die Gegenwart beständig ab und er schadet so sich und seinem Kind. Es dauert lange, bis es ihm gelingt, diese Dynamik zu unterbrechen. Einen kleinen Beitrag, um endlich den Blick von Fantasie und Vergangenheit abzuwenden, konnte die Frage leisten: »Was können Sie daraus konkret für die Gegenwart und Zukunft lernen?«*

Will Sie das Schuldgefühl vielleicht vor etwas beschützen?

Einige der hartnäckigsten Schuldgefühle trotz erwiesener Unschuld, die mir in den letzten Jahren begegnet sind, enttarnten sich im Lauf der Zeit als Schutzmantel gegen erschreckende, belastende, vielleicht verbotene Gefühle: Wer beständig und intensiv über seine Schuld an einem Verlust nachdenkt, vermeidet vielleicht, den noch schwierigeren Weg durch die Trauer betreten zu müssen. Sobald sich der eigene Anteil an einem Unglück innerlich überbreit macht, bleibt der Ärger auf die anderen Schuldigen im Hintergrund.

Solche schützenden Gefühle sind kurzfristig nützlich, doch über längere Zeiträume binden sie wertvolle Aufmerksamkeit und Energie, blockieren nützliche Entwicklung oder lenken Lösungsversuche in eine falsche Richtung. Es hilft auf Dauer nicht weiter, sich mit der Ablenkung zu beschäftigen: Ein Stier, der sich nur auf das rote Tuch konzentriert, findet den Weg aus der Stierkampfarena nie.

Ähnliches gilt für Kontrollillusionen, die uns Schuldgefühle als Nebenprodukt liefern. Das menschliche Gehirn durchstöbert die Außenwelt beständig nach Ursachen und Einflussmöglichkeiten und findet sie – speziell in der Not – selbst dort, wo es gar keine geben kann. Denn die Anerkennung einer eigenen Schuldlosigkeit (»Ich habe nichts falsch gemacht«) würde automatisch bedeuten, akzeptieren zu müssen: »Ich kann daher auch nichts daraus lernen, nichts besser und nichts anders machen. Es kann mir jederzeit wieder passieren.«

Allerdings führt diese Vermeidungsstrategie mitten hinein in das Grübel-Übel: Vielleicht könnte die Lösung ja doch gefunden werden, wenn man sich nur richtig stark darum bemüht, den eigenen Anteil, den Fehler, die übersehenen Anzeichen zu finden? Die Akzeptanz der Ohnmacht und der Trauer ist zwar ein steiniger, doch letztendlich nützlicher Weg, um sich davon zu befreien. Die Hoffnung stirbt zuletzt, manchmal muss man sie regelrecht erschlagen, um sie begraben zu können. Folgender, wahrlich weiser Rat stammt angeblich von den Cherokee: »Steig ab, wenn du merkst, dass dein Pferd tot ist.«

Sollten Sie vermuten, dass sich hinter dem Schuldgefühl ein anderes verbirgt, kann folgende Frage weiterhelfen: »Was würde wohl passieren, wenn das Schuldgefühl wie durch Zauberei verschwindet? Welches schwere Gefühl oder Thema könnte danach vielleicht auftauchen? Welche Fähigkeit oder Eigenschaft kann man sich jetzt schon aneignen, um irgendwann auch diese Last stemmen zu können?«

Schuldgefühle durch falsche Schuldzuweisung von anderen

Manche Menschen lassen sich ziemlich schnell Schuld einreden. Das trifft besonders Kinder, hilfsbereite oder liebende Erwachsene, die gern die Erwartungen anderer erfüllen wollen. Doch wohl jeder und jede von uns lässt sich hin und wieder von gut gemachten Vorwürfen überrumpeln. Und außerdem ist in Stress- und Notsituationen sowieso jedes Gehirn hochgradig anfällig dafür, wie die Schuldübernahme in traumatischen Katastrophen zeigt. Da reicht schon ein unbedachter, eigentlich gut gemeinter Satz einer Freundin: »Warum hast du mich nicht angerufen? Ich hätte dich abgeholt.«

Kindern darf man keinesfalls falsche Ursachen-Schuld überstülpen oder schädigende moralische Regeln vermitteln. Sie würden das unbesehen glauben müssen. Kinder sind auch nicht für unsere Entscheidungen und unsere Stimmungen verantwortlich, können sich selbst nur unzureichend steuern und haben keinerlei Einfluss darauf, was sie selbst brauchen und fühlen. Es gehört deshalb zu den Aufgaben guter Bezugspersonen, Kindern ihre unberechtigten Schuldgefühle aktiv auszureden.

Eine andauernde, wenn auch falsche Schuldzuweisung ist leider irgendwann erfolgreich und sei sie noch so abstrus. Denn steter Tropfen höhlt jeden Selbstwert, nur ein völlig lernunfähiges Gehirn wäre gefeit. Der unspezifische, ungute Eindruck, wohl doch die Ursache für das aktuelle Übel des anderen zu sein, stellt sich ein. Besonders schwierig zu entdecken sind nonverbale Schuldzuweisungen, die das wachsame Auge der Logik unterfliegen: Blicke, Seufzer, subtile Vorwürfe. Sie nähren eine innere Überzeugung, die wie ein Damoklesschwert jederzeit schlagend werden kann: »Wenn etwas nicht funktioniert, bin immer ich schuld. Es liegt an mir.« Das ist selbstverständlich immer falsch. Sind Sie tatsächlich so *allmächtig und enorm wichtig*, dass Sie tatsächlich an allem Übel wirklich schuld sein könnten? Nur Kinder können uns diesen Status tatsächlich zuerkennen.

Sind es Schuldgefühle durch übertriebene Empathie?

Eine häufig unerkannte Ursache für unberechtigte Schuldgefühle ist die Empathie mit jemandem, der selbst unter Schuldgefühlen leidet. Vermutlich haben Sie das bei Ärger, Angst oder Scham schon selbst erlebt: Vielen ist es überaus peinlich, wenn sich das Gegenüber schämen muss, oder sie ärgern sich sofort mit, wenn jemand ihnen vom eigenen Ärger berichtet.

Vorrangig wichtig ist, überhaupt zu erkennen, dass eine solche Ansteckung passiert ist: »Ich bin gar nicht selbst schuldig, sondern mein Gegenüber fühlt sich so, und ich schwinge da nur mit.« Das ist nicht so leicht, wie es klingt, sonst müssten Berufsausbildungen in psychologischer oder psychotherapeutischer Behandlung nicht viele Stunden Selbsterfahrung beinhalten. Denn dort ist es zwingend notwendig, Empathie bewusst und dosiert zu nutzen und trotz aller Zuwendung die eigenen Gefühle zu behalten. Verstärkt wird eine Schuldgefühlsneigung für die stark Mitfühlenden unter uns durch die Kombination mit dazu passenden, inneren Regeln wie: »Ich bin für das Wohl anderer Menschen verantwortlich«, oder: »Es darf niemandem schlecht gehen, mit dem ich spreche.«

Haben Sie Überlebensschuldgefühle?

In manchen herzensguten Menschen treibt ein ungerechtfertigtes Schuldgefühl sein Unwesen, das seine Energie aus der Regel bezieht: »Mir darf es nicht gut gehen, wenn es jemand anderem schlecht geht.« Deshalb werden manche »Überlebende« einer Kündigungswelle oder Geschwister eines schwerkranken Kindes zwar erleichtert sein, dass es sie nicht getroffen hat, doch so manche können sich deshalb zugleich enorm schuldig fühlen. Leider sind es wieder sehr gutherzige Menschen mit hoher Empathie, die sich diesbezüglich quälen. Sie finden natürlich keinerlei Freude im Schaden von anderen, sondern wollen Leid verringern, oft sogar auf sich nehmen, vielleicht, weil sie denken: »Ich muss auf die anderen aufpassen«, oder sich doch irgendwie falsche Ursachenschuld geben: »Ich hätte es doch verhindern oder mich stattdessen opfern müssen.«

Wer so lebensfeindlichen inneren Gesetzen folgt, für den überschattet das Schuldgefühl zwangsläufig jedes eigene Glück. Höchste Zeit für eine »Gesetzesnovelle« oder einen anderen Weg hinaus.

Ein Feuerwehrmann erzählt, wie er einen Ausweg gefunden hat. Es ist ein emotionales Gespräch, voller Tränen: »Ich danke Gott jeden Tag, dass ich leben darf. Doch die Tatsache bleibt, dass an meiner Stelle ein Kollege gestorben ist, der mich zufällig während meines Krankenstandes vertreten hat. Obwohl ich wusste, dass es nicht meine Schuld war, habe ich mir enorme Vorwürfe gemacht. Heute macht es mich noch immer unendlich traurig, aber endlich kann ich aufhören, mich schuldig dafür zu fühlen. Ich habe nämlich beschlossen …« Er erzählt von einem symbolischen Weg, den er gefunden hat durch eine Form von Wiedergutmachung beim »Schicksal«: Er wird ein Jahr lang ehrenamtliche soziale Arbeit leisten.

Dient ein Schuldgefühl der leidvollen Verbindung oder Selbstbestrafung?

Haben wir jemandem Unrecht getan, zwingen uns die Schuldgefühle förmlich, recht oft an die geschädigte Person zu denken: Wir beschäftigen uns mit ihr und unserer Schuld, unser Gehirn sucht verzweifelt Möglichkeiten der Wiedergutmachung oder malt sich aus, welch großes Leid wir verursacht haben (könnten).

All das ist quälend unangenehm. Damit eignet sich das Gefühl selbst durchaus »gut« zur selbstauferlegten Bestrafung. Vielleicht steckt genau das hinter einem unberechtigten, aber unverrückbaren Schuldgefühl? Die Verbindung oder das Quälende daran wird zum eigentlichen Ziel, denn dieses belastende Gefühl selbst als Strafe zu ertragen, soll die Schuld irgendwann zum Verschwinden bringen. Grundsätzlich ist das tatsächlich ein möglicher Ausweg. Doch wenn etwas nicht den gewünschten Erfolg bringt oder selbstschädigend wird, suchen Sie bitte unbedingt einen neuen Weg, bevor sich das Gehirn zu sehr an die Qual gewöhnt.

Und vielleicht lenkt es auch nur vom eigentlichen Problem ab: Worum könnte es wirklich gehen?

Herr Zimmermann erzählt: »In der Nacht ist es dann so weit. Die Selbstvorwürfe kommen wieder wie die Geier. Untertags kann ich noch dagegen argumentieren, ich kann hin und wieder Gutes über mich denken, aber nachts ... Ich komm mir vor wie Prometheus aus der griechischen Mythologie. Jeden guten Gedanken, der in mir wachsen könnte, fressen sie mir weg. Und sie haben recht: Ich habe in meinem Leben schon so viel falsch gemacht, dass mir das eigentlich wie eine gerechte Strafe vorkommt.« Dieses Gleichnis begleitet uns von da an: Glücklicherweise wurde sogar Prometheus irgendwann von Zeus begnadigt.

Weitere Zwickmühlen und Hindernisse

Wir Menschen mit unseren beständig arbeitenden Gehirnen können uns bei entsprechendem inneren Regelwerk sehr leicht schuldig und zugleich als Opfer fühlen. Sogar uns selbst gegenüber, weil wir uns »etwas angetan« haben. Ein komplexes Gehirn vollbringt solche Meisterleistungen: Vielleicht vernachlässigen wir unsere Gesundheit, weil wir viel Zeit für Arbeit, Familie oder Freizeit investieren? Oder umgekehrt? Was ist das höherwertige Rechtsgut? Wieder sind es jene mit ehrgeizigen Ansprüchen an sich selbst, die sich – zusätzlich zu all dem Stress – mit Selbstvorwürfen geißeln. Andere wieder haben starke Schuldgefühle wegen eigener Entscheidungen, die sie in der Vergangenheit getroffen haben, unter denen sie selbst heute am meisten leiden: Opfergefühl steht in der Innenwelt neben Schuldgefühl, Verzweiflung neben Ärger über sich selbst.

Sie merken: Das menschliche Gehirn wird enorm erfinderisch. Alle hier besprochenen Varianten von Schuldgefühlen sind vermutlich zumindest zum Teil ungerechtfertigt, doch trotzdem real da. Durch den Realitätscheck wissen die Betroffenen vom Verstand her dann wenigstens, dass sie keine Schuld haben, und fangen hoffentlich an, bewusst gegenzusteuern. Die Irrationalität versperrt einige der herkömmlichen Wege, um das Gefühl zu verlassen, denn eine Entschuldigung oder um Verzeihung zu bitten, kann ohne echte Schuld natürlich keinen Erfolg bringen.

Noch eine Komplikation erschwert den Umgang: *Es sind Gefühlsvermischungen.* Schuldgefühle treten häufig zeitgleich mit Angst vor Strafe und sozialer Ausgrenzung auf, sie vermischen sich außerdem mit Scham, Mitgefühl, Zorn oder Trauer. Manchmal wird das eine vom anderen überdeckt, weggedrängt oder alles gemeinsam bildet ein belastendes, verwirrendes Durcheinander.

Wenn Sie auf »Gefühlsknäuel« treffen, ist es am besten, sie zu entwirren und die einzelnen Fäden voneinander zu trennen (oder dabei zu helfen). Viele der beschriebenen Beispiele aus der Praxis zeigen, wie klärend es sein kann, die einzelnen Bestandteile in Worte zu fassen. Denn jeder einzelne hat gute Gründe und verlangt eigene Lösungen: Angst ist die Reaktion auf reale oder auf irrationale Gefahr und braucht vielleicht Sicherheitsmaßnahmen oder Selbstberuhigungsstrategien. Scham kann man zum Beispiel als betroffene Person selbst ansprechen, um nicht im Boden zu versinken. Trauer darf in Wellen weiterlaufen, denn nur so heilen Verluste und Verletzungen. So konträr sind die Wege heraus! Ein Geflecht können wir jedoch meist nicht als Ganzes auflösen, sondern nur Faden für Faden.

Ich leite eine kleine Skills-Gruppe, in der es grundsätzlich darum geht, sich Fähigkeiten zum Umgang mit Emotionen anzueignen. Eine Diskussion darüber entsteht, wie man Gefühle unterscheiden lernen kann. Frau Schulz, Ende 50 mit langer Leidensgeschichte, unterbricht unwirsch: »So ein Unsinn. Mir geht es besch... Das ist doch wohl alles, was ich wissen muss.« Ich antworte: »Wenn ich das richtig sehe, dann stecken Sie gerade heute in einer wirklich extrem belastenden Mischung fest. Woraus genau dieser Berg aus besch... Gefühlen besteht, ist im ersten Moment egal, da gebe ich Ihnen vollkommen Recht. Wichtig wird's, sobald Sie genug Kraft für die Entscheidung haben, da herauszuwollen. Dann ist es gut zu wissen, was genau los ist, damit man's los wird. Sie scheinen mir heute ... darf ich raten?« Frau Schulz nickt. »... verärgert und gleichzeitig so, als hätten Sie resigniert. In der vorigen Stunde haben Sie noch dazu von einem alten Schuldgefühl erzählt. Das ist eine schwierige Mischung. Irgendwann wollen Sie sicher aus dem Ärger raus, etwas gegen die Hoffnungslosigkeit tun oder zuerst das Schuldgefühl verabschieden. Sobald wenigstens eins davon leichter wird, haben Sie einen Teil der Last los. Dazu gibt's jeweils unterschiedliche Hilfen.«

Was tun gegen Schuldgefühle, die ohne echte Schuld bestehen?

Beim Aufdecken der wahren Ursachen findet man häufig zugleich den dazu passenden Lösungsweg: das ursächliche, jedoch als falsch erkannte, moralische Gesetz verändern, Empathie bewusst steuern lernen oder eine Situation voller Ausweglosigkeit ohne echte Wahl traurig anerkennen. Unvernünftige Gefühle brauchen vielleicht sogar unvernünftige Wege oder Lösungen durch die Kraft der Fantasie – und hie und da eine Traumaverarbeitungstechnik. Lassen Sie sich von den Beispielen in diesem Buch inspirieren.

Im Wissen, dass es Strategien heraus aus dem Schuldgefühl gibt, verlieren viele Betroffene die Angst davor, es zu sehen und seine Existenz anzuerkennen, davor, hinein- und hindurchzugehen. Gäbe es keinen Ausweg, wäre es tatsächlich logisch, ja sogar selbstfürsorglich, eine solche Reise zu vermeiden. Deshalb ein Tipp: Sollten Sie selbst jemanden »beschuldigen« müssen oder wollen, zeigen Sie im selben Atemzug eine Tür hinaus. Wie das funktionieren kann, dazu finden Sie im Kapitel »Erziehung zum entspannten Umgang mit Schuldgefühlen« Anregungen und Beispiele (siehe Seite 207) sowie im Kapitel »Der Ausstieg beginnt: 12 Wege zur Entschuldung« (siehe Seite 228).

4. Wer ist wirklich unschuldig, was bringt und kostet es?

Damit ich Schuldgefühle in ihrer Gesamtheit verstehe, habe ich mich intensiv auch mit den Gegensätzen beschäftigt. Denn natürlich gibt es Mitmenschen, die sich grundsätzlich niemals schuldig fühlen, manche betonen sogar beständig ihre Unschuld. Andere wieder verleugnen berechtigte Opfergefühle oder beschäftigen sich im Gegenteil intensiv damit. Dieser Abschnitt möchte einige Mythen rund um diese »Gegenteile« des Schuldgefühls aufdecken – selbstverständlich wieder lösungsorientiert mit Blick auf die Realitätsprüfung und Verabschiedung des Gefühls, ein Opfer zu sein.

Da wäre zunächst die *Unschuld* oder Schuldlosigkeit – eine begehrte, manchmal heiß umkämpfte Position, denn sie schützt »nach innen« vor Schuldgefühlen und »nach außen« vor Rache, Rückforderungen oder Strafen. Möglicherweise wurde jemand geschädigt oder hat Unrecht erlitten. Er oder sie wird zum *Opfer*. Daran kann eine andere Person schuld sein. Das Beispiel meiner Geschwindigkeitsübertretung vom Anfang dieses Buches zeigt zusätzlich: Es gibt Schuld durch Rechtsbruch, aber ohne Schaden (außer meinem finanziellen durch das Bußgeld). In vergleichbarer Weise gibt es Opfer ohne Schuldige, also ohne dass jemand anderer echte Ursachen-, Moral- oder Regelschuld trägt: Erkrankungen, Naturkatastrophen oder Unfälle verursachen trotzdem gravierendes Leid.

Opfer sein, was bedeutet das?

So manche Schädigung ist die Folge einer langen Ereigniskette: Tausend einzelne, winzige Aktionen, Entscheidungen oder Zufälle haben zu einem unguten Ergebnis geführt. An jeder kleinen Kreuzung hätte es anders laufen können – ist es aber nicht. Leider. An einigen Punkten der Kette waren Menschen beteiligt, die möglicherweise eine echte Teilschuld tragen. Anderes wieder ist ohne jede Wahl passiert, zufällig oder in einer Notlage.

Ist es von Vorteil, ein »Opfer« zu sein?

Vorausgeschickt sei: Niemand kommt durchs Leben, ohne sich hin und wieder als Opfer von Unrecht, als unschuldig geschädigt zu fühlen. Gut fühlt sich das selbstverständlich niemals an: Im Gegensatz zur aktivierenden Schuldempfindung wirkt das »Opfergefühl« tendenziell eher lähmend, eine höchst belastende Mischung aus Ungerechtigkeitsempfinden, Ohnmacht, vielleicht mit Angst und Trauer. Manchmal gesellt sich heißer Zorn dazu, der seine Kraft zur Verfügung stellt. Dann ziehen Betroffene in den Kampf um Gerechtigkeit oder Schuldausgleich. Allerdings haben sie meist eine eher schwache Position (sonst hätten sie sich vielleicht bereits vorher gegen das Unrecht wehren können) und brauchen Hilfe.

Dafür muss man natürlich das Opfergefühl veröffentlichen – in der Hoffnung, dadurch tatkräftige Unterstützung, Mitgefühl und Gerechtigkeit zu bekommen. Manche, zunächst aussichtslos scheinende Kämpfe aus einer sehr schwachen Position heraus wurden letztendlich gewonnen, viele Erfolge in Richtung Menschenrechte begannen zum Beispiel als kleine Strömung gegen vorherrschende Strukturen. Früher musste man dafür Straßenkämpfe ausfechten, immer mit dem Risiko, sich selbst ins Unrecht zu setzen. Heute bietet das Internet andere Wege, wie David den Goliath besiegen kann.

Ein engagierter Kollege fragt mich: »Du kennst dich doch mit Konflikten aus: Wie soll ich gegen dieses Unrecht kämpfen, was ist die beste Strategie? Ich rate ihm: »Vielleicht gar nicht kämpfen. Mach lieber konsequent gutes Marketing für die angepeilte Lösung und starte eine mediale oder virale Kampagne.«

Das einzig Gute an der Opferposition: In einer Gesellschaft wie der unseren, in der Gerechtigkeit als hoher Wert gilt, hat ein »anerkanntes« Opfer Anspruch auf Mitgefühl, Hilfe, Wiedergutmachung oder Entschädigung. Oft gibt es Unterstützung durch das soziale Umfeld oder eine obere Instanz, die eine entsprechende Machtposition hat, wie zum Beispiel das Gericht. Rechtmäßige Opfer können und müssen selbst nichts verändern, schließlich »können sie nichts dafür«. Das empfinden manche als Vorteil, für andere wieder bedeutet das eine extreme Belastung.

Ist es gefährlich, ein Opfer zu sein?

Grundsätzlich ist die Opferposition für viele Menschen nicht nur unangenehm, sondern auch beängstigend. Wer will schon machtlos und auf die Hilfe anderer angewiesen sein, falls er sich zum Kampf entschließt? Diese Position birgt psychologisch und sachlich einige Gefahren. Denn immerhin veröffentlicht man dadurch, dass man schwach war oder noch immer ist – und sich vielleicht auch bei neuen Bedrohungen oder Ungerechtigkeiten nicht wehren kann.

In einer bedrohlichen Umwelt ist es daher eine durchaus kluge Überlegung, ein Opfergefühl zu vermeiden oder zumindest sorgfältig zu verbergen. Raubtiere wählen die Angeschlagenen. »Du Opfer!« wird wohl deshalb in einigen Gruppierungen als Schimpfwort gebraucht und so manche Führungskräfte müssen Niederlagen oder Schwächen wohl tatsächlich sorgfältig verbergen, wollen sie ihre Position behalten. Einige unter uns haben die Opferposition regelrecht zu fürchten gelernt und verleugnen sie, auch vor sich selbst, oft zum Preis von künstlichem Dauerärger oder einer quälenden Schuldsuche. Die Entstehungsgeschichte dahinter aufzuklären, kann helfen, Altlasten abzulegen und neue Wege zu beschreiten.

> *»Bei mir daheim war es so«, erzählt der erschöpft wirkende, sehr korrekt gekleidete ältere Herr, »dass ich niemals Verständnis oder Mitleid bekommen habe, wenn mir Schlimmes passiert ist. Im Gegenteil: Halbwegs gut über die Runden kam man nur, wenn man keine Schwäche zeigte. Wenn ich krank, unschuldig verletzt oder gar betrogen wurde, waren meine Eltern irgendwie besonders sauer. Ich hab das nie verstanden, aber sie schienen Schwäche bei mir, bei sich und im Umfeld zu bekämpfen. Auch heute noch, sogar jetzt in diesem Moment, habe ich Sorge, Sie könnten mich verachten oder die Zusammenarbeit mit so einem Weichei wie mir ablehnen.«*

Psychologisch gefährlich werden kann die chronische Belastung bei Menschen, die jahrelang keinen Weg aus diesem Gefühl herausfinden. Hierfür kennt die Psychologie den Ausdruck der »*Verbitterung*«, die unter Umständen das Ausmaß einer schweren, psychischen Erkrankung annehmen kann. Verbitterte Menschen, die laut oder nonverbal über ihr Leid klagen, andere dafür beschuldigen und keinerlei eigenen Anteil und somit auch keine Chance auf selbstbestimmte Veränderung sehen, landen leider manchmal in der sozialen Isolation – und bestätigen sich dadurch natürlich ihre negativen Vorannahmen: ein typischer Verstärkerkreislauf.

Vielleicht mögen Sie über folgende Fragen nachdenken: Wie fühlt es sich für Sie an, in der Opferposition zu sein, also Unrecht oder Schädigung erlitten zu haben? Wo im Körper spüren Sie das Gefühl am stärksten, welche Bilder, Erinnerungen und Gedanken ziehen durch Ihren Kopf? Welche Mischung mit anderen Gefühlen kennen Sie? Neigen Sie dazu, es zu verbergen, oder finden Sie ohnehin immer eine Schuld bei sich? Welche positiven und negativen Reaktionen darauf würden Sie aus Ihren unterschiedlichen, sozialen Umfeldern erwarten?

Wie Sie inzwischen wissen: Einem Gefühl können wir nicht immer trauen. Daher ist es ähnlich wichtig wie bei der Schuld, für sich selbst innerlich klar zu haben: Wer darf sich »mit Recht« als Opfer fühlen? Manche Opfergefühle können unbegründet und trotzdem beharrlich existent sein. Doch keine Sorge: Ein Ausstieg kann in jedem Fall gelingen, sogar wenn Gerechtigkeit leider niemals hergestellt werden kann. Apropos: Es ist spannend, sich über den durchaus vielschichtigen Gerechtigkeitsbegriff ein paar Gedanken zu machen, bevor Sie in den nächsten Kampf um mehr Gerechtigkeit ziehen. Mehr dazu gegen Ende dieses Kapitels.

Unschuldig geschädigt? Kriterien der Opferposition

Ein Gefühl genau daraufhin zu prüfen, ob es angemessen ist oder nicht, kann dazu führen, dass wir die am besten passende Lösung dafür finden, um es ablegen zu können. Wer sich zum Beispiel ungerechtfertigt als Opfer fühlt, wird in der Realität wohl vergeblich auf Wiedergutmachung warten. Und wenn Sie Schuld bei sich suchen, obwohl Sie in Wahrheit das Opfer sind, ist es wenig verwunderlich, wenn Sie das nicht weiterbringt. Da ist es schon günstiger, einen anderen Weg einzuschlagen, der mehr Erfolg verspricht. Wer kann und muss sich mit Recht als Opfer sehen, welche Kriterien gibt es dafür?

Die eigene Unschuld

Die erste Voraussetzung für eine begründbare Opferposition ist die eigene *Unschuld*. Diese können wir nach den gleichen sieben Faktoren betrachten wie die Schuld. Falls Sie sich also als Opfer fühlen, überprüfen Sie das Gesetz, das gebrochen wurde, und überlegen Sie, ob es anerkannt gültig ist (Faktor 1). Dann folgen die weiteren 6 Faktoren. Falls Sie in einem konkreten Fall keine oder nur eine relativ geringe Teilschuld finden, ist das erste Kriterium eines berechtigten Opfergefühls erfüllt.

Falls das Unrecht, das man als Opfer erlitten hat, sehr groß ist, gilt: Eine eigene Teilschuld kann den Opferanteil verkleinern, lässt ihn jedoch nicht unbedingt vollständig erlöschen.

Sobald ich absichtlich eine andere Autofahrerin zur Notbremsung zwinge, darf sie Anzeige erstatten und ich bekomme die Schuld. Falls sie mich jedoch körperlich attackiert, wird sie dadurch zur Hauptschuldigen. Nun bin ich das Opfer, weil meine Teilschuld in Relation zu dem von ihr begangenen Unrecht gesehen wird.

Es ist ein ziemlich wichtiger Punkt, bitte halten Sie ihn fest: Trotz einer Mitschuld kann man unter solchen Umständen mit Recht das Opfer sein. Warum ich das so betone? Die wirklichen Hauptschuldigen bemühen sich oft, relativ geringfügige Fehler der Opfer aufzubauschen und ihnen somit möglichst intensive Schuldgefühle zu suggerieren.

Die Schädigung oder Ungerechtigkeit

Damit aus einer Unschuld eine rechtmäßige Opferposition wird, ist es zusätzlich notwendig, dass tatsächlich ein Unrecht oder ein Schaden, materiell oder psychisch, zugefügt wurde.

Es ist mir persönlich wichtig, in Konflikten die beiden Bereiche »Unschuld« und »Schädigung/Unrecht« als »Grundgerüst« möglichst genau zu klären. In den vielen Fragen des Alltags wird und soll – wie beim Schuldgefühl – jedes Element Quelle von Diskussionen sein: Wann beginnt eine Schädigung und wer hätte was verhindern können? Wann ist man Ihnen eine Rückzahlung schuldig geblieben und aufgrund welcher Vereinbarung? Ist »schenken und sich das später wiederholen« gestohlen? Habe ich die Folgen einer Entscheidung wirklich nicht vorhersehen können?

In Diskussionen darüber überrascht mich in erster Linie immer wieder, welche unterschiedlichen Gesetzestexte wir Menschen in uns herumtragen, wenn wir die Details betrachten: Was Sie extrem unfair finden, ist für mich ganz okay und umgekehrt. Was für den einen Menschen eine entsetzliche Einbuße der Lebensqualität bedeutet, bemerkt der andere kaum und er käme niemals auf die Idee, sich deshalb geschädigt zu fühlen. Doch wir nehmen viel zu selbstverständlich an, unsere inneren sozialen Gesetze, unsere Moralvorstellungen und Bewertungen seien die einzig »vernünftigen«. Dann sind wir empört, verärgert oder tief verletzt, nur weil andere vollkommen anders ticken. Was dazukommt, ist die bereits besprochene Neigung des Gehirns, ohnehin ziemlich vorschnell fixe Erwartungen zu bilden, die nicht selten enttäuscht werden. Erst wenn Menschen von dieser Überzeugung, dass das Eigene das einzig Wahre ist, abrücken können, werden sie gesprächsbereit.

Dazu ein Beispiel aus meiner eigenen Geschichte als Überleitung zum Kapitel der ungerechtfertigten Opfergefühle: *ein Streit wegen einer Kaffeetasse.* Mein Opfergefühl war zwar im Prinzip gerechtfertigt, weil es auf der Verletzung eines anerkannten Rechts auf Austauschbeziehungen beruhte (Faktor 1). Doch weil meine Kollegin nichts davon wissen konnte, hatte ich ihr keine Wahl (Faktor 4) gegeben. Sie war also unschuldig daran. Gemeinsam haben wir daraus gelernt.

> *In einem Büro- und Besprechungsraum, den ich mit einer Kollegin teilte, fand folgender Streit statt: »So eine Frechheit!«, warf sie mir aufgebracht an den Kopf, kaum hatte ich ihn bei der Tür hereingesteckt. »Warum hast du deine Kaffeetasse nicht abgewaschen? Ich musste das für dich tun!« Ich dachte, ich müsse auf der Stelle explodieren. Selten in meinem Leben habe ich mich so als Opfer eines Unrechts gefühlt wie damals. Was war passiert? Sie und ich nutzten diesen Raum seit Monaten – und regelmäßig vergaß sie selbst darauf, ihre Tassen oder Gläser wegzuräumen. Ich hatte also schon Dutzende Male genau das für sie getan, was sie mir an diesem Tag zum Vorwurf machte. Allerdings hatte ich es ihr gegenüber nie erwähnt, sah es als »Kleinigkeit«, als »geschenkt«.*

Doch in Wahrheit, das machte mir meine eigene Reaktion allzu deutlich, hatte ich sehr wohl unbewusst »Buch geführt« und erwartet, sie würde Ähnliches auch für mich tun. Ohne die Vorgeschichte hätte ich mich einfach entschuldigt. So aber konnte ich nur kehrtmachen, denn »zu streiten mit Wut tut nicht gut«. Erst als ich mich halbwegs beruhigt und innerlich sortiert hatte, war ich fähig, ihr diese Vorgeschichte zu erzählen. Wie erwartet, wusste sie gar nichts von der »missachteten Rückzahlungsverpflichtung«, hatte sie doch ihr Geschirr niemals absichtlich stehen lassen. Irgendwann konnten wir sogar darüber lachen und natürlich lernten wir daraus: Vergessenes Geschirr stellten wir von nun an, für Gäste unsichtbar, in einen Schrank, um einander an unsere Ordnungsregeln, an die wir uns schließlich beide halten wollten, zu erinnern.

Ungerechtfertigt? Und trotzdem sehr real!

Haben Sie ein Opfergefühl geprüft, die Faktoren vielleicht sogar mit anderen diskutiert und sind zur Ansicht gelangt, dass es unbegründet ist? Es kann sich damit in Luft auflösen – oder trotzdem unangenehm fühlbar bleiben. Ähnlich wie Schuld- sind auch unsere hartnäckigsten Opfergefühle nicht immer vernünftig, doch gehen Sie ruhig davon aus: Auch die unvernünftigen und irrationalen haben gute Gründe und meist das eigentlich ehrenwerte Ziel, das Gefühl von Gerechtigkeit wiederherzustellen.

Nun folgt ein kleiner Einblick in typische, durchwegs spannende Dynamiken unbegründeter Opfergefühle, die mir in den letzten Jahren häufig begegnet sind. Vielleicht können Sie bei nächster Gelegenheit ein solches erforschen, indem Sie die folgenden Fragen stellen:

Wird ein Opfergefühle durch Katastrophenfantasien genährt?

In diese Kategorie fallen Gefühle wegen Umständen, die nie geschehen sind, auch wenn es natürlich berechtigt ist zu denken: »Furchtbares *hätte* mir da passieren können!« Doch es war dann nicht und damit sind Opfergefühle nicht angemessen, selbst wenn die inneren Bilder Horrorfantasien liefern. Glücklicherweise ist es möglich, innere Bilder stoppen zu lernen, sie zu verändern oder sich einfach abzulenken. So kann man sich, so oft es eben nötig ist, immer wieder auf den Boden der Realität zurückzuholen.

Davon muss man allerdings lebensbedrohliche Situationen ausnehmen, die nachhaltige, psychische Belastungen verursachen: Posttraumatische Belastungssymptome nach Drohungen oder Überfällen, wo »eigentlich« niemand verletzt wurde, gelten mit Recht als Schädigung, denn solche lebensbedrohlichen Erlebnisse können Menschen aller Altersgruppen im Innersten treffen, verletzen und aus der Bahn werfen.

Wurden rein individuelle Moralvorstellungen und soziale Spielregeln missachtet?

Häufig werden Opfergefühle durch die Missachtung persönlicher Gesetze begründet, die bei näherer Betrachtung ziemlich »eigen« wirken und zur Diskussion gestellt werden müssen, weil sie eine anerkannte Rechtslage ausblenden oder in offenem Widerspruch dazu stehen: Wer zum Beispiel das innere Gesetz hochhält: »Alle müssen immer für mich da sein«, fühlt sich vermutlich permanent als Opfer.

> *Ein Beispiel aus meiner Praxis. Ich merke bald: Franziska Fischer ist, symbolisch betrachtet, auf einem Auge blind. Sie sieht nämlich ausschließlich das Pech und das Unrecht, das ihr passiert, immer und überall. Doch Glück, Vorteile oder Unrecht, das sie selbst verursacht, erkennt sie nicht. So erzählt sie unter anderem, Schmerzensgeld nach einem Unfall gefordert zu haben: »Die Versicherungen haben genug Geld. Ich dachte, ich versuch es.« Vor Gericht wurde jedoch*

festgestellt, dass die Forderung unrechtmäßig war. Sie beklagt: »Das war so eine Frechheit. Immer verliere ich vor Gericht. Und da steht man dann alleine da, niemand hilft einem.« Dass sie betrügen wollte und daher von vornherein im Unrecht war, kommt ihr gar nicht in den Sinn. Mit viel Fingerspitzengefühl und aufgrund einer tragfähigen Arbeitsbeziehung kann ich irgendwann diese Einäugigkeit besprechen. Ihre inneren Gesetze lauten: »Ich muss für Gerechtigkeit kämpfen.« »Ich habe alle Rechte.« Und: »Meinem Gefühl, dass etwas ungerecht zugeht, kann ich zu 100 Prozent vertrauen.« Als ich Franziska Fischer als Alternative die innere Leitlinie »Ich habe die gleichen Rechte wie jeder Mensch« vorschlage, lehnt sie das zunächst empört ab: »Ich bin doch viel ärmer als andere. Das kann man gar nicht vergleichen.« Wie ihre Geschichte weitergeht, erfahren Sie später.

Ging der Blick für das Eigene und das große Ganze verloren?

Manchmal bringt *Empathie* jene innere Instanz zum Verschwinden, die normalerweise auf ein wenig Distanz zu den Gefühlen achtet und uns eine Realitätsprüfung ermöglicht. Das kann bei empathischen Personen sogar sehr schnell passieren, sobald sie mit jemandem sprechen, der selbst von einem enorm starken Opfergefühl erfüllt ist: »Du Arme. Das ist so ungerecht, was dir passiert ist. Komm, wir zwei lassen uns das nicht bieten.« Es ist wie bei allen Gefühlen: Je mehr Ähnlichkeit, Nähe, Liebe oder Verantwortungsübernahme da ist, umso eher identifizieren wir uns mit Betroffenen und »adoptieren« deren Gefühle, als ob es die eigenen wären.

Prägende Lernerfahrungen sind der zweite Grund, wieso man den Blick aufs große Ganze, auf die tatsächliche Realität verlieren kann. Denn emotional intensive, vielleicht traumatische Erlebnisse beeinflussen, filtern und verzerren jede spätere Wahrnehmung. Vielleicht haben Sie vergleichbare Sätze bereits gehört:

»Weil ich früher *einmal* ausgenutzt wurde, habe ich das Vertrauen in *alle* Menschen verloren.« Pessimistische Erwartungen verfestigen sich, innere Gesetze werden aufgestellt und verallgemeinert: »Nie habe ich Gerechtigkeit erfahren. Das wird sich auch nie ändern.« Für jeden Gegenbeweis gibt es ein Gegenargument. Letztendlich droht die Verbitterung.

> *Der neue Patient trifft in der Traumastation ein: Klaus Gruber wirkt frustriert und erschöpft, hat er doch tatsächlich einen extrem langen Weg per Bahn und Bus vom anderen Ende Österreichs hinter sich. Irgendwann reden wir über diese Anfahrt und er meint: »Ich hatte alles mühevoll geplant. Aber nie kann etwas glattgehen bei mir. Stellen Sie sich vor, im Zug A hat das mit meiner Reservierung nicht funktioniert.« Wir rechnen nach: Von etwa 20 möglichen Kriterien (Reservierung, Pünktlichkeit und Ähnliches in fünf unterschiedlichen Verkehrsmitteln), die eine ideale Reise ausgemacht hätten, trafen zwei nicht zu. Zwei! Doch Argumente bringen Herrn Gruber gar nicht weiter: »Darum geht es nicht. Warum kann in meinem Leben nicht einmal alles glattgehen?« Das langjährige Opfergefühl ist zu mächtig, die Logik von heute kommt dagegen nicht an. Wir müssen zurück in jene Zeit, wo alles seinen Anfang nahm.*

Tatsächlich gibt es leider Menschen, die weit überdurchschnittlich viel Pech, Unglück und Unrecht erlitten haben. Sie verdienen die vorbehaltslose Anerkennung ihrer Not und ihrer Unschuld. Klaus Gruber gehört zweifelsfrei in diese Gruppe. Doch wahr ist auch, dass ihm dadurch in der Gegenwart der Blick auf positive Ausnahmen, auf kleines oder großes Glück verstellt ist. In vielen Momenten ist er heute kein Opfer mehr. Es ist wichtig, diese Erlebnisse als Gegengewicht vor Augen, in Herz und Hirn zu behalten – auch wenn das Gute von heute das Ungute von früher nicht heilen kann. Denn für schwere, seelische Verletzungen braucht es meist traumapsychologische Behandlung.

Fühlen Sie sich durch ein erlittenes Unrecht mit dem oder der Schuldigen verbunden?

Es gibt einen weiteren, sehr oft übersehenen Effekt der Schuld-Opfer-Dynamik, der unter bestimmten Umständen zum eigentlichen Ziel des Gefühls wird: Prinzipiell schaffen und erhalten sowohl Opfer- als auch Schuldgefühle eine Art von Beziehung – zeitlich, materiell, emotional oder gedanklich – zwischen den beteiligten Menschen und Gruppen! Schließlich denkt man oft daran, wartet auf Entschuldigung, Entschädigung oder Wiedergutmachung, bildet Fantasien darüber, was im Kopf der schuldigen Person vorgeht, zieht vielleicht vor Gericht und so fort.

Je mehr wir bereits in einen Kampf um Gerechtigkeit investiert haben, umso schwieriger ist es, so lange Beziehungen und Projekte aufzugeben. Das ist ein seit Langem bekanntes Phänomen und wird in der Psychologie »sunken costs« genannt. Manchmal gilt leider: lieber ein Unrecht akzeptieren und damit die Beziehung beenden als weiterhin leiden.

Frau Fischer, die »auf einem Auge blind« ihre Kämpfe gegen die vermeintliche Ungerechtigkeit juristisch ausfocht, hatte eine intensive Beziehung zur »Autoritätsperson Gericht« entwickelt, auf die sie noch lange nicht verzichten konnte. Ihr halbes Leben hatte sie schließlich bereits in den Kampf um Anerkennung der diversen Ungerechtigkeiten investiert. Nach vielen Gesprächen fanden wir die wahren Ursachen und prägenden Erlebnissen hinter diesem Bedürfnis: Aufgewachsen als »Randfigur« einer Familie, wo sich alles um die Bedürfnisse ihrer chronisch kranken Schwester Claudia drehte, wurde sie ständig benachteiligt. Sie berichtete von alltäglichen Szenen wie der Verteilung des Essens, wo sie immer erst als Letzte zum Zug kam, und von katastrophalen Ereignissen: So war sie von ihren Eltern als Kind tatsächlich mehrmals in Kaufhäusern oder Restaurants vergessen worden, denn alle Blicke waren stets auf Claudia gerichtet. Ihre Forderungen und Klagen wurden von den Eltern weggewischt: Das müsse sie doch verstehen, Claudia sei doch so arm. Ungerechtigkeitsgefühle waren also von Kindesbeinen an ihre ständigen Begleiter. In Wahrheit ging es ihr heute wie damals um Anerkennung des erlittenen Unrechts durch eine Autoritätsperson. Doch alte Wunden kann man in der Gegenwart nicht heilen, das konnte sie irgendwann akzeptieren und Neues erproben. Doch vorher verursachte ihr jahrelanger Irrweg noch einige harte Stunden voll Ärger, Selbstkritik und Trauer. Danach jedoch war sie frei für einen neuen Lebensabschnitt, anstatt weiterhin im Kreis zu laufen und »halbblind« einer Sehnsucht nach Anerkennung ihrer Not zu folgen, die sie als Erwachsene vor einem Gericht nicht finden hätte können: falscher Ort und falsche Personen zur falschen Zeit.

Manchmal tut man gut daran, sich zu entscheiden, unter bestimmten Umständen nicht (länger) gegen die Ungerechtigkeit zu kämpfen, sondern gegen das Ungerechtigkeits- und Opfergefühl selbst, um zum eigentlichen Ziel dahinter zu kommen: dem neuen Leben.

Dient ein Opfergefühl als Schutz und Schild oder wird es zur Falle?

Ähnlich wie bei Schuldgefühlen ist die Schutzschild-Funktion eine mögliche Ursache für die Existenz eines beharrlichen Opfergefühls: Verhindert es vielleicht das Auftauchen einer anderen, belastenden Empfindung, der man sich (noch) nicht stellen kann? Wer lautstark darauf besteht, dass er immer an allem unschuldig ist, verdrängt damit vielleicht die Tatsache, dass er sich in Wahrheit ziemlich schuldig fühlt, aber eine Heidenangst davor hat, das zugeben zu müssen? Es kann Trauer überdecken oder Ärger: Die eigene Psyche ist ziemlich erfinderisch, wenn sie glaubt, uns vor etwas beschützen müssen, dem wir noch nicht gewachsen sind. Manchmal übertreibt sie's sogar ein wenig.

Manchmal sitzen wir ganz schön im Opfergefühl fest wie in einer Fallgrube, das Pech klebt förmlich an uns, alles geht schief. In einem solchen Zustand können in uns ziemlich belastende Gedanken kreisen: »Ich bin der ärmste Mensch auf der Welt.« Noch dazu sind Hilflosigkeitsgefühle mächtig und können die Vergangenheit (»Nie ist mir etwas gelungen!«) und die Zukunft (»Das wird auch immer so weitergehen«) einfärben.

Keine Sorge, es spricht gar nichts dagegen, sich hin und wieder selbst ein wenig leidzutun. Das Wort *Selbstmitleid* ist jedoch, ähnlich wie die Warum-Frage, in unserer Sprache extrem negativ besetzt. Es wird nahezu ausschließlich als Abwertung gehört und gesagt: »Du triefst ja vor Selbstmitleid.«

Ich weiß nicht, wann das Wort diese kritische, oft sogar verächtliche Bedeutung bekommen hat. Vielleicht hatte der eine oder die andere ein abschreckendes Beispiel im engeren sozialen Umfeld: ewig leidende »Opfer«, vielleicht verbittert, die nur jammern, beschuldigen, immer Hilfe brauchen, die jedoch nie einen Erfolg bringen, nie für etwas Verantwortung übernehmen, keinerlei Gutes sehen, sich selbst immer nur bedauern – und dabei ihr Gegenüber aus dem Blick verlieren. Sie sitzen in einem tiefen, schwarzen Loch voller schlechter Gefühle, und wer nicht aufpasst, sitzt mit unten. Vieleicht reicht ein einziger solcher Mensch und wir entwickeln eine psychologische »Allergie« gegen ihn. Wie beim Heuschnupfen braucht es nur ein winziges »Pollenkörnchen«, also nur den Ansatz eines solchen Verhaltens, und wir reagieren darauf mit Abwehr und verbieten es uns selbst.

Selbstmitleid in diesem Sinne ist für die Betroffenen eine schrecklich ungute Falle, denn sie sehen alle Möglichkeiten nicht, wie sie selbst etwas verändern könnten. Ohnmacht, Angst, Trauer sind tatsächlich überwältigend. Der einzige »Vorteil«, nämlich die eigene Schuldlosigkeit, zementiert diese Passivität. Denn wer nichts falsch gemacht hat, kann nichts besser machen und ist auf die »richtigen« Reaktionen der Umwelt angewiesen. Doch niemand kann den Selbstmitleidigen heraushelfen. Ich besuche sie manchmal in ihrer Fallgrube, versuche die Hintergründe und Muster zu erkennen, helfe, Fähigkeiten aufzubauen und Hoffnung zu gewinnen: Ich stelle eine Leiter auf und zeige, wie Klettern geht. Hinauf muss es nämlich leider jeder selbst schaffen.

Glücklicherweise hat man den Begriff »*Selbstmitgefühl*« gefunden: die Fähigkeit und Bereitschaft, mit sich in der Not tröstend, freundlich und ermutigend zu sein. Wer glaubt, dass sich dadurch die eigene Leistungsfähigkeit reduziert, der irrt. Studien dazu haben gezeigt, dass die Bereitschaft, aus Fehlern zu lernen und sich anzustrengen, tatsächlich steigt[12] und schwierige Situationen sich besser überstehen lassen. Die Königsklasse der mitfühlenden Unterstützung und Selbstberuhigung in 4 Schritten habe ich beim Psychologen Paul Innerhofer gelernt und in der Forschung über das »Mentalisieren« bestätigt gefunden. Mehr dazu im Kapitel »Das Geheimnis der 4 Schritte« (s. Seite 216).

Und was kommt danach?

Sobald die Hintergründe einigermaßen geklärt und sortiert sind und sich ein Mensch bereit dazu fühlt, wird es vielleicht denkmöglich, das Opfergefühl loswerden zu wollen. Das kann in manchen Lebensgeschichten bedeuten, das Ziel der Gerechtigkeit nicht mehr weiterzuverfolgen, sondern dem »Ziel hinter dem Ziel« volle Aufmerksamkeit zu schenken. Was wartet dort?

> *Nach vielen Gesprächen stelle ich Klaus Gruber, dem aufgrund seiner Geschichte durch bereits 2 von 20 Abweichungen vom »Ideal einer Anreise« seine Verbitterung bestätigt wurden, die wichtige Frage: »Sind Sie bereit, auf die Nachteile, aber auch die Vorteile Ihres bisherigen inneren Standpunktes zu verzichten?« Manchmal braucht es eine klare Entscheidung. Wer über so viele Jahre hinweg leidet, dessen Gehirn gewöhnt sich an die alten Gefühle und Erwartungen, das wird Teil der Identität. Herr Gruber wird sich also danach neu orientieren müssen – und können! Es gilt, neue Inhalte, Ziele, Projekte und Gefühle im Alltag zu finden. Ich spreche weiter: »Meist ist es richtig, dieses Gefühl loszuwerden, egal wie. Es hat Sie ausgelaugt und Sie genug Lebenszeit gekostet. Ich weiß, dass Sie dafür das ideale Ziel der Gerechtigkeit ebenfalls los-*

lassen müssen, aber zugleich den Berg von Nachteilen ablegen können. Nach der Entscheidung gegen das alte Gefühl ist nicht alle Arbeit getan, doch sie ist die erste Hürde und ich begleite Sie gern weiter.«

Im letzten Kapitel finden Sie mögliche Wege aus einem Schuldgefühl, doch aus anderer Perspektive betrachtet dienen sie auch gegen Opfergefühle: Entschuldigung oder Wiedergutmachung einfordern, Verzeihung gewähren, durch die Trauer gehen und vieles mehr.

Unrecht und Gerechtigkeit ist kompliziert? Ein Blick dahinter

Die Teilnehmerin meines Workshops kommentiert kritisch meine ersten Inputs zum Thema Gerechtigkeit: »Ich bin da anderer Ansicht. Gerechtigkeit ist ganz einfach: Wenn ich etwas als ungerecht oder als fair empfinde, dann ist es so. Punkt. Aber Sie machen daraus eine schrecklich komplizierte Sache.« Ich strahle sie an: »Danke! Sie bringen die beiden Seiten genau auf den Punkt. Tatsächlich ist Gerechtigkeit meiner Erfahrung nach eine komplexe Angelegenheit. Und andererseits glauben viele, es wäre einfach, weil wir so ein klares Gefühl dafür haben und spontan glauben, alle anderen hätten das gleiche Gerechtigkeitskonzept wie wir. Genau deshalb kommt es zu fürchterlichen Missverständnissen.«

Doch lassen Sie mich wieder mit einem Rückblick einsteigen. Seit Jahrmillionen entwickelt sich das Leben auf der Erde und ich wage zu behaupten: Von »Gerechtigkeit« oder ihr dienenden

Gesetzen gab es in all dieser langen Zeit keine Spur. Nie wurden die Guten belohnt oder die Bösen bestraft. »Strafen« gab es nur unter dem Aspekt des Lernens und der unmittelbaren Herstellung von Sicherheit: Wenn ein Lebewesen bedroht wird und es sich stark genug fühlt, verteidigt es sich. Das angreifende Tier erkennt: keine leichte Beute. Vielleicht lernt es aufgrund der »strafenden« Reaktion sogar, dass hier Gefahr droht, und vermeidet einen weiteren Angriff. Die Stärkeren gewinnen, sie verjagen die anderen von der Wasserstelle. Die Schwachen verlieren: Das kleinste Küken von allen wird laufend von den Vogeleltern übersehen. »Gleiches Recht für alle« finden wir nirgends, auch keinen Hauch von »Schützt die Schwachen« oder »Geben und Nehmen in Balance«.

Kennen nur wir Menschen Gerechtigkeit? Früher dachte ich, Tiere zeigen zwar Empathie und Fürsorge, doch keines entscheidet sich aus Gründen der Fairness dafür. In meiner Überzeugung, dass uns genau dieser Gerechtigkeitssinn, die Schuld- und Opfergefühle zutiefst menschlich machen und uns somit von Tieren unterscheiden, wurde ich in den letzten Jahren eines Besseren belehrt. Besonders beeindruckend sind Arbeiten des Verhaltensforschers Frans de Waal, der einen exzellenten Überblick zur Forschungslage bei Primaten bietet. Als Säugetiere kennen sie natürlich Empathie, nicht umsonst wurde das Phänomen der Spiegelneuronen erstmals an ihnen beobachtet. Sie sind fürsorglich, manchmal sogar altruistisch: Frans de Waal berichtet von Bonobos, die durch die Gruppe ihrer Artgenossen laufen und Geschenke verteilen. Einfach so. Offenbar freuen sie sich mit, wenn andere sich freuen.

Wir nutzen heutzutage unsere Freiheit und distanzieren uns von vielen Primaten- und Steinzeit-Bedürfnissen. Doch den Wunsch nach Gerechtigkeit haben wir nicht nur behalten, wir haben unser System in den vergangenen Jahrtausenden sogar perfektioniert und in Tausenden Gesetzen verankert. Trotzdem machen wir uns im Alltag erstaunlich wenig Gedanken darüber, worum es dabei eigentlich geht, sobald wir sagen: »Das ist ungerecht.« Was verstehen Sie konkret unter Gerechtigkeit? Wann meldet sich Ihr »Gerechtigkeitssinn«? Mir sind bislang vorwiegend folgende innere Konzepte begegnet:

Gerecht handelt, wer die Gesetze befolgt und Spielregeln achtet?

Gemeinschaften regeln Gerechtigkeit durch möglichst eindeutige und gemeinsam festgelegte Gesetze. Auch hier können hochentwickelte, sozial lebende Tiere mithalten: Frans de Waal beschreibt, wie sehr ihn das »Rechtssystem« dort immer wieder aufs Neue verblüfft. Schimpansen führen offensichtlich innerlich Buch über Wohl- und Missetaten und entwickeln entsprechende Erwartungen. Die dazugehörigen Gesetze sind wie bei Menschen verinnerlicht, deshalb halten sich diese Tiere aus einer Art sozialem Pflicht- oder moralischem Ehrgefühl daran. Werden die allgemeingültigen Gesetze gebrochen, wird das nach dem Prinzip »Auge um Auge, Zahn um Zahn« bestraft.[13] Dabei zuzusehen, bestärkt offenbar das eigene Gerechtigkeitsgefühl, so die Beobachtungen eines Forschungsteams rund um Natacha Mendes.

In hochoffiziellen Angelegenheiten bewertet für uns ein Gericht, wer gerecht gehandelt hat. Dort ist es noch relativ leicht, Recht und Unrecht voneinander zu unterscheiden. Im normalen, zwischenmenschlichen Bereich trägt jeder und jede sein eigenes »Gesetzbuch« in sich. Natürlich halten wir das Eigene meistens für das Richtige, sonst würden wir ihm nicht folgen. Andere Menschen jedoch gehorchen zumindest in Teilbereichen anderen Gesetzen, definieren also auch Gerechtigkeit in vielen Details anders. Im Alltag, vor allem in Konflikten, kann es dazu führen, dass sich tatsächlich alle Beteiligten gleichzeitig ungerecht behandelt fühlen, weil ihre innerlichen Gerechtigkeitsgesetze und -konzepte völlig unterschiedlich sind und dabei alle gleich »richtig« sind:

> *Das Management verteilt einen Bonus. Jedes Teammitglied bekommt gleich viel. Natürlich ist die Freude groß, doch vielleicht findet der eine oder die andere diese Gleichbehandlung auch ungerecht: »Ich arbeite doch viel mehr als die anderen.« »Ich muss mich mehr als andere anstrengen.« »Ich bin halbkrank und arbeite trotzdem.« »Ich bin schon länger im Betrieb und bekomme das Gleiche wie der Jungspund neben mir.« »Ich bin jung und muss mir erst eine Existenz aufbauen, mir gebührt mehr.«*

Wer nur aus dem Bauch heraus entscheidet, was gerecht ist, der bewertet Dinge vielleicht sogar als besonders ungerecht. Hier ein Beispiel: Wohl alle würden sagen, wer betrügt, soll bestraft werden, je mehr, umso stärker. In einer kreativen psychologischen Versuchsanordnung wurde jedoch beobachtet: Falls jemand gegen eine moralische Regel (nicht lügen, nicht schlagen) für wenig Geld verstößt, dann wird ihm oder ihr im Durchschnitt mehr Schuld und eine höhere Strafe zugewiesen, als wenn er eine solche Regel für viel Geld verletzt.[14] Eigentlich ziemlich ungerecht, oder? Tatsächlich ist also Gerechtigkeit im Zusammenleben eine komplizierte Sache, weil wir uns eben nicht immer auf das eigene Gefühl verlassen können. Besser ist, das Konzept dahinter kritisch zu prüfen und mit anderen zu vergleichen. So mancher Konflikt lässt sich dann leichter verstehen und auflösen Dabei helfen mir am besten die Meinungen von Menschen, sei es in Gesprächen oder Internetforen, die *nicht* bereitwillig und empathisch auf den Zug meiner Empörung aufspringen, sondern andere Perspektiven einbringen.

Manchmal können fragwürdige, weil extreme persönliche oder soziale Entwicklungen ihren Lauf nehmen. Derzeit habe ich zum Beispiel den Eindruck, unser Land könnte sich zu einer Gesellschaft von Anklagenden entwickeln, die so oft wie möglich anderen Schuld zuweisen und Schadenersatz einfordern. Grundsätzlich haben wir natürlich das Recht, erlittenes Unrecht einzuklagen. Doch auch hier gibt es wohl ein Zu-viel-des-Guten. Vielleicht wird in Zukunft kaum jemand mehr durch das Leben kommen, ohne ein Gerichtsgebäude von innen zu sehen: ein erlittenes Unrecht einklagend oder selbst beschuldigt.

Ein Richter erzählt: »Diese gewaltsamen Konflikte im Straßenverkehr nehmen enorm zu – und viele davon landen vor Gericht. Dabei ist es meistens unmöglich zu erkennen, wer angefangen oder zuerst überreagiert hat. Immer fühlen sich beide total unschuldig und geschädigt. Kein Unrechtsbewusstsein, kein Schuldgefühl. Am liebsten würde ich solche Verhandlungen nach fünf Minuten beenden und das Strafhöchstmaß auf beide gleichermaßen aufteilen.« Ich kann ihm da nur beipflichten. Dann erzähle ich ihm davon, dass ich vor langer Zeit aus genau diesem Grund Workshops zum Thema angeboten habe: »Nicht mehr ärgern beim Autofahren.« Es gibt ein paar einfache, psychologische Tricks, wie man Zorn und damit aggressive Fahrweise recht leicht bei sich selbst reduzieren kann. Doch kaum jemand wollte meine Mini-Kurse in Anspruch nehmen – lediglich unzählige Beifahrerinnen oder Beifahrer haben angefragt: »Ich leide unter jemandem, der das dringend brauchen könnte, der will aber nicht kommen.« Es schien fast so, als wollten die Betroffenen unbedingt ihren Ärger behalten.

Gerechtigkeit bedeutet Balance und Austausch

Gerechtigkeit wird von manchen so verstanden: »Wenn ich etwas gebe und dafür auch das Versprochene zurückerhalte, das ist fair.« Austauschbeziehungen und Schuldausgleich sind wichtig. Betrug bedeutet im Gegenteil dazu, etwas zu bekommen, aber nichts dafür zu geben.

Für viele ist das Streben nach dieser Form von Gerechtigkeit ein enorm hoher Wert. Sie leben nach der inneren Regel: »*Geben und Nehmen sollen in meinem Leben in Balance sein.*« Schuldgefühle motivieren uns dazu, diesem Grundsatz treu zu bleiben. Es durchzieht als Grundprinzip daher viele Lebensbereiche, von großen, lebenswichtigen bis hinunter zum Austausch von Grüßen oder guten Wünschen.

Ich niese bei einem Familienfest. Meine Tante wünscht mir »Gesundheit«. Ich reagiere nicht darauf, zu beschäftigt bin ich mit Nase und Luftnot. Sie reagiert extrem gekränkt, denn ich bin es ihr schuldig, mich zu bedanken, so als hätte durch diesen winzigen »Fehler« alles Gute zwischen uns sofort an Gewicht verloren. Einige Wochen später, anderer Kontext: eine Taxifahrt in einem stark gekühlten Wagen in Buenos Aires. Ich muss niesen. Der Taxifahrer wünscht mir »Salud«. Ich spreche seine Sprache nicht und reagiere daher nicht darauf. Er verdeutlicht mir freundlich, aber energisch, dass ich jetzt »Muchas Gracias« sagen muss, worauf er antworten wird »De nada«, also »Keine Ursache«. So geht die soziale Spielregel! Wer sie nicht befolgt, bleibt seinen Teil schuldig und erntet Empörung, riskiert vielleicht sogar soziale Ausgrenzung – oder aus dem Taxi geworfen zu werden.

Sie merken: Ein einfacher Wunsch wie »Gesundheit!« ist bereits eine kleine Investition, denn die anderen erwarten, unter Berufung auf eine soziale Spielregel, einen Dank retour zu bekommen. Die Familienforscher Spark und Böszörményi-Nagy lieferten einen wichtigen Beitrag dazu. Sie erkannten: Wir pflegen, so wie andere, sozial hochentwickelte »Herdentiere« auch, im zwischenmenschlichen Kontakt ständig Austauschbeziehungen. Jede, jeder von uns führt permanent, automatisch und manchmal durchaus penibel innere Verdienst- und Schuldkonten. Auf diesen müssen sich langfristig die Ein- und Ausgänge die Waage halten, sonst entsteht Unzufriedenheit. Immer, wenn der eine Mensch etwas für den anderen tut, zahlt er sozusagen etwas auf dessen Konto ein, bei ihm selbst entsteht ein Minus, weshalb er unbewusst oder bewusst erwartet, etwas Vergleichbares, vielleicht sogar mit Zinsen, zurückzubekommen. Das beginnt bei Kleinigkeiten: Ich grüße dich. Wird der Gruß nicht erwidert, werde ich früher oder später selbst aufhören zu grüßen. Ich helfe dir mehrmals und bin gekränkt, wenn du niemals Zeit hast, für mich da zu sein. Ich komme dich in einer weit entfernten Stadt besuchen, doch als ich dich um ein Treffen in meiner Nähe bitte, meinst du nur, es sei dir zu mühsam.

Noch mehr spüren wir das bei großen Dingen, wo wir zum Beispiel einem anderen Menschen zuliebe etwas Lebensentscheidendes tun oder auf etwas verzichten: »Wegen dir habe ich meinen Job aufgegeben. Jahrelang habe ich mich um deinen Onkel gekümmert. Immer habe ich getan, was du wolltest, sogar meine geliebte Wohnung habe ich verkauft.« Irgendwann will die Rechnung beglichen sein. Manchmal reicht eine solche Schuld oder ein Verdienst sogar in die nächsten Generationen hinein. Das alles kann offen, also ausgesprochen und schriftlich, oder verdeckt – unausgesprochen, informell, auf Basis innerer Regelungen und Erwartungen, die nicht unbedingt bekannt oder allgemein anerkannt sind – passieren.

Je stabiler und/oder geduldiger eine Person ist, umso länger kann sie mehr geben als bekommen, ohne sich als Opfer zu fühlen, und umso länger kann sie mehr bekommen als geben, ohne sich schuldig zu fühlen. Irgendwann jedoch ist für jede eine Grenze erreicht und sie kommt in ein inneres Ungleichgewicht. Das Gefühl von Ungerechtigkeit entsteht. Und das ist grundsätzlich wichtig und richtig so, denn nur so verhindern wir das Ausgenutzt-Werden oder ein Ausnutzen von anderen! Doch auch hier gilt natürlich: Zu viel des Guten ist schlecht. Es gibt Menschen, die gar keine freudvolle *Dankbarkeit* fühlen können, weil ein Geschenk oder eine andere Form der Zuwendung sofort quälende Schuldgefühle zur Folge hat. Also nur nie jemandem etwas schuldig bleiben!

Am Nikolaustag platzieren meine Kinder im Kindergartenalter heimlich Süßigkeiten vor den benachbarten Wohnungstüren. Es ist aufregend, sie haben einen Heidenspaß. Nebenan ist vor Kurzem eine nette, ältere Dame eingezogen, die das trotz aller Heimlichtuerei mitbekommt. Am nächsten Tag stehen zwei riesige Taschen gefüllt mit Nikolaus-Zeug vor unserer Tür, als wir heimkommen. Was für eine Überraschung! Sie hat das als Reaktion auf das Vortagsgeschenkt besorgt und wir freuen uns alle gemeinsam. Ich bitte sie zu Kaffee und Kuchen herein. Sie reagiert etwas reserviert, aber nimmt doch an. Es ist ein ausgesprochen netter Besuch. Als Gegenleistung werden wir bald danach von ihr zum Mittagessen eingeladen. Sie wirkt gestresst und ich erkenne das Muster: Jede Zuwendung muss doppelt und dreifach zurückgezahlt werden. Irgendwann spreche ich das an, aber es ist ihr nicht möglich auszusteigen, denn sonst bleibt in ihr ein unangenehmes Schuldgefühl. Auch ich möchte Geben und Nehmen in Balance halten, für mich bedeutet das jedoch, über längere Zeiträume hinweg »Gleiches mit ungefähr Gleichem« zu beantworten. Das hält sie aber nicht aus. Irgendwann fühle ich mich schuldig und als »Schmarotzerin«. Ich sehe keine andere Möglichkeit, als langsam wieder auf Distanz zu ihr zu gehen. Später merke ich, dass es kommt, wie es kommen muss: Auch andere ziehen sich zurück, letztendlich hat diese freundliche, alte Dame nur noch gierige Leute im Bekanntenkreis, die kein Problem damit haben, sich mit riesigen Rückzahlungen für geringfügige Leistungen überschütten zu lassen.

Natürlich gibt es auch dazu ein Gegenteil: Mitmenschen mit Regeln, die ihnen ermöglichen, gar nichts herzugeben und sich dabei trotzdem schuldfrei zu fühlen. Sie nehmen uneingeschränkt, fordern, erpressen und stehlen. Denn wer nach der inneren Regel und Devise lebt: »Alles für mich, nichts für die anderen«, wird selbstverständlich immun gegen Rückzahlungsverpflichtungen sein.

Wohin würde es uns bringen, wenn wir auf die Gerechtigkeit im Geben und Nehmen verzichten können? Wenn Sie jedes Gehalt annehmen könnten, ohne dafür etwas leisten zu müssen? Alles versprechen und nichts halten, alle Liebe nehmen und keine geben, alles bestellen und nichts zahlen? Vielleicht eine Gesellschaft der Listigen und Gierigen? Jede Gemeinschaft verträgt einen gewissen Prozentsatz von Mitgliedern, die keine Balance von Geben und Nehmen anstreben und sich weder durch Angst noch durch Schuld- oder Schamgefühle bremsen lassen, zu nehmen, was sie kriegen können. Doch solange die allgemeine Moralvorstellung »Austauschbeziehungen sind gut« lautet, wirkt das als Gegenkraft. Schwierig wird es ab dem Zeitpunkt, wo sich das Blatt wendet und ein Leben in Balance nicht mehr angestrebt, sondern vielleicht sogar verachtet wird. Alles zu bekommen, ohne etwas geben zu müssen, wird zum Ideal? Doch selbstverständlich gibt es auch Rechte, die jeder Mensch haben sollte, ohne etwas dafür tun zu müssen. Das bringt uns zum nächsten Gerechtigkeitskonzept.

Alle gleich behandeln! Oder doch die Schwachen schützen?

Für viele Menschen ist Gerechtigkeit nur ein anderes Wort für Gleichbehandlung. Sie gilt in Europa grundsätzlich als hoher Wert: Justitia wird blind dargestellt, weil Gesetze »ohne Ansehen der Person«, also für alle gleich, gelten sollen. Alle Menschen sind auch gleich viel wert. Fraglos wichtig und richtig – und trotzdem wohl nicht für alle großen Entscheidungen oder alltägliche Situationen das bestmögliche Konzept. Denn Gleichbehandlung kann sogar als ziemlich ungerecht empfunden werden: Schwache, Benachteiligte, Kranke, Notleidende und Kinder sollen doch selbstverständlich besonders unterstützt werden, oder?

Sie merken, ich könnte noch viele Seiten über diese und weitere, individuelle Überzeugungen schreiben, die in einer konkreten Situation hinter dem Wort oder dem Gefühl von Fairness oder Ungerechtigkeit stehen. Genau deshalb ist es so wichtig, sich selbst und andere nach den genauen Hintergründen zu fragen und sie zu verstehen. Unterschiedliche Ansichten dürfen dann bleiben, ohne der anderen Person vorwerfen zu müssen: »Du bist so unfair!«

Sobald mir jemand erzählt, es ginge hier doch wohl um Gerechtigkeit, fällt mir auf: Dieses Wort ist mir in den letzten Jahren ziemlich unsympathisch geworden. Denn unter der Fahne von Gerechtigkeit wird, so scheint mir, mehr schlimmes Unheil angerichtet, als Gutes getan wird. Wir sind sogar bereit, dafür in den Krieg zu ziehen.

Mitgefühl: Segen oder Fluch?

Empathie im Sinn von Mitgefühl oder von Basis-Empathie, also Mitleid, wirkt auf den ersten Blick so, als ob sie kein Wässerchen trüben könnte. Sie gilt als hoch anständige Eigenschaft bei uns Menschen. Grundsätzlich ist es natürlich eine Eigenheit, die in der Bevölkerung unterschiedlich stark vertreten ist. Bitte glauben Sie nicht, dass zum Beispiel Frauen im Durchschnitt empathischer sind als Männer. Sie sind nur motivierter, empathisch zu sein, und zeigen es öfter – besonders dann, wenn das von ihnen in einer bestimmten Situation erwartet wird.[15] Vielleicht haben sie häufiger das innere Gesetz verankert: »Ich muss empathisch sein.« Oder: »Ich muss Erwartungen erfüllen.«

Starke Empathie macht Menschen fürsorglich. Immer?

Grundsätzlich gilt natürlich: Es sind tatsächlich oft sehr wertvolle, empathische, extra ehrgeizige, verantwortungsvolle oder fürsorgliche Personen, die viele Regeln haben und Schuldgefühle vermeiden wollen – und deshalb sehr »willensstark« und konsequent ihrem inneren Kodex treu bleiben. Das bewundern die meisten von uns irgendwie, sogar wenn die Folgen manchmal selbstschädigend sind. Die Geschichte einer Person oder einer Gruppe, die bis zum bitteren Ende ihre Überzeugungen hochhält und dafür kämpft, assoziieren wir wohl mit Selbstdisziplin und Charakterstärke.

Das gilt für reale Menschen, die sich für andere überdurchschnittlich stark engagieren, aber auch für fiktive oder historische Figuren wie Michael Kohlhaas, Don Quichotte oder die japanischen Samurai. Deren Ehrenkodex beeinflusst übrigens auch heute noch Mentalität und Wirtschaft ihres Landes. Die europäischen Rittertugenden hingegen haben sich kaum im Bewusstsein gehalten und finden lediglich im Wort Ritterlichkeit einen positiven, wenn auch verstaubten Nachhall.

Wenn wir nun glauben, dass empathiearme Menschen frei von Schuldgefühlen sind, irren wir uns vermutlich. Der »Ehrenkodex« von Sadisten, Soziopathinnen und Schwerstverbrechern ist zwar für einen Durchschnittsmenschen wie mich sicher nicht nachvollziehbar, doch auch sie können Regeln haben, die bei Missachtung Schuldgefühle erzeugen. Wer eingetrichtert bekommen hat: »Stiehl, was du kannst!«, »Sei hart!«, »Angriff ist die beste Verteidigung!« wird möglicherweise ein schlechtes Gewissen haben, sobald er oder sie die Gelegenheit für einen Betrug verstreichen lässt, freundlich ist oder gar etwas herschenkt.

Die Hintergründe von antisozialem Verhalten zu verstehen, bedeutet selbstverständlich nicht, es zu entschuldigen oder zu dulden. Doch in der psychologischen Arbeit ermöglicht eine solche Forschungsreise, betroffene Menschen dort abzuholen, wo sie stehen, und sie dabei zu begleiten, das Alte infrage zu stellen und die eine oder andere sozial akzeptablere Regel zu entwickeln. Bei ausgeprägter Soziopathie stehen die Erfolgschancen zwar eher gering, doch glücklicherweise gibt es Mischformen. Und außerdem können Menschen lernen, sich nicht aus Schuld- oder Mitgefühl, aber doch aus Vernunft, Respekt oder Angst an soziale und moralische Regeln zu halten.

Doch zurück zur Empathie: Ich behaupte, stark ausgeprägte, ungezähmte Empathie kann gute Menschen ungut machen. Das ist der Grund, wieso leidende Personen nicht immer die Zuwendung bekommen, die sie eigentlich verdienen. Damit das jedoch möglich ist, wendet das Gehirn einen ziemlich beeindruckenden Trick an.

Selber schuld? Kein Mitleid!

Echte Schuld entsteht nur bei einer ebenso echten Wahlmöglichkeit (Faktor 4). Das durchzieht nicht nur die Gesetzeslage, sondern auch die menschliche Psyche – was natürlich kein Wunder ist, denn die Gesetze wurden von Menschen gemacht. Wer nachweislich keine Wahl hatte, ist nicht oder zumindest weniger schuldig. Unschuldig Notleidende verdienen Hilfe. Doch bekommen sie diese auch?

> *Ein älterer Herr bricht sich beim Einkaufen das Bein. Er bekommt viel Mitgefühl und soziale Unterstützung. Ein anderer Mann gleichen Alters bricht sich beim Schilaufen das Bein. Er hört eher Vorwürfe: In seinem Alter sollte er das gefälligst lassen. Wieder ein anderer rutscht am Gehsteig aus. Sofort wird ihm geraten, die Gehsteigverantwortlichen zu verklagen. Und ein Nächster bricht sich zum dritten Mal sein Bein. Je öfter, umso weniger Mitgefühl kommt, sogar Vorwürfe werden laut: Schon wieder! Wohl selbst schuld, oder? Vier vergleichbare Verletzungen, viermal die gleiche Not, vier unterschiedliche Reaktionen.*

Fakt ist: Wer an der eigenen Not (mit-)schuldig ist oder auch nur so erscheint, erfährt mit hoher Wahrscheinlichkeit nicht nur weniger Mitgefühl, geringere soziale Unterstützung und keine Entschädigung. Vielmehr werden ihr oder ihm von eigentlich guten Mitmenschen Schuldzuweisungen, manchmal sogar Beleidigungen durchaus aggressiv an den Kopf geworfen. Wie kann das sein, wo bleiben Empathie und Fürsorge?

> *Versuchen Sie ein kleines Experiment: Bereiten Sie eine Anzahl von Losen in einer Schachtel vor, die in Wahrheit allesamt Nieten sein sollen. Bitten Sie ein »Publikum«, den Grad des Mitgefühls zu spüren und zwischen 0 und 5 anzugeben, sobald die Lose geöffnet werden. Nun beginnt die Aktion und Sie bieten mehreren Leuten Lose an: Im ersten Fall darf jemand das Los aus der Schachtel selbst ziehen, im anderen Fall greifen Sie hinein und überreichen irgendeines. Wie viel Mitgefühl bekommen jene, die eine Niete selbst gezogen haben, und wie viel jene, denen Sie diese gegeben haben? Das Ergebnis wird Sie verblüffen: Wer das Los selbst ausgesucht hat, dem wird im Durchschnitt etwas weniger Mitgefühl zuteil. Wer es »selbst gewählt« hatte, bekommt offenbar prompt eine Teilschuld zugewiesen.*

Natürlich ist das, im Licht der Logik betrachtet, blanker Unsinn. Ein Los zu ziehen, erfüllt überhaupt keine Kriterien für eine echte Wahl. Es ist in beiden Fällen reiner Zufall, schlichtes Pech. Doch unsere innere sieht das etwas anders: Wer (scheinbar) die Wahl hat, kriegt die Schuld. Und danach gilt: Selbst schuld? Kein Mitleid!

Das Maß an Mitgefühl wird tatsächlich in erster Linie nicht, wie man naiv glauben könnte, vom Ausmaß an Leid bestimmt, sondern nach einer inneren Formel berechnet: *Gesamtleid minus zugewiesene Schuld = mitgefühlswürdiger Rest*. Ist die unterstellte (Mit-)Schuld größer als das Leid, dann bleibt gar kein Rest übrig, sogar wenn das Leiden enorm ist. Der oder die Betroffene bekommt zwar hoffentlich die gesetzlich vorgeschriebene Unterstützung, doch deutlich weniger Mitgefühl und soziale Hilfe.

Ich jedenfalls bin der Meinung, wer Schmerzen und Schaden erleidet, verdient zunächst Trost und Hilfe. Selbst wenn er oder sie diese zu hundert Prozent selbst verursacht hat. Später kann ich mit Betroffenen immer noch über mögliche Lernerfahrungen und Konsequenzen diskutieren.

Ein Kind im Warteraum einer ärztlichen Praxis. Nach einer Weile mochte es sich bewegen. Es begann, Runden im Raum zu gehen und dann zu laufen. Die Eltern verboten es zwar, doch es sauste noch ein paar Schritte weiter und schon passierte es: Ein Sessel kreuzte den schwungvollen Lauf, das Kind stürzte und weinte bitterlich. Die Eltern sprangen erschrocken auf. Was hätten Ihre Eltern getan? Und wäre es ein Kind in Ihrer Obhut gewesen, was hätten Sie getan?
Aufgrund meiner Erfahrung als Kinderpsychologin riet ich den Eltern jedenfalls, gleich, wie hoch der eigene Ärger war: »Jetzt bitte zuerst trösten.« Erst später, wenn notwendig, schimpfen oder diskutieren, was es daraus lernen soll. Die gute Beziehung zum Kind, das Gefühl, dass jemand in einer Not da ist und seinen Schmerz nicht noch durch Strafe vergrößert, erscheint mir wichtiger als die »Selbst schuld, kein Mitleid«-Devise. Wie soll ein Kind es später, bei ernsthaften Schwierigkeiten, wagen, bei Eltern Hilfe zu suchen, wenn diese zuerst mit Schimpftiraden, Strafandrohungen und Beschuldigungen um sich werfen?

Erst nach dem Hochstress kommt die Zeit für eine kritische Analyse der Situation, denn das Selbst-Verschuldete ist vielleicht – denken Sie an die Elemente gerechtfertigter Schuldgefühle – tatsächlich vielleicht das Selbst-Beeinflussbare. Ich persönlich leide sogar mehr, wenn ich mir an einer eigenen Verletzung Mitschuld geben muss, weil vielleicht ein Schuldgefühl oder Ärger über mich dazukommt. Also verdiene ich sogar mehr Mitgefühl. Ursachen-Schuld soll gesucht, Strafen verteilt und Lernerfahrungen können angeregt werden – aber bitte erst, wenn der Notarztwagen wieder weg ist.

Hohe Empathie? Trotzdem und deshalb alle Schuld den Leidenden

Der »Selber schuld, kein Mitleid«-Mechanismus hat eine folgenschwere Auswirkung, weil dadurch die leidenden Menschen von aggressiven Schuldzuweisungen und sozialer Abwendung getroffen werden können. Das kann seelisch tief verletzen oder wird zumindest gerechtfertigte Irritation auslösen.

Die Ursachen für ungutes Verhalten, das leidende Menschen trifft, liegen nur selten darin, dass die anderen Menschen böse sind (obwohl es natürlich auch die gibt), sondern mehrheitlich im genauen Gegenteil: Einerseits handeln meiner Erfahrung nach alle jene so, die *ihre Empathie nicht regulieren* können. Wer sich deshalb nicht abgrenzen kann, leidet enorm mit, ob er will oder nicht. Zum Mitleid gesellt sich vielleicht die Ohnmacht, dagegen nichts tun zu können. Andererseits gibt es Mitmenschen, die ihren moralischen Gesetzen gemäß glauben, *extrem hilfsbereit* sein zu müssen oder immer alle retten zu können. Diese tendieren bekanntermaßen zu einem hohen Maß an Schuldgefühlen, wenn sie diese Gesetze nicht befolgen oder umsetzen können.

Beide Typen kann es entlasten, den Opfern möglichst viel Schuld zuzuweisen, bis hin zu einer Täter-Opfer-Umkehr (»blaming the victim«), wie es der Sozialpsychologe Jens Förster treffend zusammenfasst. Denn dadurch können sich überempathische genauso wie überhilfsbereite Personen *schuldgefühlsfrei distanzieren*: »Die sind selbst schuld! Also muss ich mich nicht kümmern. Sie brauchen mir nicht leidzutun. Sie sollen doch selbst aus der Not rauskommen, in die sie sich ja schließlich selbst hineinmanövriert haben.«

> *Helga Hanse schimpft ausgiebig über die Flüchtlinge in ihrer Stadt. Sie seien doch allesamt selbst schuld an ihrer Misere. Ich kenne sie bereits eine Weile und stau-*

ne, denn sie ist eine überaus hilfsbereite Frau, die sich sogar ziemlich schwertut, eine Bitte abzuschlagen und auch mal Nein zu sagen. Tatsächlich entdeckt sie den oben beschriebenen Selbstschutzmechanismus in sich. »Wie soll ich sonst ruhig schlafen können, bei so viel Leid um mich herum?« Als es ihr gelingt, die inneren Gesetze zu verändern, werden Schuldzuweisungen und Ärger, die sonst für Abgrenzung sorgen müssen, deutlich kleiner. Sie verändert den alten Muss-Satz »Ich muss helfen« zu einer neuen Will-Regel »Ich will jeden Tag so viel helfen, wie ich kann …« und baut parallel dazu ein eigenes Grundrecht auf: »… solange es mir auch selbst guttut. Denn auch ich habe das Recht auf ein gutes Leben.«

Dieser »Überlebensmechanismus« wird als eigene Phase in der Burnout-Spirale beschrieben, denn Distanzierung, Depersonalisation, Desillusionierung und Zynismus sind die Folge.[16] Diese »Lösungen« setzen allerdings selbstverständlich nicht am sinnvollen Ende des Kreislaufs »Erschöpfung erzeugt zornige Abgrenzung – zornige Abgrenzung erzeugt noch mehr Erschöpfung« an. Nützlicher wäre: eigene Rechte aufbauen, innere Gesetze verändern, den Futterkreislauf grenzenloser Basis-Empathie stoppen, Mentalisieren in 4 Schritten lernen, Hilflosigkeit aushalten durch Abgrenzung – und sich auf jenen winzigen Teil der inneren oder äußeren Welt konzentrieren, den man verändern kann.

Der Krankenpfleger Heinz berichtet: »Ich weiß noch genau, wie mein Burnout begonnen hat, wie mir alles zu viel, zu schlimm, zu belastend wurde. Je größer meine innere Schwäche, umso stärker musste ich empathisch mitfühlen. Irgendwann wollte ich nur noch raus aus dem schwarzen Loch des kranken und leidenden Gegenübers. Es half mir irgendwie, grantig zu werden, und, stellen Sie sich vor, besonders den Schwerkranken möglichst viel eigene Schuld zu unterstellen. Heute tut mir das total leid. Doch damals

> *konnte ich mich nur so ohne Schuldgefühle, allerdings voller Ärger und Arbeitsunlust abwenden. Gut ging es mir trotzdem nicht und letztendlich hat mich das selbst krank gemacht.«*

Es gibt leider noch einen »psychologischen Zusatzbonus«, wenn man Notleidende beschuldigt, der weiter vorne als Selbstberuhigungsmechanismus bei Angst bereits beschrieben wurde (s. Seite 84): Sobald man bei der von Leid betroffenen Person irgendeine Schuld findet, sie also selbst etwas zur Not beigetragen hat (oder man sich selbst oder ihr das einreden kann), schützt es die Nicht-Betroffenen vor dem angstvollen Gedanken: »Vielleicht kann mir das auch passieren?« Denn im Brustton kommt die Antwort: »Nein. Denn ich würde diesen Fehler nie machen, nie so leben, keine solche Entscheidung treffen.«

Der Ausweg: Abgrenzung und Beruhigen lernen

Empathie in ihren unterschiedlichen Spielarten ist selbstverständlich trotz allem mehr Segen als Fluch, doch wer stark dazu neigt, tut gut daran, den Umgang damit zu lernen. Wie das gehen kann? Selbstberuhigung funktioniert in 4 Schritten und wir können dabei mit uns so umgehen wie mit einer richtig guten Freundin oder einem Freund.

»Du bist viel mehr schuld als ich!« Der Streit um Schuld und Gerechtigkeit

Zwei Kinder im Kindergarten spielen friedlich mit einem Ball. Irgendwann beginnen sie, darum zu streiten, und bringen altersentsprechende Argumente vor: »Ich will ihn haben, weil er gehört mir.« Jedes versucht, sich den Ball zu schnappen. Eines von beiden schreit schließlich laut: »Auaaaa! Du hast mir wehgetan.« Und das zweite zieht nach: »Das ist so gemein. Ich hab gar nichts gemacht, du hast angefangen!« Die zwei reden jetzt nicht mehr über den Ball. Ganz plötzlich geht es um Dinge wie Schuld, Opfer und Gerechtigkeit.

So wie kein Mensch ohne Gefühle leben kann, kommt keine Gruppe ohne Konflikte aus. Niemand kann und muss Streitigkeiten vermeiden: Wir haben nun einmal unterschiedliche Ansichten, verschiedene Bedürfnisse, wollen Ziele wie Liebe, Macht, Geld oder Ideen durchsetzen, Gefahren abwehren – oder Gerechtigkeit erreichen. Schädlich – und glücklicherweise durchaus vermeidbar – sind Eskalationen und Zerstörung.

Es gibt natürlich viele Bücher, die unterschiedlichste Facetten von Konfliktlösung beleuchten, zum Beispiel jene des Psychologen Friedrich Glasl. Vielfach übersehen wird jedoch, welch große Rolle der Kampf um Gerechtigkeit und die Abwehr von Schuld und Schuldgefühlen dabei spielt, wenn sich eine sachliche Differenz zum Krieg hochschaukelt.

Schon früh haben viele Kinder das scheinbar Wichtigste begriffen: Schuld ist schlecht, denn sie verursacht Wiedergutmachung oder Strafe. Die Unschuldigen kriegen den Ball. Auch Schuldgefühle sind lästig, schwächen sie doch den Kampfgeist und hemmen die Schlagkraft. Wer ohne Zweifel glaubt, im Recht zu sein, hat größere Chancen zu gewinnen.

Und dabei wollen Schuldgefühle, so vermutlich der »Plan« der Biologie, eigentlich der Sicherung des Friedens und Zusammenhalts in Gemeinschaften dienen: Wir sollen sie vermeiden wollen, indem wir uns an gemeinsame Moralvorstellungen und Spielregeln halten und damit Konflikte erst gar nicht entstehen lassen. Falls es doch passiert, möchte uns das Schuldgefühl motivieren, aktiv zur Wiederherstellung eines Gerechtigkeitsgefühls beizutragen und damit möglichst rasch Konflikte zu beenden.

Doch so läuft das leider oft nicht. Gerechtigkeit mutiert zum bloßen Aushängeschild für »Recht haben und gewinnen«. Zu betonen, dass wir keine Schuld haben, wird deshalb bereits bei alltäglichen Konflikten praktiziert. Es ist noch wichtiger, sobald es um große, vielleicht sogar geplante Konflikte geht, die vermutlich verheerende Auswirkungen haben werden oder wo man viele andere zum Mitmachen oder Mitzahlen auffordern will. Hier ist es sogar spielentscheidend, ständig darüber zu reden, wie sehr man förmlich gezwungen ist, aus purer Selbstverteidigung Zäune zu ziehen, Grenzen zu schließen, Volksgruppen zu unterdrücken oder in möglichst weit entfernten Ländern so hohe Ziele wie Sicherheit, Freiheit oder Gerechtigkeit verteidigen zu helfen. Winzige Einzelereignisse, manche davon vielleicht sogar inszeniert oder bloße Unfälle, werden als Provokation gedeutet und »erfordern« drastische Maßnahmen, alles nur im Sinn von Gegenwehr und Gerechtigkeit.

Manchmal wird gezielt mit moralischen Botschaften, Rechten und Pflichten gearbeitet. Innere Gesetze wie »Wir müssen das tun, denn wir sind eben ein Volk von Eroberern/Befreiern/Gerechtigkeitswächtern« oder »Wir dürfen das, weil wir kultivierter/benachteiligter sind« oder »Wir müssen eine religiöse Botschaft überbringen, das ist unsere Bestimmung« werden so intensiv in Menschen verankert, bis diese sie als persönliche Rechte und Regeln verinnerlicht haben und ohne jedes Schuldgefühl losmarschieren. Denn schließlich hätte nicht einmal ein unantastbar mächtiger, römischer Kaiser vergangener Jahrtausende seinem Volk einfach so die Wahrheit hinknallen dürfen: »Ich will der reichste oder mächtigste Mensch der Welt werden.« Oder: »Ich muss von einem internen Konflikt ablenken. Also lasst uns rasch mal ins Nachbarland einmarschieren.«

Auch heute noch achten Machthabende sehr genau darauf, offiziell keine Schuld zu haben – beobachten Sie im nächsten Interview, wie rhetorisch »elegant« damit jongliert wird, und lernen Sie daraus. So werden Sie diese Strategien auch im nächsten Kundengespräch oder im Streit mit einem sprachbegabten Kind leichter erkennen.

Bevor wir uns nun aber mehr oder weniger selbstzufrieden zurücklehnen und glauben, dass Sie und mich das nie betreffen würde, lassen Sie uns den Blick weg von der weiten Welt hin zu unserer kleinen Bürogemeinschaft, der Familie oder dem Freundeskreis wenden. In jedem alltäglichen »Kleinkrieg« und Konflikt zeigt sich, wie stark Schuldgefühle, deren Abwehr oder ein überzogener Gerechtigkeitswunsch unser Leben dominieren.

»Mein Chef schickt mich. Er meint, ich wäre nicht konfliktfähig. Doch schuld sind die anderen. Ich bin doch nur ein Gerechtigkeitsfanatiker.« So eröffnet ein Mann, dem von seiner Firmenleitung dringend ein Coaching empfohlen wurde, selbstbewusst unser Gespräch. Ich kann darauf nur spontan erwidern: »Sie sind Gerechtigkeitsfanatiker? Sie Armer! Das tut mir sehr leid für Sie, daran werden wir wohl arbeiten müssen.« Irritiert schaut er mich an und fragt: »Für mehr Gerechtigkeit in der Welt zu kämpfen, ist doch gut, oder?« Ich muss ihm widersprechen, denn meiner Erfahrung nach ist Gerechtigkeitsfanatismus schädlich für ihn als Betroffenen, aber auch für die Umgebung, über die er vermutlich beständig richtet. Doch nun merke ich, dass ich viel zu voreilig bin, und rudere zurück: »Bitte entschuldigen Sie, erzählen Sie mir zuerst noch mehr von sich. Vielleicht irre ich mich ja in Ihrem Fall.« Was wir zu diesem Zeitpunkt noch nicht wissen: Weil ich damit sein inneres, wichtigstes Grundgesetz: »Ich muss immer und überall für Gerechtigkeit kämpfen«, das ihn ständig in Schwierigkeiten bringt, energisch infrage gestellt habe, eröffnen sich für ihn neue Handlungsspielräume: Nicht sein Verhalten – der kräfteraubende, erfolgsarme Kampf gegen Umstände, die er subjektiv als ungerecht bewertet – wird zum Thema im Coaching. Sondern wir

sprechen über seinen Kodex, seine Definition von Gerechtigkeit, über die Prioritäten in seinem Leben und die Entwicklungsgeschichte von alledem. Er erkennt, wie oft er in seinem Team ziemlich selbstherrlich glaubte, Unrecht definieren zu können, und wie er sich dadurch in Kleinkriege verzettelte. Im Lauf weniger Stunden schreibt er seinen inneren Gesetzestext um und weist der Gerechtigkeit eine weniger dominante Position zu. So kann er erstaunlich rasch seinen gefährdeten Job sichern, mit einer grundlegenden Entlastung seiner Person und einer Neuausrichtung des Lebens beginnen.

Wer sich besonders kämpferisch für die Idee der Gerechtigkeit einsetzt, bemerkt selten, dass er sich damit anmaßt, die »*Gewaltentrennung*« aufheben zu dürfen, was übrigens in diktatorischen Staaten oft geschieht. Es bedeutet zu glauben, dass die selbst aufgestellten, inneren Gesetze und Regeln unzweifelhaft richtig sind, dass es in Ordnung ist, selbst Beweise für Verfehlungen zu sammeln, darüber zu richten, das Strafmaß zu bestimmen und auch gleich Strafen, Kampf- oder Rettungsaktionen umzusetzen. All das kann innerlich nach wenigen Sekunden erledigt sein und gipfelt in der Verurteilung: »Du bist total ungerecht! Das ist unfair!« Motiviert werden Gerechtigkeitskämpfende von einem unerschütterlichen Gefühl samt der Gewissheit, auf dem rechten Weg zu sein, unfehlbar, eine Art Superheldentum lebend: »Ich bekämpfe Ungerechtigkeit, wo immer ich sie sehe.« Dass Gerechtigkeit im Alltag üblicherweise eine höchst subjektive Angelegenheit ist, abhängig ausschließlich von persönlichen Definitionen, wird gern und vollständig ausgeblendet.

Im nächsten Kapitel kann ich hoffentlich deutlich machen, dass manche Konflikte hauptsächlich deshalb ihre konstruktive Phase verlassen, weil ein Kampf darüber, wer nun mehr im Recht ist oder weniger Schuld ist, rasch wichtiger werden kann als die eigentliche Sachfrage. Vielleicht entscheiden Sie sich, ausgestattet mit diesem Wissen, bewusst hin und wieder, sich nicht vom tatsächlich ziemlich verlockenden Gerechtigkeits-Thema einfangen zu lassen. Mir persönlich gelingt es oft, aber keineswegs immer, denn starke Gefühle können auch mein Großhirn ganz schön blockieren. Dann bemühe ich mich, wenigstens zu sagen: »Ich fühle mich ungerecht behandelt«, anstatt das Urteil zu fällen: »Du bist ungerecht!« Sobald ich andere Menschen bei konstruktiver Konfliktlösung unterstütze, fällt das natürlich immer wesentlich leichter:

> *Ein Streitgespräch in einer Paarberatung: Sie verwendet einen »Kosenamen«, er reagiert verärgert und meint: »Dieses Wort verletzt mich. Warum sagst du das immer wieder?« Sie: »Sei nicht so empfindlich.« Er: »Bin ich aber. Und so hast du mich schließlich geheiratet.« Sie: »Aber alle sagen das zueinander.« Er: »Ich bin nicht alle, mich trifft das. Also entschuldige dich bei mir und hör damit auf!« Sie: »Ich denke gar nicht daran. Du bist so eine Mimose.« Er: »Und du bist so ungerecht und gemein.« Hier unterbreche ich, denn der Streit würde sich ab nun nur noch weiter aufs unergiebige Gerechtigkeitsthema verlagern und gegenseitige Verletzungen zur Folge haben. Wir sprechen im Lauf der Stunde über innere Regelwerke, die dazugehörigen Schuld- und Opfergefühle, über eigene Bedürfnisse und deren Entstehungsgeschichten. Es ist neu und ziemlich interessant für die beiden, ihre Unterschiedlichkeiten zu erkennen. Wer recht und unrecht hat, ist bei der aktuellen Detailfrage nicht klärbar – und auch gar nicht notwendig. Denn letztendlich kann dieses Paar die persönlichen »Differenzen« einfach so stehen lassen und sich auf einen simplen Handel einigen. Jeder veränderte etwas der anderen Person zuliebe: Sie versprach, »das Wort« nie wieder zu sagen, er ließ im Gegenzug eine bestimmte, für sie »nervtötende« Gewohnheit sein.*

Noch ein Tipp am Rand: Konflikte laufen typischerweise zwischen zwei, meistens jedoch drei Positionen ab: der oder die *Be-*

schuldigte, die Person mit dem *Opfer-Unrechtsgefühl* und einer *oberen Instanz*, die, meist vom Opfer, um Hilfe gebeten wird. Manchmal gehört die letzte Rolle zu unserer »Jobbeschreibung« als Eltern oder Vorgesetzte. In der Diskussion wird die Schuld hin- und hergeschoben, aufgeteilt, zugewiesen, übernommen oder abgelehnt. Möglich ist übrigens auch eine Personalunion von zwei, vielleicht sogar von allen drei Positionen. Daher kann man quälend lange Schulddiskussionen in Form von »Gerichtsprozessen« sogar mit sich allein, also in der eigenen Innenwelt austragen müssen.

Meiner Erfahrung nach appellieren »obere Instanzen« viel zu lange an die Vernunft oder bieten Sachlösungen dort an, wo es schon längst nur mehr um den Gerechtigkeits-Kampf geht. Wie vielleicht das obige Beispiel zeigt, kann man aktiv werden, ganz ohne sich auf die Erwartung »Sei du unser Schiedsrichter, unsere Rechtsprecherin!« einzulassen. Meistens würde es auch gar nicht funktionieren, für zufriedenstellende Gerechtigkeit sorgen zu wollen, obwohl das vielleicht der ausdrückliche Wunsch der Beteiligten ist. Doch zu unterschiedlich sind in Wahrheit die Vorstellungen darüber. Heimlich wünscht sich wohl niemand, der vor Gericht zieht, eine Recht*sprechung*, sondern vielmehr eine Recht*gebung*. Nützlich ist es jedoch, die dahinterstehenden, gebrochenen Gesetze gemeinsam zu erforschen, die Wahrnehmung wieder zurechtzurücken, irgendwann zu einem Schuldausgleichsritual einzuladen oder aus dem Konflikt auszusteigen und dann einen der am Buchende vorgeschlagenen Wege zu gehen, um die Schuld- und Opfergefühle loszuwerden.

5. Die Schuld-Opfer-Dynamik – ein Brandbeschleuniger der Eskalation

Stellen Sie sich Folgendes vor: Sie sind neu im Team. Eines Tages borgen Sie sich zehn Euro aus der Kaffeekasse im Büro und hinterlassen dort eine Notiz. Am nächsten Tag legen Sie das Geld während der Teambesprechung zurück. Die Kolleginnen und Kollegen sehen es, sind empört und nennen es Unrecht, denn Sie haben ein ungeschriebenes Gesetz gebrochen: Das tut man nicht! Sie argumentieren, dass Sie einen »Schuldschein« hinterlassen haben und aufgrund der Rückzahlung schließlich kein Schaden entstanden ist. Das hilft nicht, denn das Unrecht ist aufgrund des gebrochenen Gruppengesetzes entstanden und nicht aufgrund eines Schadens. Die anderen fordern von Ihnen eine Entschuldigung und eine Verhaltensänderung: die Befolgung der Gruppenregel. Vielleicht kommen Sie diesen Erwartungen nach, weil Ihnen die Sache nicht wichtig genug erscheint, um darüber zu streiten. Ein kleines Unrechtsgefühl wird Ihnen bleiben, es kann aber im Lauf der Zeit vergehen.

Möglicherweise fühlen Sie sich jedoch stark gekränkt: Keinen ehrlichen Menschen lässt es kalt, indirekt Diebstahl vorgeworfen zu bekommen. Das wollen Sie so nicht hinnehmen, Sie verteidigen Ihre soziale Spielregel: »Man darf das, wenn man eine Notiz hinterlässt und es zeitnah wieder zurücklegt.« In der Hitze des Diskussion sagen Sie irgendwann: »Seid doch nicht so kleinlich und misstrauisch!« Das sitzt. Weiter geht es mit gegenseitigen »Strafen«. Das Team schließt Sie von Pausengesprächen aus. Sie kontern durch laxe Weitergabe von Information: »Ich konnte doch gar nicht anders. Wenn man so provoziert wird, muss man doch reagieren, oder?« Das Team beschwert sich bei der Teamleitung. Sie wenden sich an die nächstobere Instanz um Hilfe. Das Team weigert sich endgültig, mit ihnen zusammenzuarbeiten. Sie informieren eine Zeitungsredaktion … Vom winzigen Auslöser, den zehn entliehenen Euro, spricht längst keiner mehr. Denn inzwischen sind wirklich schlimme Dinge passiert, die man einander vorwurfsvoll oder rechtfertigend an den Kopf wirft.

Die drei Phasen der Eskalation: von der kleinen Differenz zum großen Krieg

Der oben beschriebene Bürokonflikt durchläuft wie die meisten Streitigkeiten drei Phasen, die laut dem Konfliktforscher und Psychologen Friedrich Glasl überall auf der Welt zu finden sind: Zu Beginn geht es um die Klärung von Differenzen und Sachfragen, Argumente werden genannt, eine intensive, vielleicht durchaus leidenschaftlich geführte *»Diskussion mit Gefühl«* läuft ab. Von Schuld- und Opfergefühlen ist keine Rede, es geht um Fragen wie zum Beispiel: »Wie finden wir eine Lösung? Was ist der beste Kompromiss? Wie kann ich meine Ansicht durchsetzen? Mit welchem Argument bekomme ich den Ball?«

Falls es nicht gelingt, fallen erste Anschuldigungen, das Thema »Gerechtigkeit« kommt ins Spiel. In Phase zwei, dem *»Gerechtigkeitskampf«* treten die ursprünglichen, vielleicht sachlichen Differenzen oder Ziele Schritt für Schritt in den Hintergrund. Schuld- und Opfergefühle übernehmen das Ruder, Ärger liefert den Treibstoff. Jetzt reicht eine konkrete Sachlösung, die in

Phase 1 diesen Konflikt sofort beendet hätte, nicht mehr aus – ein sicheres Zeichen der Eskalation.

> *Wenn das eine Kind dem anderen den Ball überlässt, kann es sein, das die inzwischen passierten Verletzungen trotzdem fühlbar bleiben. Vielleicht fällt sogar der Satz: »Den dummen Ball kannst du behalten!« Zur Versöhnung braucht es nun schon mehr.*

Sobald ich in einem Konflikt den Satz höre: »Aber es geht doch um's Prinzip!«, läuten in mir alle Alarmglocken, denn der Verstand und logische Kosten-Nutzen-Überlegungen haben sich vermutlich schon verabschiedet.

Die Beteiligten schaukeln einander vielleicht weiter emotional hoch. Nahezu immer wird dabei die eigene Wahlfreiheit geleugnet, um damit Schuldzuweisungen (und Schuldgefühle!) abzuschmettern: Das eigene Verhalten wird als »logische Konsequenz« oder »angemessene Gegenwehr« deklariert: »Ich konnte doch gar nicht anders. Wenn man so provoziert wird, muss man doch ...!« Dann folgt die Beschuldigung als Gegenschlag: »Aber Sie! Sie hätten doch wirklich ganz einfach ...« Andere Menschen beteiligen sich am Streit, mischen sich ein, wollen schützen oder verfolgen ganz eigene Ziele. Meist laden die Streitenden selbst dazu ein, sammeln Unterstützungserklärungen, gewinnen Mitstreitende. Beide Seiten handeln gefühlt noch immer ehrenwert, streben sie doch »eigentlich« nur nach Gerechtigkeit.

Irgendwann wird die andere Seite zum ultimativen Bösen erklärt, gegen das man sich mit aller Kraft wehren muss, um das erlittene Unrecht zu sühnen. Racheakte sind längst an die Stelle von Vorwürfen getreten. Die allerletzte Phase nennt Friedrich Glasl treffend *»Gemeinsam in den Abgrund«*, denn die Beteiligten haben sich blindwütig ineinander verbissen. Irgendwann trifft hoffentlich eine obere Instanz eine Entscheidung, die sich auf ein allgemein anerkanntes Gesetz stützen muss. Oder die Lösung wird von einer mächtigen Autorität oder durch den Zusammenbruch der Kräfte einer Seite erzwungen Nun gibt es möglicherweise offiziell die gewinnende und die verlierende Partei, doch in Wahrheit hat der Konflikt beide Seiten unfassbar viel Lebensqualität in Form von Zeit, Geld und Nerven gekostet: Ein Pyrrhussieg ist in Wahrheit für alle eine Niederlage.

Diesen drei Phasen kann ein großer Krieg genauso folgen wie ein einsamer Kampf. Manche Konflikte überdauern Generationen und vernichten Familien oder ganze Völker. So hat die Natur diese Sache mit der Gerechtigkeit, mit Schuld- und Opfergefühlen sicher nie gewollt.

Daneben gibt es Streitigkeiten ohne das Gerechtigkeitsthema: Manche wollen um jeden Preis ein Ziel erreichen oder bis zum bitteren Ende etwas Wichtiges – einen Menschen, eine Idee, Gesundheit oder etwas Materielles – verteidigen und schützen. Vielleicht ist ein Angriff reine Strategie, um den Status in einer Gruppe zu festigen. Es wäre also unfair, dem Schuldthema immer alle Schuld zu geben.

Richtiges und gutes Streiten kann das Leben erleichtern

Glücklicherweise muss ein Streit nicht immer zerstörerisch ablaufen. Ganz im Gegenteil: In den allermeisten Fällen führen die ersten beiden Phasen zu einem guten Ergebnis. Man hat danach tatsächlich gewonnen und das Ziel erreicht, kann einen Verlust wegstecken, die beste Lösung oder ein Kompromiss wurde gefunden oder wichtige Lernerfahrungen gemacht. Vielleicht war Wiedergutmachung möglich oder ein anderer der später beschriebenen Wege konnte gegangen werden, um die beteiligten Schuld- oder Opfergefühle, Ärger oder Trauer abklingen zu lassen. Arbeits-, Liebes- und Freundschaftsbeziehungen sind nach gut gelösten Konflikten tragfähiger und vertrauensvoller als davor, weil Wichtiges geklärt oder verändert wurde, ohne dass dauerhafte Verletzungen passiert sind.

Manchmal steigt eine der Beteiligten aufgrund vernünftiger Überlegungen aus oder tritt aus purer Angst den Rückzug an. Vielleicht schätzt man die Lage als hoffnungslos ein, gibt auf –

und reicht die Scheidung ein, wechselt Arbeitsplatz oder Wohnort. Ein »Ende mit Schrecken« ist tatsächlich immer besser als schrecklicher Streit ohne Ende.

Die gute Nachricht lautet also: Wir sind den antreibenden Mechanismen und Gefühlen nicht wehrlos ausgeliefert! Innere Gesetze lassen sich erkennen, diskutieren und verändern, Gefühle beruhigen sich durch Gesprächspausen, Entschuldigungen, Gegenleistungen oder Neubewertung, Wege aus sachlichen Differenzen können gefunden werden – sobald es gelingt, sich nicht in das scheinbar so edle Ziel der Gerechtigkeit zu verrennen, sondern dem friedlichen Ausgang Priorität zu geben. Dazu nun einige Details.

Schuldgefühle können helfen, einen Streit zu beenden

Wenn Menschen aus verworrenen, eskalierten Schuld-Opfer-Konflikten herausfinden wollen, *braucht* es manchmal Schuldgefühle dafür. Sie haben richtig gelesen: Eine (Mit-)Schuld zu erkennen und somit einen eigenen Anteil fühlbar zu machen, kann vieles verändern. Nun folgen einige konkrete Ideen dazu, die zeigen, wie praktisch es sein kann, sich mit der Theorie von Schuldgefühlen gut auszukennen.

Der direkte Weg: die eigene Schuld fühlen, prüfen und nutzen

Was wäre, wenn wir die Schuldgefühle häufiger so nutzen, wie es von der Natur vorgesehen ist? Dann hören wir auf, sie zornig zu verleugnen, sondern spüren sie, wollen sie loswerden und lassen uns dadurch motivieren, konstruktive Wege in Richtung Frieden zu gehen: in Form von Schuldausgleich, Entschuldigung, der Bitte um Verzeihung oder anderen Schritten. Danach werden sie vermutlich verschwinden, denn ihre Arbeit ist getan.

> *»An diesem Tag, da stand es mir schon bis hierher«, erklärt Lisa Fuchs und unterstreicht ihre Aussage mit*

einer dramatischen Geste. »Und als dann noch Kollege Wimmer mit seiner frechen Forderung nach einem Bonus dahergekommen ist, bin ich explodiert: Er hat alles abbekommen, was sich bis dahin angesammelt hatte. Das tut mir übrigens echt leid, denn für sein Verhalten hätte wohl ein Zehntel meiner Kritik gepasst.« Höre ich da ein Schuldgefühl? Doch weil Frau Fuchs heute eigentlich ein anderes Thema besprechen möchte, greife ich diesen Punkt erst wieder gegen Ende des Gespräches auf. Ihre »Explosion« soll sich schließlich nicht zu einem Konflikt aufschaukeln. »Mir scheint, Sie bedauern ein wenig, dass Herr Wimmer als Ihr Blitzableiter fungiert hat. Auch wenn's vielleicht altmodisch klingt: Das finde ich ziemlich ehrenwert, weil es zeigt, wie wichtig Ihnen Fairness ist. Was können Sie da tun?« Frau Fuchs überlegt, wie sie ihrem Kollegen vermitteln kann, dass sie die Intensität ihrer Kritik bereut, ohne deren prinzipielle Richtigkeit infrage zu stellen. Sie entscheidet sich, ihm einfach von der Vorgeschichte zu erzählen und ihn um Entschuldigung zu bitten. Danach wird sie nochmals ihren Kritikpunkt aufgreifen, doch nicht mehr über die »freche Forderung«, sondern lösungsorientiert über die notwendige Leistung zum Erhalt einer Bonus-Zahlung sprechen.

Die vorbeugende Entschuldigung oder präventive Wiedergutmachung

So mancher Streit lässt sich durch eine Art vorbeugender Entschuldigung vermeiden. Das ist wohl der Grund, warum wir manchmal ein Kompliment einer Kritik voranstellen. Wir ersuchen um Entschuldigung, bevor wir uns durch eine Menschenmenge drängen, eine vielleicht allzu direkte Frage stellen oder eine Bitte ablehnen müssen. Tiere kennen das übrigens auch: Der Primatenforscher Franz de Waal beobachtete ein Schimpansenmännchen, das den anderen ausgiebig soziale Fellpflege angedeihen ließ, bevor es etwas tat, das eigentlich nur den Ranghöheren gestattet war. Was normalerweise in dieser Gruppe sofort bestraft wurde, ließ man ihm durchgehen.

Bei uns Menschen wählen Frauen im Durchschnitt deutlich häufiger die Strategie der vorbeugenden Entschuldigung als Männer. Manche von uns übertreiben das ziemlich und entschuldigen sich oft Dutzende Male präventiv pro Tag. Das nimmt die Plattform für Frauen der Comedy-Branche (PYPO-Network) kritisch aufs Korn: In ihrem Video wird ein fiktives »Not Sorry«-Armband präsentiert, mit dem sich die Trägerin einen Stromschlag verpassen lässt, sobald sie »Sorry« sagt. Mein Tipp: Ersuchen Sie lieber ein gute Freundin, Ihnen einen Stups zu geben. Für E-Mails gibt es inzwischen tatsächlich eine »Just Not Sorry«-App als G-Mail-Plugg-in[17]: Es markiert in Texten Entschuldigungen und ähnliche Elemente, wie zum Beispiel Konjunktive: »*Es tut mir leid*, aber *könnten* Sie so freundlich sein, meine Bitte *eventuell* zu erfüllen?« Falls Sie zu jenen Menschen gehören, die bei sich einen solchen ausufernden Automatismus vermuten, ist ein solches Feedback sicher eine spannende Möglichkeit, in Zukunft ein wenig direkter zu kommunizieren.

Dahinter stehen allerdings sicher nicht immer Schuldgefühle, sondern solche Formulierungen stellen lediglich Höflichkeitsfloskeln dar. Man kann eine Aufforderung »Lassen Sie mich durch!« auch als Wunsch »Bitte lassen Sie mich durch« oder eben formal als Entschuldigung »Entschuldigen Sie bitte, ich muss leider da durch« formulieren. Möglicherweise ist es in einer bestimmten Umwelt eine geltende soziale Spielregel und somit Zeichen von sozialer Intelligenz, eine Forderung zu beschwichtigen oder als Bitte zu verpacken, um zu bekommen, was man will? Haben jene, die immer direkt fordern, mehr oder weniger Erfolg als die extrem Höflichen? Oder folgen Frauen im Durchschnitt doch öfter als Männer folgendem innerem Gesetz: »Immer höflich sein. Ja nichts fordern«? Sie merken, da gibt es jede Menge Forschungsbedarf. Am besten, Sie finden selbst heraus, was in Ihrem Umfeld bei welchen Gesprächen am besten ankommt, damit Konflikte nicht entstehen und Sie trotzdem bekommen, was Sie brauchen.

Das Aufzeigen von Wahlmöglichkeiten: Schuld wird fühlbar

Mitten im Streit kommt es eher ungut an, direkt zu fragen: »Was haben denn *Sie* falsch gemacht?« Zu Beginn dieses Buches, in der Arbeit mit dem Jugendlichen Alex, der vom Lehrer aus der Klasse geworfen wurde, habe ich davon erzählt. Wesentlich erfolgreicher ist es, das Augenmerk auf die eigenen *Wahlmöglichkeiten* zu richten. Das aktiviert Faktor 4: Wer die Wahl hat, hat die Schuld. Folgende Fragen laden »schonend« dazu ein: »Was denken Sie: Was hätte die andere Person damals anders tun sollen? Und wie hätten Sie selbst anders handeln können? Wie werden Sie in der Zukunft reagieren, damit eine ähnliche Situation nicht noch einmal so eskaliert?«

Sobald sich Wahl- und Lernmöglichkeiten offenbaren, hat das nahezu zwingend leise Schuldgefühle zur Folge. Der Fokus wird dadurch weg von Gerechtigkeit hin zum eigenen Anteil und den verpassten Chancen gelenkt, wo man selbst Einfluss auf den Streitverlauf nehmen hätte können. Weil es echte Wahlmöglichkeiten normalerweise bei allen Beteiligten gibt (mit einer wichtigen Ausnahme, nämlich Mobbing in allen Varianten), entsteht oft spontan die Bereitschaft, sich dafür zu entschuldigen und daraus zu lernen: »Das stimmt. Eigentlich hätte ich nicht sofort die Chefin informieren müssen. Ich hätte dich vorher einfach fragen können, was los ist.« Immer dann, wenn Beziehungen auch nach der Konfliktlösung weitergeführt werden wollen, ist es grundsätzlich wichtig, solche Verhaltensalternativen herauszuarbeiten.

Zwei streitende Personen eines kleinen Teams, ein Angestellter und die Leitung, suchen Unterstützung. Das ist bereits grundsätzlich anerkennenswert, denn irgendwann eskalieren Konflikte so sehr, dass ein gemeinsames Gespräch gar nicht mehr sinnvoll oder möglich ist. Ich frage nach den Anfängen und den wichtigsten »Stationen« des Streits im Zeitverlauf und zeichne die diesbezüglichen Hinweise auf dem Whiteboard als Eskalationsspirale auf. Eine solche Skizze bringt Klarheit in die sonst übliche, verwirrende Aufzählung von einzelnen Kränkungen und bringt das Schlag-Gegenschlag-Prinzip aufs Papier. Die beiden

Betroffenen berichten verschiedene Details und ich versuche, diese zeitlich zu ordnen. Schließlich decken wir das Unrechtsgefühl auf, mit dem alles seinen Anfang genommen hat: »Er hat meinen ersten, wirklich nur kleinen Arbeitsauftrag, den ich ihm in einem Kuvert auf den Schreibtisch gelegt habe, gleich gekonnt ignoriert«, erzählt die damals neu ins Team gekommene Leitung, »und deshalb war ich bei der ersten Teambesprechung tatsächlich etwas unfreundlich zu ihm. Wenn er glaubt, eine Frau in meinem Alter könne nicht seine Chefin sein, dann, so dachte ich mir, zeige ich ihm gleich, wie der Hase läuft.« Der Angesprochene wirkt ehrlich verblüfft. »Welchen Arbeitsauftrag?« Es zeigt sich: Dieses Kuvert ist infolge einer Verkettung von Zufällen tatsächlich wohl niemals bei ihm angekommen. Sein eigenes Opfergefühl begann erst bei der erwähnten Teambesprechung, wo er sich gegen so viel »unbegründete« Unfreundlichkeit zur Wehr gesetzt hatte. Beide schweigen betroffen: Am Anfang stand ein simpler Zufall.

Nun beginne ich nach Lernerfahrungen für die Zukunft zu fragen: »Welches andere Verhalten hätte Ihr Gegenüber zeigen sollen? Und was würden Sie selbst heute anders machen, in so einem Fall?« Als Antwort kommt hier: »Ich könnte es direkt ansprechen.« Damit tut sich plötzlich eine Wahlmöglichkeit auf und damit anerkennen beide einen kleinen Schuldanteil. Tatsächlich fällt es ihnen nun leicht, das schlechte Gewissen zu spüren und sich deshalb für den eigenen Beitrag an der Eskalation zu entschuldigen. Sie entschließen sich trotzdem gegen die weitere Zusammenarbeit. Zu viel ist danach passiert. Doch die nun folgende Versetzung kann friedlich über die Bühne gehen.

Schuldgefühle bei sich und anderen von Kindesbeinen an positiv bewerten

Wer (mit-)schuldig an der Entstehung oder Beibehaltung eines Problems ist beziehungsweise eine eventuell vorhandene, echte Schuld bewusst sucht und übernimmt, auch wenn das unangenehme Schuldgefühle macht, der *nimmt die Zügel in die Hand.* Eine solche Neubewertung vermittelt, dass die scheinbar »schlechte« Rolle der oder des Schuldigen in Wahrheit einige überaus positive Aspekte beinhaltet.

> *Alex, der seinen Lehrer beschimpft hatte, konnte erkennen: »Bisher habe ich immer geglaubt, man kann sich doch nur so wehren, wenn man provoziert wird. Obwohl mir klar war, dass ich danach wieder in der Direktion lande, habe ich mich schuldlos gefühlt. Ich konnte ja nicht anders. Jetzt habe ich gecheckt: Ich habe mich geirrt, ich hatte sehr wohl eine Wahl. In Zukunft bin ich nicht hilflos ausgeliefert, ich kann cool bleiben, auf fünf unterschiedliche Art reagieren und damit letztendlich wirklich auf der Siegerseite stehen.«*

Ich weiß nicht, ob Schuldgefühle *ein Erkennungsmerkmal von »guten« Menschen* sind. Doch mit Sicherheit machen sie deutlich: Da folgt jemand persönlichen moralischen Gesetzen oder sozialen Spielregeln. Grundsätzlich ist es wichtig, schon Kindern entspannt und doch ernsthaft vorzuleben, dass es richtig ist, echte Schuld zu übernehmen und dass man die unangenehmen Schuldgefühle aktiv wieder loswerden kann.

Im Alltag gelingt das, wenn sich Kritik immer nur auf ein Verhalten richtet und nie den Wert der Person selbst in Mitleidenschaft zieht. Auch unter Erwachsenen soll sich bitte niemand vor existenzieller Vernichtung oder vor Beschämung nach Fehlern und Gesetzesbrüchen fürchten müssen, bei aller, vielleicht gerechtfertigten Strafe, Kritik und Beschuldigung. Sonst wird das Verbergen und Verleugnen vielleicht zu einer Art psychologischer Überlebensstrategie.

Das bedeutet selbstverständlich nicht, dass ein erwiesenes schuldhaftes Verhalten ohne Folgen bleiben soll. Doch die nachweisliche Übernahme von Schuld und Verantwortung sollte unbedingt honoriert werden, was wir instinktiv ohnehin sehr oft tun: Nur die Entschuldigung mit deutlich sichtbarem Schuldgefühl empfinden wir als »ernst gemeint«.

»Worum geht's hier wirklich?« – Dynamik und Ziele deutlich machen

Schuld- und oft auch Opfergefühle offenbaren uns einen Gesetzesbruch innerhalb weniger Sekunden. Doch welches da genau missachtet wurde und was konkret innerlich passiert ist, das haben wir selten sofort und klar »am inneren Schirm«. Unsere persönlichen moralischen und sozialen Spielregeln sind uns selbst schließlich so selbstverständlich, dass wir nicht bedenken, wie individuell sie sein können. Typisches Zeichen dafür ist der Satz oder Gedanke: »Aber das ist doch wohl normal.« Ist es das wirklich für das Gegenüber? Falls es gelingt, nicht über die Gefühle, sondern über die offenbar *gebrochenen inneren Gesetze und Erwartungen* zu diskutieren oder deren *Entstehungsgeschichten* zu ergründen, wendet sich der Blick automatisch weg von Fragen nach »gerecht« und »richtig«. Ein Schritt zur Lösung, vielleicht in Form der Akzeptanz dieses Unterschiedes, rückt irgendwann in greifbare Nähe. Viele der Beispiele in diesem Buch zeigen dieses Herausarbeiten.

Ähnlich effektiv kann es sich auswirken, das eigentliche »Ziel hinter dem Ziel« zu suchen. Ein Konflikt soll sich bitte möglichst nicht im Ziel »Herstellung von Gerechtigkeit« verlieren. Durch Fragen wie »Worum geht's hier wirklich? Was genau haben Sie davon, wenn Gerechtigkeit hergestellt ist? Wie wird Ihr Leben dann anders sein?« lenken Sie das Augenmerk auf das eigentliche Wichtige, das Sie letztendlich erreichen wollen: das sachliche Ziel vom Anfang des Streits, Ruhe haben, spannungsfreie Zusammenarbeit, gesund sein, wieder stressfrei leben.

Ein Elternpaar streitet sich über die Höhe des Taschengeldes für ihre zwei Söhne. Sollen beide das Gleiche bekommen oder der Ältere mehr? Was ist richtig und gerecht? Ich frage nach dem gemeinsamen Ziel dahinter: »Was haben die Kinder davon, wenn Sie die optimale Lösung finden?« Hier sind sich die Eltern bald einig: Beide würden sich gleich geliebt fühlen. Das also ist das Ziel hinter dieser Thematik. »Woran merken Kinder noch, dass sie geliebt werden?«, frage ich und fordere sie auf, genau das später auch mit den Söhnen zu besprechen. Wir verbringen noch einige Stunden damit herauszuarbeiten, wie jedes Kind individuell dieses wichtige Gefühl bekommen kann. Taschengeld-Grundsatzdiskussionen kommen nicht vor. Irgendwann frage ich danach und höre, dass die Burschen selbst eine altersabhängige Höhe vorgeschlagen hatten, die sie beide fair fanden. »Aber eigentlich war ihnen das gar nicht besonders wichtig«, staunen die Eltern und beschließen, auch selbst der Gerechtigkeit nicht mehr so viel Bedeutung beizumessen. Liebe ist ihnen wichtiger.

Rituale zum Schuldausgleich: eine fast vergessene Tradition neu entdecken

In allen menschlichen Kulturen gab es vermutlich schon seit der Steinzeit *Schuldausgleichsrituale* und dazu manchmal spezielle Menschen, die dabei unterstützen, Schuld-Opfer-Konflikte rechtzeitig zu beenden. Denn ungelöste, schwelende Konflikte machen unzufrieden und gefährden die Gemeinschaft. Es gibt auch heute noch in den unterschiedlichsten Regionen und Religionen, in Familien, Vereinen, Firmen oder bei unterschiedlichen Teamsportarten, ja sogar in TV-Serien über Freundschaften und Familien spannende Ideen, die Sie vielleicht nutzen können, um ein persönlich passendes Ritual zu kreieren: die rote Karte samt Konsequenzen, sozial genau geregelte Abläufe für Wiedergutmachungen, eine offizielle Richtigstellung und Ähnliches.

Falls Sie anderen dabei helfen sollen, können Sie *Wege* aus dem letzten Kapitel vorschlagen, denn mitten im Konflikt verrennen wir alle uns recht rasch in die Vorstellung, es gäbe nur eine einzige Lösung. Wir werden blind für Alternativen. Information von außen kann helfen, den Horizont wieder zu erweitern. Nützlich ist es manchmal, *dem wirklich wichtigen Ziel ein Symbol* zuzuordnen, damit man es nicht aus den Augen verliert. Oder ich lege je drei *Steine und Blumen* auf den Tisch und lade die Streitenden ein zu überlegen: »Welche drei Geschehnisse belasten die Beziehung zu dir am meisten und für welche drei Dinge bin ich dir dankbar?« In Trennungssituationen sind es vielleicht mehr als drei.

Der Familientherapeut Ulrich Clement[18] beschreibt den Ablauf der Lösungsfindung bei Schuld-Opfer-Streitigkeiten bei Paaren, Familien oder Teams als eine Reihe von einzelnen Aktionen und entwickelte daraus ein *Schuldausgleichsritual.* Darauf basiert auch das von mir nun beschriebene, mit dem es gelingen kann, weg von der Aufstellung von ellenlangen Sündenregistern und hin zum Abschließen einzelner Streitpunkte zu kommen. Details dazu finden Sie samt einem ausführlichen Gesprächsbeispiel als Online-Material[19].

Das Ritual hilft in jenen Fällen, wo eine (oder mehrere) beteiligte Person eine eigene Schuld im Prinzip anerkennt, aber genau deshalb umso heftiger Vorwürfe austeilen »muss«. Denn vielleicht erinnern Sie sich an das Beispiel mit der von mir erzwungenen Notbremsung: Je größer der Schuldanteil der anderen Autofahrerin wird, umso mehr schrumpft die Bedeutung meiner Schuld.

Hier ein konkretes Beispiel zu den unten genannten zehn Stufen eines solchen Rituals. Stellen Sie sich folgende Situation vor: Sie haben Ihren Partner angelogen, der Sie vorher beleidigt hat. Der Einfachheit halber gibt es auf der Liste (1) nur diese beiden Punkte und keine anderen Kränkungen (2). Sowohl Sie als auch er geben das also zu (3), doch bisher folgten darauf nur sinnlose Diskussionen, wer jetzt mehr schuldig sei und warum. Nun beschließen beide, diese beiden

Streitpunkte endlich vom Tisch haben zu wollen (4). Sie beginnen (5) und sagen (6): »Damit ich dir vergeben kann, will ich fünf Wochenenden lang ein Frühstück ans Bett gebracht haben.« Er stimmt zu (7). Sie überprüfen innerlich, ob Sie ihm dann wirklich vergeben werden, denn nachverhandelt wird nicht (8). Der Starttermin wird vereinbart (9). Nun ist er an der Reihe: Er wünscht sich von Ihnen, dass Sie nie wieder lügen (6). Das können Sie nicht guten Gewissens versprechen und wollen ihm als ein Gegenangebot ein besonderes Geschenk machen. Das will er nicht, überlegt und nennt einen konkreten Lebensbereich, zum Beispiel Ihre Ausgaben, wo er fünf Wochen lang absolute Ehrlichkeit fordert. Das passt für Sie und die Details werden geplant (7). Beide überprüfen das nochmals innerlich (8) und es wird umgesetzt (9).

Nun die einzelnen Schritte nochmals im Detail:

1. Erstellen Sie Schuld- und Opferliste mit den Verfehlungen, die einander wie »Steine« vorgeworfen werden.
2. Sammeln Sie Kränkungen und Opfergefühle, die »auf ein anderes Blatt« gehören, weil keine der anwesenden Personen echte Schuld trifft.
3. Helfen Sie bei der Schuldübernahme: Es wird nun festgehalten, wer wofür konkret eine (Teil-)Schuld hat und diese daher akzeptieren muss, vielleicht samt Suche nach dem übertretenen, persönlichen Gesetz dahinter.
4. Prüfen Sie Vor- und Nachteile, die sich ergeben würden, wenn der Streit beendet wäre. Sind Sie beziehungsweise die Beteiligten bereit, eine neue Seite aufzuschlagen?
5. Einer oder eine darf beginnen, vielleicht nach Losentscheidung.
6. Wer an der Reihe ist, soll sagen, was er oder sie braucht, damit ein wichtiges, konkretes Unrecht danach »vergeben und vergessen« ist. Vielleicht muss darüber verhandelt werden.

7. Der Ausgleich wird detailliert geplant, ein konkretes Verhalten eignet sich am besten.
8. Die Beteiligten überprüfen innerlich, wie »das Danach« wohl sein wird. Denn danach ist der Streitpunkt vom Tisch. Es gibt kein Nachverhandeln.
9. Der Ausgleich wird umgesetzt.
10. Die neue Runde beginnt bei 6, die andere Person kommt bei einem bestimmten Punkt zu ihrem Recht.

Wie kann ich souverän auf eine falsche Schuldzuweisung reagieren, ohne zu streiten?

Diese kluge Frage wurde mir vor etlichen Jahren in einem Workshop gestellt. Seither sammle ich Strategien dazu. Denn jede Form von halbwegs sachlicher Kritik können wir uns anhören, uns für die Anregung und den Tipp bedanken, die Argumente prüfen, sie umsetzen oder ablehnen. Doch ungerechtfertigte *Schuldzuweisungen, Abwertungen* oder *Angriffe* braucht sich niemand auf Dauer bieten zu lassen. In Erwachsenen erzeugen sie hoffentlich Ärger. Dessen Aufgabe ist es nämlich unter anderem, die eigenen Grenzen zu schützen und zu verteidigen. Bei manchen massiven oder unerwarteten Beschuldigungen oder in Kindern entsteht allerdings oft nur ein lähmendes Ohnmachtsgefühl und seelische Verletzung. Schuld zu bekommen, wo in Wahrheit keine (oder zumindest keine so riesenhafte) da ist, kann nur hilflos machen.

> *»Du hast das absolut falsch gemacht. Dabei müsstest du das jetzt wirklich schon wissen. Immer machst du alles kaputt.« (Fortsetzung folgt.)*

Sobald mir solche Sätze um die Ohren fliegen, könnte ich natürlich individuell erforschen: Wieso hat diese Person das jetzt nötig? Welche Ursachen hat sie, welche Ziele will sie durch eine so globale Beschuldigung erreichen? Diese ist sicher falsch, denn kein Mensch ist so allmächtig und wichtig, dass er tatsächlich immer und an allem Übel reale Schuld tragen könnte.

Doch manchmal ist eine Schuld-Attacke gar nicht so viel Aufmerksamkeit wert. Denken Sie an das Beispiel von Willi Rudolf, der für sein langsames Tempo am Gehsteig massiv beschuldigt wurde: Sie brauchen in solchen Situationen wirklich nicht zu beginnen, sachlich zu argumentieren, doch Sie müssen sich natürlich auch nicht absolut ungerechtfertigt beschuldigen lassen.

Deshalb meine Empfehlung: nicht lange darüber nachdenken, sondern einfach *eine Reihe von schlagfertigen Reaktionen auswendig lernen* und einüben. Das funktioniert am effektivsten durch Imagination: Ich stelle mir bildhaft vor, wie ich ein nächstes Mal darauf reagieren werde und wie die Situation gut für mich endet. Später kann ich den Schwierigkeitsgrad erhöhen: In meiner Fantasie geht die Beschuldigung trotz meiner ersten Reaktion weiter, deshalb »sehe« ich mich, wie ich auf eine andere Strategie umschwenke. Haben Sie fünf bis zehn solcher Möglichkeiten vor dem inneren Auge *mehrfach* abgespult, wird Ihnen Ihr Gehirn im Ernstfall vermutlich genau die Idee schicken, die passt. Weil dies den Umfang hier sprengen würde, finden Sie die Liste »Schuldabladen verboten – Trick 1–17« als Online-Material[20], denn sie wächst rasant und enthält mittlerweile schon weit mehr als 17 unterschiedliche Strategien und schlagfertige Formulierungen.

> *Die Fortsetzung: »Immer machst du alles kaputt!« Trick 1: Ein humoriges Benennen des Vorwurfs wird überraschen, Sie könnten das so formulieren: »Wow, die Pfeile fliegen aber heute tief.« Trick 2: Wie bei Judo können Sie die Energie eines Angriffs aufnehmen und umlenken: »Ja, das stimmt, du hast sicher recht. Wahrscheinlich bin ich noch dazu ziemlich dumm – sonst würde ich sicher nicht mehr hier stehen und mir deine weisen Worte anhören.« Trick 3: Eine Ablenkung kann gelingen: »Kann schon sein. Aber eigentlich wolltest du mir doch die neue App zeigen.« Trick 4: Oder es gelingt, die Schuld(-gefühle) selbst postwendend zu retournieren: »Du bist echt gemein. Da bin ich so freundlich zu dir und dann das.«*

Im Nebel unguter Gefühle: Atmosphären erschweren Konfliktlösung

Ein Beispiel aus meiner Vergangenheit: Es geschah vor etwa 20 Jahren, doch manche Dinge prägen sich ein: Ich trete auf die Straße hinaus und atme tief durch. Hinter mir liegt der Besuch bei einer Freundin. Irgendwie geht es mir nicht mehr gut mit ihr. Das kenne ich schon von früheren Treffen, doch dieses Mal beschließe ich, der Sache auf den Grund zu gehen und darüber ernsthaft nachzudenken. »Eigentlich« ist heute alles gut gelaufen: gemeinsames Kochen, plaudern über die damals noch jungen Kinder, Pläne austauschen. Wann genau habe ich begonnen, mich unwohl zu fühlen? Ja genau, ich habe ihr einen Kochtipp gegeben, der danebengegangen ist, weil ich etwas nicht genau genug erklärt hatte. Ich habe mich ziemlich mies gefühlt, während sie seufzend das Ergebnis betrachtet hat. Es hat jedoch trotzdem ausgezeichnet geschmeckt. Später, nach meiner Schilderung, wie gut es mir mit meiner Familie geht, hat sie begonnen, über ihre Tochter zu klagen. Ab da habe auch ich über Misserfolge gesprochen. Mir wird nun klar, dass ich beständig unterschwellige Vorwürfe herausgehört habe in der Art: »Mir geht es schlecht und du bist schuld.« Das hat mir vermittelt, mein inneres Gesetz missachtet zu haben: »Ich möchte niemandem schaden.« Oder hat sie sich irgendwie von mir attackiert gefühlt und das waren aus ihrer Sicht bereits Verteidigungsschläge? Ich beschließe, mit ihr darüber bei meinem nächsten Besuch zu sprechen und eine Lösung finden. Was ich damals noch nicht weiß: Sie wird das vereinbarte Folgetreffen kurzfristig absagen und danach werden wir einander nie mehr sehen. Denn ich habe so gar keine Lust mehr darauf und sie offenbar auch nicht.

Vom Gefühl verfolgt, irgendwie immer schuldig zu sein

Es ist ziemlich schwierig, zu verstehen, was genau eine »ungute Atmosphäre« verursacht. Schon sie zu erkennen, ist nicht einfach. In meinem Beispiel war oberflächlich alles gut: kein kritischer Ton, nur nette Plauderei, alle sind lieb miteinander. »giftige Luft« ist kaum wahrzunehmen und in Worte zu fassen. Je länger man sie einatmet, umso mehr gewöhnt sich unser Gehirn daran, erwartet gar nichts anderes mehr. Es wird immer schwieriger, sie in ihrer Schädlichkeit zu bemerken.

Chronisches, diffuses Schuldgefühlserleben ist oft die Folge. Wir tappen in einem unguten Nebel, aus dem es scheinbar kein Entkommen gibt, weil Kritik und Abwertung nie ausgesprochen werden und daher dieses »Nichts« weder korrigiert noch wiedergutgemacht oder gebüßt werden kann. Es braucht deshalb manchmal eine Vergleichsmöglichkeit oder die Außenperspektive durch ein neutrales Feedback. Dann erst kann in Worte gefasst werden, was wirklich passiert ist oder vielleicht aktuell noch läuft.

Sie merken, auch Vollprofis brauchen manchmal lange, bis sie checken: Es ist Zeit, dem eigenen, zunächst völlig diffusen Gefühl gut zuzuhören, um es zu verstehen und danach auf die Suche nach Veränderungsmöglichkeiten gehen zu können. Achten Sie besonders in wichtigen Partnerschaften, Familien- und Freundschaftsbeziehungen darauf, die Bildung solcher Atmosphären zu vermeiden oder zumindest frühzeitig zu erkennen Vielleicht hätte ich früher mit dieser Freundin über meine Innenwelt, meine Gedanken und Gefühle kommunizieren können.

Besonders schulden wir das Kindern, denn diese können sich nicht – so wie ich damals – »am eigenen Schopf rausziehen«. Sie müssen, vor allem bei innerer Dauerbeschallung, verborgenen Botschaften glauben oder sich in eigenen Fantasien darüber verlieren. Vielleicht plagen sie sich sonst ihr halbes Leben lang mit schädlichen Selbstüberzeugungen und Selbstzweifeln herum.

Eine Atmosphäre der Beschämung: »Ich bin schlecht und wertlos.«

Schuldgefühle entstehen wie sattsam bekannt in erster Linie dadurch, dass Gesetze missachtet werden, deren Gültigkeit innerlich übernommen wurde. Zur reinen Kritik, »du hast falsch gehandelt«, gesellt sich also die schuldhafte Verursachung oder der Gesetzesbruch: »Du weißt es oder hättest es wissen müssen!« Bei Regel-Schuldgefühlen betrifft das verinnerlichte, soziale Spielregeln. Die Übertretung moralischer Gesetze lässt vorrangig ebenfalls Schuldgefühle entstehen. Doch hier kann zusätzlich Beschämung mitschwingen: »Was sollen die Leute über dich als Person denken, wenn du so handelst?«

Schamgefühle gehen also tiefer, denn nicht (nur) das fehlerhafte Verhalten steht im kritischen Fokus, sondern die Person selbst wird abgewertet: Ein Makel wird vorgeworfen und vielleicht sogar veröffentlicht. Auch der Körper reagiert anders: »Scham blockiert, Schuld aktiviert.«[21] Die Selbstüberzeugung, die dann anspringen könnte, lautet: »Ich bin irgendwie falsch oder schlecht. Etwas stimmt mit mir nicht. So peinlich!« Im finsteren Mittelalter landete man in so einem Fall nicht (nur) im Gefängnis, sondern wurde an den Pranger gestellt: »Wie konntest du nur!?« Scham braucht den kritischen Blick von außen, deshalb können sich Kinder erst schämen, wenn sie eine »Theory of mind« ausgebildet haben (s. Seite 198). Sobald wir uns einen solchen »vernichtenden Blick des anderen« innerlich vorstellen können, sind wir sogar fähig, uns zu schämen, wenn wir allein sind.

Tatsächlich gibt es Firmen, Familien oder Menschen, die offensichtlich vieles vorrangig tun, um Schamgefühle zu vermeiden, und bei anderen scheint die Motivation, nur ja nicht schuldig zu werden oder nichts schuldig zu bleiben, die alles beherrschende Triebkraft.

Ein Jugendlicher hört mir aufmerksam zu. »Eindeutig«, sagt er, »Beschämung ist DAS Mittel meiner Eltern. Es kommt nicht einfache Kritik: ›Du hast einen Fehler gemacht.‹ Es kommt auch nicht nur eine Beschuldigung, ›… das hättest du doch wissen müssen.‹

Sondern sofort wird eine Charakterschwäche gesehen, eine Dummheit, eine krasse, verachtenswerte Eigenheit, die nicht veränderbar ist. ›Du bist furchtbar, wusste ich immer schon. Das ist wieder mal typisch.‹ Irgendwie ist mein letzter Gedanke vorm Einschlafen immer voller Scham und Selbsthass: ›Wie konnte ich nur so dumm sein!‹« Lange arbeiten wir daran, wie er sich davor schützen kann, diese Zuschreibungen weiter zu glauben. Denn Beweise, dass er ein kompetenter, herzensguter Kerl ist, gibt es viele. Nachdem er nun das Muster erkannt hat, gelingt ihm das zumindest manchmal.

Wie läuft es in Ihren unterschiedlichen beruflichen, Familien- und Freundeskreisen ab? Wie war es früher? Es ist geradezu gruselig, wie stark manchmal offene oder unterschwellige Scham- und Schuldzuweisungen in (Selbst-)Gesprächen herauszuhören sind. Haben Sie schon mal bedacht, dass der Satz »So redest du nicht mit mir. Ich bin schließlich kein Kind mehr!« indirekt vermittelt, dass man mit Kindern sehr wohl so reden darf? Unter Erwachsenen tarnt man das meistens als »Doppelbotschaften«: Der Wortlaut der Nachricht kann durchaus sachlich sein, doch die gehobene Augenbraue, das verächtliche Schnauben oder der leise Seufzer übermitteln die beschuldigende oder beschämende Seite.

Wenn die Liebe zerbricht: Schuldkämpfe in Beziehungskonflikten

Ein besonders schmerzhafter Prozess sind die Streitigkeiten, die Liebesbeziehungen gefährden oder vielleicht sogar beenden. Solche Konflikte verlassen recht rasch die erste Phase »Diskussion mit Gefühl« und landen beim Schuldthema, denn enttäuschte Erwartungen und gebrochene Vereinbarungen sind an der Tagesordnung: Eine Geschichte, die meistens so schön wie ein Märchen begonnen hat, läuft ganz und gar nicht so weiter wie geplant. Es kommt zu einer »Schräglage«, wie die Psychologin und Sexualtherapeutin Gerti Senger es so präzise in ihrem gleichnamigen Buch auf den Punkt bringt.

Sobald zur Beziehung Kinder gehören, wird gute Konfliktlösung oder Trennung noch ein wenig schwieriger und zugleich wichtiger. Vielleicht muss eine gute »Streitkultur« in dieser, ohnehin belastenden Situation erst neu entwickelt werden, denn für Kinder sind böse, abwertende Kommentare zwischen den Eltern hochgradig belastend und haben neben anderen Nöten meist starke Schuldgefühle zur Folge. Doch hätten die Eltern vorher schon nützliche Streitstrategien gehabt, wäre es vielleicht nicht zur Trennung gekommen. Aber es geht nicht anders, wenn man das Kindeswohl im Auge behält. Ein vollständiges Beziehungsende, ein »Ich werde dich nie wieder sehen« wird meist nicht möglich sein: Eine indirekte Verbindung durch die Liebe zu den Kindern und die Rechte und Pflichten als Vater und Mutter bleibt noch einige Jahre bestehen. Getrennte Eltern, denen das gut gelingt, haben daher meine absolute Hochachtung.

Hier nur exemplarisch einige Beschreibungen, wie die bisher im Buch besprochenen Inhalte bei diesem Thema zum Tragen kommen. Ein besonders wichtiger Tipp in solchen Konflikten: Vermeiden Sie zu fragen: »Warum hast du das getan?«, oder: »Wer ist schuld?« Eine garantiert wesentlich nützlichere Frage ist: *»Was ist schuld?«* Das »Was« kann sich auf Verhaltensweisen, Gefühle, Aktionen, Informationen und Ähnliches beziehen. Versuchen Sie bei nächster Gelegenheit beides und beobachten beziehungsweise erfühlen Sie den Unterschied.

Der Betrug, die ganz große Enttäuschung, der unverzeihliche Fehler

In einer Liebesbeziehung gibt es immer einige zentrale, moralische Verpflichtungen. Diese können jedoch individuell höchst unterschiedlich sein. Meist gehört, wenn nicht ausdrücklich anders vereinbart, die Treue dazu. Schwierig bei der Schuldfrage ist, wenn das Paar nie darüber gesprochen hat, was zum Beispiel

»Treue« konkret bedeutet: Kein Sex mit anderen? Kein Kuss? Keine Einladung eines beziehungstechnisch interessanten Menschen ins Café? Gar keine Einladung?

Für manche Paare stehen spezielle Versprechen, die man einander gegeben hat, im Mittelpunkt: »Wenn wir erst mal zusammengezogen sind, werde ich das Rauchen aufgeben.« Manches bleibt unausgesprochen oder ist gar nicht unbewusst und bildet trotzdem eine fixe Vorannahme. Was im Hochgefühl der Verliebtheit eine wirklich ernst gemeinte Aussage oder innere Verpflichtung war, kann sich später brüchig wie ein Neujahrsvorsatz erweisen.

Ähnliches Konfliktpotenzial bergen Unklarheiten bezüglich Ehrlichkeit: Darf man gar keine Geheimnisse mehr haben, nie schwindeln oder gilt das nur bei wichtigen Dingen? Was genau ist damit gemeint? Es ist günstig, das ungefähr festzulegen, auch wenn es keine Beziehungsrahmenvereinbarung mit Hunderten Regelungen samt Sanktionen braucht.

Allzu viele Details im Vorhinein festzulegen, ist auch deshalb nicht möglich, weil unsere Gefühle sich nicht so genau vorhersagen lassen: Wer weiß heute schon genau, was ein Betrug in drei Jahren auslösen wird und was dann notwendig wäre, um die Beziehung trotzdem aufrechtzuerhalten? Es ist schwierig genug, im konkreten Anlassfall bei einem Schuldausgleichsritual zu versprechen: »Wenn du das oder jenes tust, dann werde ich mein Ungerechtigkeitsgefühl los sein. Wir sind quitt.« Grundsätzlich stehen die gleichen Wege zur Verfügung wie für jeden anderen Konflikt.

> *Nadja hat ihre Frau Sophie betrogen, kehrt jedoch wenig später reumütig zurück. Auch Sophie möchte die Beziehung grundsätzlich weiterführen, doch nach einigen Monaten merkt sie, dass diese seelische Verletzung nach wie vor schmerzt und sie wütend macht. Wie kann sie mit dem Vertrauensverlust und dem Opfergefühl umgehen? Ich frage: »Was brauchen Sie von Nadja?« Zunächst möchte Sophie, dass ihre Frau den eigenen Fehler anerkennt. Wie so oft ist es hilfreich, wenn Nadja ihr Verhalten zunächst nicht begründet,*

sondern nur sagt: »Ich habe einen schweren Fehler gemacht. »Es war falsch von mir. Das tut mir unendlich leid.« Sophie braucht weder Wiedergutmachung noch Rache oder Strafe, doch einfach so verzeihen kann und will sie ebenfalls nicht. Es wird klar: Für sie ist es am wichtigsten, darauf vertrauen zu können, dass es nie wieder geschieht. Nun passt die Frage an beide: »Was genau war schuld?« »Was genau können Sie ändern, Nadja, damit Sie das auch einhalten?«

Wenn Sie interessiert daran sind, Ihre Beziehung gut und lebendig zu halten, dann vermeiden Sie fruchtlose Schuld-Opfer-Diskussionen und Gerechtigkeitskämpfe. Wie das geht? Einfacher, als Sie denken – falls Ihnen Ihre Beziehung *21 Minuten im Jahr* wert ist. Eine psychologische Forschergruppe rund um Walton und Finkel[22] bat 120 Paare, alle vier Monate Fragen darüber zu beantworten, wie zufrieden sie mit ihrer Beziehung in Bezug auf Liebe, Vertrauen, Intimität, Sex und Zugehörigkeitsgefühl im letzten Jahresdrittel waren. Zusätzlich sollten sie das größte Problem in diesem Zeitraum beschreiben. Ab dem zweiten Jahr wurde der Hälfte, also 60 Paaren, zusätzlich eine Aufgabe gestellt: Sie sollten genau sieben Minuten lang über die beschriebene Problemsituation reflektieren, jedoch aus der Sicht eines fiktiven, dem Paar wohlgesonnenen Dritten. Das Ergebnis: Durch diese kleine Aufgabe konnte die durchschnittliche Zufriedenheit dieser Paare enorm gesteigert werden. Dadurch fühlten sich die Beteiligten offensichtlich nicht nur zu deutlich mehr Distanz und Fairness eingeladen, sondern sie konnten ihre Probleme tatsächlich besser lösen. Die konkrete Formulierung, die in dieser Studie verwendet wurde, lässt sich zusammenfassen im Satz: *»Was würde eine gemeinsame, sehr gute Freundin zu unserem Problem sagen und uns raten?«*

Das ungute Gefühl, über lange Zeiträume ausgenutzt worden zu sein

Klassische Irrtümer und Enttäuschungen können die Atmosphäre zusätzlich vergiften. Einer davon: Häufig finden wir bei der Suche nach einer Liebesbeziehung Unterschiede ziemlich attraktiv und anziehend. Im Zusammenleben jedoch bedeutet jeder Unterschied einen gewissen Arbeitsaufwand in psychologischem Sinn und birgt Konfliktpotenzial. Das fängt bei einfachen Gewohnheiten an: Die Nachteule muss sich mit dem Morgenmenschen, die Chaotikerin mit dem Ordnungsfreak arrangieren. Nicht ohne Grund bedeutet das Wort »Differenz« sowohl »Unterschied« als auch »Konflikt«. Weil das nie so einfach ist wie gedacht, kann sich leicht das Ungerechtigkeits-Gefühl einschleichen: »Ich muss viel mehr leisten.«

Eine Lebensführung, wo langfristig Geben und Nehmen in Balance ist, wird von vielen Menschen auch in der Paarbeziehung angestrebt. In guten Austauschbeziehungen soll, wie der Name schon sagt, ungefähr »Gleichwertiges« zurückkommen für das, was man gibt. Es muss nicht immer gleich und sofort sein, doch irgendwann tun wohl auch Sie oder ich gut daran zu prüfen, ob wir ausgenutzt werden oder andere ausnutzen. Dahinter können noch andere Muster stecken, die nicht erkannt werden, weil die Frage »Wer ist schuld?« über die nützliche Fehler- und Ursachensuche »Was ist schuld?« gestellt wird.

> *Das Ehepaar Stöger berichtet mir wütend und verbittert davon, wie sie seit Jahren alles für den anderen tun würden, aber viel zu wenig bekommen hätten. Bei so globalen Beschreibungen bemühe ich mich meist, über einzelne Vorfälle mehr Details zu erfahren. Das Ergebnis: Beide haben recht! Jeder von den beiden hat tatsächlich viel gegeben, jedoch das niemals offen angesprochen mit der Begründung: »Ich bin doch nicht so kleinlich und rechne ihr/ihm das vor.« Leider haben sie deshalb nie überprüft, ob das Gegebene vom anderen auch so gewünscht und gebraucht wurde. Das Muster spielte sich so ab: Die eine Person überschüttet die andere mit Geschenken. Die aber will lieber ge-*

meinsame Zeit. Deshalb bietet sie der anderen solche Qualitätszeit an, doch die wartet auf Geschenke als Liebesbeweis. Nichts davon erreicht das Herz der anderen Seite, beide werden ständig enttäuscht, weil sich der andere nicht freut. In der Beratung sammeln wir deshalb die unterschiedlichen »Zeichen der Liebe«, die beide gern geben und bekommen wollen. Sie suchen Kompromisse und Möglichkeiten. So gelingt ihnen der Ausstieg aus der Spirale wütender Vorwürfe und des beginnenden Gefühls der Verbitterung.

Stellen Sie sich dazu folgendes Bild vor: Zwei Menschen sitzen einander gegenüber und werfen einander Liebesbeweise zu. Doch diese erreichen den andere nicht, sondern fallen *in ein tiefes, schwarzes Loch* zwischen den beiden. Wie bereits erwähnt: So manches Problem lässt sich verstehen und lösen, wenn die zugrunde liegenden Muster rechtzeitig gesehen, verstanden, betrauert und dann verändert werden.

»Ghosting« – der unbegründete Rückzug aus einer Liebesbeziehungen

Ein Ende mit Schrecken, Schuldzuweisungen und Vernichtungsattacken ist wenig erstrebenswert. Doch ähnlich belastend ist das Gegenteil, von dem ich in letzter Zeit immer öfter höre. Es wird in der Jugendsprache »Ghosting« genannt: Eine Beziehung entsteht, die sich für eine der beteiligten Personen anfühlt, als wäre es »etwas Ernstes« und würde richtig gut laufen. Doch unmerklich reduziert die andere den Kontakt, zieht sich zurück, ist telefonisch schwer erreichbar. Alle Versuche herauszufinden, was los und was daran schuld ist, verlaufen im Sand, denn der Rückzug selbst wird geleugnet: »Alles okay, ich hab nur im Moment wenig Zeit.« Es gibt also keinen Streit, keine Schuldzuweisung und somit keine Erklärung dafür. Das mag unser Gehirn natürlich gar nicht gern. Die Betroffenen, die ich kennengelernt habe, sind sich keiner Schuld bewusst und kreiseln dennoch wie wild um die Frage nach dem Warum. Aber ohne Information hängen sie buchstäblich in der Luft und sind diversen Fantasien ausgeliefert, die letztendlich den eigenen Selbstwert infrage stellen können.

Es ist schwierig und doch so wichtig, sich keine unergiebigen Warum-Fragen zu stellen, denn man wird selbstverständlich keine Antwort finden, die überprüfbar ist. Falls Ihnen das passiert, gehen Sie ruhig davon aus, dass der »Ghost« mit Sicherheit kein Großmeister in der Kunst der Kommunikation ist. Eine Beziehung mit einem solchen Menschen wäre langfristig vermutlich wenig erfreulich gewesen.

Der gemeinsamen Geschichte eine neue Wendung geben

»Viele Menschen haben eine gute Geschichte, ein Märchen im Kopf, wenn sie sich verlieben: glücklich zusammen sein, zu zweit Dinge erreichen, die man nie erreicht hätte, wäre man allein geblieben, lange gesund und harmonisch leben und gemeinsam alt werden. … Wie war Ihr Vorstellung? … Jetzt ist es nicht so gelaufen wie im Märchen. Apropos: Dort gibt's nie gleich das Happy End. Sondern irgendwann passiert eine Krise. Zum Schluss kommt das gute Ende aber doch. … Wie könnte der weitere Verlauf und ein gutes Ende in Ihrem Fall aussehen? Es muss ja nicht unbedingt eine gemeinsame Geschichte werden?«

Das eigene Leben zu sehen wie eine Geschichte oder ein Buch mit unterschiedlichen Kapiteln, kann das eigentlich Wesentliche im Leben, das »Ziel hinter dem Ziel« vor Augen führen. So wird der aktuellen Krise der Platz zugewiesen, der ihr gebührt: nur ein Umbruch, der bewältigt werden will und vielleicht eine Wende herbeiführt, über die man in einigen Jahren im Rückblick sogar sagen wird können: Gut, dass es so war.

6. Die unheilvolle Allianz brechen: Trauma, Schuldgefühl und Gewalt

Wie kommt es, dass sich Menschen nach traumatischen Erfahrungen wie Unfällen, Krankheiten oder Verbrechen so häufig mit- und hauptschuldig fühlen, obwohl sie es eindeutig nicht sind? Welche inneren Gesetze und andere Faktoren sind hier im Spiel? Und andererseits gibt es Tyrannen und Schwerverbrecherinnen, die sich absolut unschuldig sehen und ihren Opfern alle Schuld zuweisen? Nur wenn wir deren Tricks kennen, wird es möglich, sich als gutherziger Mensch nicht einfangen und ausbeuten zu lassen.

Das Schuldgefühl der vollkommen Unschuldigen

Haben Sie sich schon mal Folgendes überlegt: Wir können psychisch eigentlich gar nicht an der Vergangenheit leiden, denn die ist schließlich vorbei. Niemand könnte ändern, was passiert ist. Woran wir genau genommen leiden, sind »nur« *Erinnerungen,* (fehlende) *Lernerfahrungen* und andere seelische oder körperliche *Folgen,* die ein belastendes Erlebnis verursachen. Diese können gravierend sein und die Lebensqualität enorm beeinträchtigen: Erinnerungselemente überfluten ungewollt das Gehirn, der Körper leidet unter Dauerstress, man kann deshalb nicht mehr entspannen, nicht mehr schlafen oder hat Albträume. Normalerweise vermeiden Betroffene verängstigt alles, was dazu führen könnte, dass sich das Erlebnis wiederholt: Schweißausbrüche und Herzklopfen verhindern zum Beispiel, den Ort des Geschehens zu betreten. Entsprechende Erwartungen und Lernerfahrungen werden immer mächtiger: Irgendwann lösen auch ähnliche Orte Angst aus. Nach großen Katastrophen und lebensbedrohlichen Zuständen kann es für ein Gehirn sogar überlebenswichtig werden, jede Erinnerung an das Geschehene zu verdrängen oder einzelne Bereiche »abzuschalten«. Das wirklich einzige Gute im Schlechten: *All das ist im Prinzip veränderbar.*

Sollten Sie selbst das Glück haben, noch niemals schwerwiegende seelische Verletzungen erlitten zu haben: Auch winzige »Mückenstiche« des Lebens haben mitunter gravierende Auswirkungen. All das lässt sich besser erkennen und letztendlich verändern, wenn Sie die Logik des lernenden, beständig Ursachen und Schuld suchenden Gehirns verstehen. Hier eine kleine, ein wenig traurige Geschichte aus meiner Familie:

> *Im Gespräch mit meiner Mutter, mittlerweile über 80 Jahre alt, kommen wir auf das Thema »Mein erster Schultag« zu sprechen. Sie erzählt davon, wie überglücklich sie damals war, endlich zu den Großen zu gehören. Doch dann passierte ein »Mückenstich«, ein kleines, verletzendes Ereignis: »Irgendwann im Verlauf dieses Tages sollte jedes Kind vor der Klasse ein Lied singen. Ich habe mich darüber gefreut, denn ich habe immer gern gesungen und wollte gleich als Erste an die Reihe kommen. Und dann, mitten in meinem Lied, habe ich Kinder hinter mir kichern und lachen gehört. Seit diesem Tag habe ich nie wieder gesungen.« Später, so erzählt sie, habe sie natürlich erkannt, dass das Lachen vielleicht völlig andere Gründe gehabt hatte. Aber so wichtig sei das Singen ihr dann doch nicht gewesen, sonst hätte sie es sich vielleicht zurückerobert.*

Es gibt unterschiedliche Auswirkungen von kleinen und großen Katastrophen des Lebens. Wer es genauer wissen will, möge sich Wissen zur Posttraumatischen Belastungsstörung (F43 der internationalen Leitlinien ICD10) und anderen Traumafolge-Erscheinungen aneignen. Viele gute Bücher sind darüber geschrieben worden, eine kleine Auswahl finden Sie im Literaturverzeichnis.

Eine dieser belastenden Folgen können hartnäckige Schuldgefühle sein. Diese kleben sich fest wie Kletten, trotz aller Realitätsprüfung, also bei erwiesener Unschuld. Angehörige und Helfende, die deren Logik erfasst haben, werden besser unterstützen können. Und wer davon leider selbst betroffen ist, die Dynamik dahinter jedoch durchschaut, schafft es vermutlich etwas besser, sich davon zu distanzieren, und sucht sich hoffentlich eine fundierte, psychologische oder psychotherapeutische Traumabehandlung. Die nächsten Seiten wollen deshalb *die möglichen Ursachen* hinter einem konkreten Schuldgefühl, das in Zusammenhang mit traumatischen Ereignissen steht, verdeutlichen.

»Ich war damals wirklich schuld. Ich hätte anders handeln können«

Realschuld ist natürlich die direkteste Möglichkeit für das Entstehen eines Schuldgefühls: Wir fühlen angesichts einer Erinnerung eine Ursachen-, Moral- oder Regelschuld. Sie kann nach den bekannten, 7 Kriterien geprüft und für realistisch befunden werden. Vielleicht waren wir tatsächlich schuldig, das Gefühl ist berechtigt und es findet sich ein Weg, um es abzulegen. Ideen liefert das letzte Kapitel.

Leider wird das Kriterium »Alter« häufig ausgeblendet: Betroffene geben sich deshalb alle Schuld an schrecklichen Vorfällen in der Kindheit. Die Frage »Würde ich heute ein anderes Kind in so einer Situation ebenfalls für schuldig halten?« kann ziemlich nützlich sein. Falls sie mit Ja beantwortet wird, ist es dringend notwendig, das Kapitel über kindliche Gehirnentwicklung zu lesen. Wenn die Antwort lautet: »Nein, natürlich nicht. Das ist ja noch ein Kind«, aber das Gefühl trotzdem bleibt, liegt vielleicht die folgende Dynamik zugrunde.

Ein Flashback überflutet das Gehirn, der Körper »irrt sich in der Zeit«

Gönnen Sie sich doch mal eine Auszeit vom Lesen und erinnern Sie sich eine Minute lang intensiv an ein besonders schönes Erlebnis, einen Glücksmoment. Was alles taucht auf und wie fühlen Sie sich dabei?

Erinnerungen bestehen, wie Sie sicher schon oft erlebt haben, nicht nur aus Bildern oder inneren Filmen. Dazu gehören auch die Gedanken von damals, Sinneswahrnehmungen wie Geschmack, der damalige Geruch und die Geräusche, Körperempfindungen und das eigene Verhalten. Beziehungsinformationen können zusätzlich wichtig sein: Vielleicht war es besonders fein, dass Sie damals allein waren oder dass eine gute Freundin dabei war. Die Gefühle in dieser Situation sind ein weiteres Element dieser »alten Kiste«, sie kommen vielleicht ebenfalls mit hoch.

> *Das Zitroneneis an einem Sommertag in der Kindheit. Heiß ersehnt. Manches davon spüre ich so intensiv, so als ob es gestern gewesen wäre: das Süß-Saure, die erfrischende Kühle. Wie köstlich es geschmeckt hat! Die Sonne, der Mensch neben mir. In diesem Moment war meine Welt perfekt und ich rundum glücklich.*

Wie lebendig werden bei Ihrem Erlebnis die einzelnen Elemente? Nicht immer haben wir alle Teile des damaligen Erlebnisses gleichermaßen präsent, unterschiedliche Menschen spüren verschiedene Facetten besonders gut.

Bei den üblichen Erinnerungen gilt: Auch wenn ich selbst nun den Zitroneneisgeschmack im Mund habe (und in mir umgehend der Plan entsteht, mir gleich morgen eines zu kaufen), so weiß ich trotzdem, dass ich nur eine lebendige Erinnerung »schmecke«. Bei traumatischen Erlebnissen kann das anders sein: Sobald sich eine übermächtige, »alte Kiste« öffnet, können Erinnerungselemente so intensiv werden, dass sich unser *Gehirn samt Körper in der Zeit irrt*: Was in uns aufsteigt, überschwemmt uns förmlich, sodass wir glauben müssen, es gehört tatsächlich ins Jetzt. Im Extrem wird das »Flashback« genannt.

Schon milde Formen davon können uns durcheinanderbringen, besonders, wenn es um Gefühle geht. Den Schlüsselreiz, der eine »alte Kiste aufsperrt«, nennt die Traumapsychologie »Trigger«. Es ist in der Regel ein Element des damaligen Geschehens. Falls Schuldgefühle einen Teil der Erinnerung darstellen, tauchen sie mit auf, so wie der Zitroneneisgeschmack.

Birgit Hofer sucht mich wegen quälender Schuldgefühle und ihrem Perfektionismus, der sie nahezu arbeitsunfähig macht, in der Praxis auf. Nach einigen Gesprächen, Fragen und Erklärungen kann Frau Hofer, deren Kindheit von extrem kritischen, abwertenden Eltern überschattet war, unsere Erkenntnisse zusammenfassen: »Mein Schuldgefühl ist auch nur ein Gefühl. Dass ich eins habe, sagt grundsätzlich etwas Gutes über mich aus, denn ich will ein guter Mensch sein und habe deshalb viele innere Gesetze und hohe Ansprüche an mich. Zum Perfektionismus gehört eine panische Angst vor Fehlern. Wir werden hier an den inneren Gesetzen arbeiten, denn diese kann ich heute selbst wählen.

Und was ich noch verstanden habe: Das Schuldgefühle taucht auf, wenn ich durch einen ›Trigger‹ an speziell ungute Kindheitserlebnisse erinnert werde. Mir wird regelrecht übel dabei. Deshalb haben Sie vermutet, dass diese große Intensität eigentlich zum Erleben des Kindes gehört, das ich war: Ich habe mich als kleines Mädchen so übel schuldig gefühlt! Mein kleiner, kluger Kopf musste das Gefühl damals jedoch möglichst schnell in den Hintergrund drängen, weil es unaushaltbar war. Und sobald ich jetzt daran erinnert werde, kommt der ganze Schwall hoch. Weil mir das jedoch gar nie so richtig bewusst war und ist, kann mein Gehirn noch nicht gut erkennen, dass es nur ein Erinnerungselement, nur ›altes Zeug‹ ist.«

»Ganz genau, Frau Hofer, das wäre jetzt mal der Ansatz«, bestätige ich sie. »Es gibt unterschiedliche Hilfestellungen. Alle haben gemeinsam, dass jener Hirnteil,

der für die Gegenwart zuständig ist, und jener, der sich einschaltet, sobald die Erinnerung hochkommt, gleichzeitig aktiviert sind. Normalerweise arbeiten sie eher abwechselnd oder bekämpfen einander. Unverarbeitete Erinnerungen über katastrophale Erlebnisse stelle ich mir wie einzelne, brandheiße Puzzlestücke vor, die herumschwirren. Sie werden entdeckt, vorsichtig etwas abgekühlt und dann wird das Bild rekonstruiert. Wir fangen dabei mit den Randstücken an, mit Anfang und Ende, und arbeiten uns dann weiter, Stück für Stück. Es macht aber gar nichts, wenn Puzzlesteine fehlen. Danach kann das Bild dort im Gehirn abgelegt werden, wo die anderen emotional abgekühlten Erinnerungen abgespeichert sind. Es soll sich »verarbeitet« anfühlen: abgeschlossen, nicht mehr aufregend, es erzeugt keine starken Gefühle mehr und hat auch sonst keine belastenden Folgen.«

Bei Licht betrachtet passieren uns »Überblendungen« von Vergangenheit und Gegenwart ständig, daher ist es kein Wunder, dass wir sie nicht immer unterscheiden können. Denken Sie an die Beschreibung der Neurobiologie des Treppensteigens vom zweiten Kapitel dieses Buches: Unser Gehirn greift in jeder einzelnen Sekunde auf vergangene Erfahrungen zurück, um die Gegenwart einzuordnen, zu verstehen und korrekte Erwartungen für die Zukunft zu bilden. Es lässt damit alte Erinnerungen lebendig werden und verwendet sie zum Bewerten der Gegenwart und dem Berechnen unserer nächsten Aktion.

Irrtümer passieren dem Gehirn ständig: Sind Sie schon mal einem Menschen begegnet, der Ihnen spontan total unsympathisch war? Manchmal ist nur die Frisur oder Sprechweise daran schuld, denn sie ruft uns etwas altes Schlechtes in Erinnerung, samt dem damaligen, unguten Gefühl. Wir erahnen diesen Zusammenhang vage oder das Ganze läuft unbewusst. Dieser *erste Eindruck* hat in Wirklichkeit mit der Person vor uns also vielleicht gar nichts zu tun. Wir werden lediglich an jemanden erinnert. Doch sofort hat das Gehirn einen Zusammenhang gebildet und die globale Bewertung »unsympathisch« abgeliefert, anstatt es bei der Wahrheit, der bloßen Ähnlichkeit zweier Menschen in einem unwichtigen Merkmal, zu belassen.

Zu den überaus angenehmen Folgen dieses Effektes gehört übrigens die *»Nostalgie«:* in guten Erinnerungen zu schwelgen, die über Musik, Kleidungsstücke oder andere Andenken ins Bewusstsein geholt, also »getriggert« werden können. Man könnte meinen, das Eis von heute, dessen Verpackung so aussieht wie damals, liefert wie auf Knopfdruck alle guten Eis-Empfindungen von früher. Dabei ist der Anblick natürlich nur der Schlüssel für die »alte Eiskiste« im Kopf.

> *Kinder wollen vielleicht unter anderem deshalb so gern den schweren, interessanten Stein oder das Stöckchen vom Ausflug mitnehmen, Teenager unbedingt ein Foto posten: Sie versuchen, darin eine gute Erinnerung zu »speichern« und mitzunehmen, um sie später wieder abrufen zu können. Kleiner Tipp für Eltern: Vielleicht reicht das Foto vom Stein dafür aus.*

In vergleichbarer Weise kann ein Schuldgefühl ein wichtiger Bestandteil der alten Erinnerung sein. In so einem Fall fühlen wir uns genau genommen gar nicht heute schuldig wegen damals. Sondern der Körper irrt sich in der Zeit: Wir spüren heute nur das Schuldgefühl von damals!

> *Marga Steiner möchte meine Unterstützung, weil sie sich bisher mit sicherem Griff die ganz falschen Partner ausgesucht hat. Als wir ihre Biografie erstellen, fällt auf, dass sie sich voller Schuldgefühle an eine Zeit in früher Kindheit erinnert, in der sie über Jahre hinweg Gewalt erleben musste: »Ich hätte doch weglaufen können«, meint sie. Als Zuhörerin bekomme ich den Eindruck, sie schreibt sich selbst weit mehr Schuld zu als den wirklich Schuldigen. Ich biete ihr den Satz an: »Böse ist, wer Böses tut«, und erkläre die Hintergründe der Entstehung von Schuldgefühlen im Ge-*

hirn, besonders während einer nachweislich ausweglosen Situation. Auf die Frage, ob sie einem anderen Kind in einer solchen Situation ebenfalls so viel Schuld geben würde, verneint sie empört. Das sei doch noch ein Kind, es könne nichts dafür. Langsam beginnt sie zu begreifen: Das Schuldgefühl ist ein fixer Bestandteil dieser Kindheitserinnerung, genauso wie Bilder, Empfindungen oder Geräusche. Und tatsächlich fällt ihr jetzt ein, wie schuldig sie sich bereits als Kind gefühlt hat – nicht zuletzt deshalb, weil es ihr ständig eingeredet wurde. Nun taucht in ihr ein Gedanke auf: »Vielleicht prüfe ich deshalb auch heute noch nicht kritisch genug das Wesen des möglichen Partners? Ich schaue gar nicht hin, wie er wirklich ist, sondern nur voller Selbstkritik auf mich und meine Fehler.« Ihr Verhaltensmuster »Schuldsuche bei der falschen Person« kann sie nun verändern und fängt deshalb an, sich eine bessere »Menschenkenntnis« anzueignen.

Mein Bild einer erfolgreichen Traumabehandlung: Wie von einem Leuchtturm aus werden in fachkundiger Begleitung die im Sturm der Vergangenheit zeitweise tosenden Gewässer der eigenen Innenwelt freundlich beobachtet und vorsichtig kennenlernt, ohne davon mitgerissen zu werden. Die Erinnerung wird Stück für Stück verstanden, geordnet und letztendlich weggepackt. Meist gelingt das besser, wenn parallel dazu »Skills«, also Fähigkeiten zur Selbstberuhigung, wiederentdeckt und verbessert werden. Es bedeutet, zielgerichtet mithilfe von Gedanken, Bildern oder anderen Elementen des Futterkreislaufs, der im letzten Kapitel beschrieben wird, den Körper zu beruhigen. Wie schon der Begründer der Logotherapie und Existenzanalyse Viktor Frankl so treffend erkannte, muss man sich schließlich auch von sich selbst nicht alles gefallen lassen.

Ein Gehirn im Ausnahmezustand sucht Schuld und Lernmöglichkeiten

In hochgradig emotionalen und gefährlichen Situationen lernt unser Hirn buchstäblich »wie verrückt«, also nicht (nur), was vernünftig ist, was es soll oder was wir wollen. Denn sobald uns Katastrophen treffen, die den Körper mit Stresshormonen, mit Todesangst oder Schmerz überfluten, sind manche Hirnareale hochaktiv, während sich andere abschalten. Deshalb finden wir, um nur ein Beispiel zu nennen, in einer solchen Not keine Worte, denn die zuständigen Sprechregionen im Gehirn sind tatsächlich deaktiviert. Logisches Denken, Zeitwahrnehmung und Erinnerungsfähigkeit können ebenfalls betroffen sein. »Das Großhirn geht zumindest teilweise offline«, pflege ich der Einfachheit halber zu sagen, sobald ich beginne, die vielfältigen Auswirkungen von traumatischen Erlebnissen oder dem dadurch verursachten, toxischen Langzeitstress auf Psyche und Körper zu beschreiben.

Die Schuldsuche ist nahezu immer einer der spontan auftretenden Überlebensmechanismen des Gehirns. Denn bereits während der Extremerfahrungen tauchen drei Fragen auf, pflichtbewusst startet unsere »Suchmaschine«, es finden Lernprozesse statt, Erwartungen bilden sich – das alles jedoch in einem vor Panik oder Schmerz überfluteten Gehirn, das sich deshalb teilweise abgeschaltet hat und völlig anders funktioniert als im Normalbetrieb. Logisches Denken kostet wertvolle Zeit, daher ist es meistens deaktiviert. Das Ruder übernehmen Reflexe und Instinkte. Deshalb gilt: *Was Körper und Psyche im Hochstress tun, daran sind wir nicht schuld.* Das anerkennt sogar das Strafrecht. Das Problem: Die biologischen Programme sind etwas »veraltet«. Genau genommen gehört vieles noch in die Steinzeit: Sobald ein Auto auf uns zufährt, sollten wir nicht so erstarren wie damals bei einem Raubtier. Es kann aber passieren. Über kreative Problemlösung haben damals vielleicht einige unserer Vorfahren nachgedacht. Doch von denen stammen wir nicht ab.

Was konkret geschieht automatisch, sobald eine Katastrophe mit Todesangst, Schmerz oder Ohnmacht über uns hereinbricht? Es sind drei Arten von Fragen, auf die ein Gehirn nach den Beobachtungen der Psychotraumatologen Fischer und Riedesser krampfhaft Antworten sucht:

- »*Warum ist mir das passiert?* Wie bin ich da hineingeraten, was war mein Fehler?« Dieser ätiologische Aspekt will unbedingt Ursachen-Schuld und Kausalzusammenhänge finden.
- »*Wie kann ich da heil rauskommen?* Wie kann ich mich danach wieder in Ordnung bringen?« Der restaurative Aspekt will retten und wiedergutmachen.
- »*Wie kann ich es schaffen, das mir das nie wieder geschieht?*« Ein präventiver Aspekt will schützen und Wiederholung verhindern.

Keine Antworten zu finden, würde Ohnmacht, Wiederholungsgefahr oder ewige Beschädigung beweisen, daher ist irgendeine Idee besser als keine. Die Ergebnisse werden zu Lernerfahrungen verknüpft und vielleicht noch dazu verallgemeinert. Darunter können sich ziemlich unlogische, jedoch hartnäckige Schlussfolgerungen befinden: Die innere Überzeugung »Ich kann nicht singen« hat keine gravierenden Auswirkungen auf ein Leben, doch der Eindruck, dass ein Lichtschalter einen Herzinfarkt verursacht haben könnte, schon:

> *Herr Mann hat nach einem Herzinfarkt extreme Ängste entwickelt. Wann immer sich Elemente des damaligen Erlebens wiederholen, gerät er in Panik. Der Herzinfarkt hat ihn damals zu Boden geworfen, nachdem er das Vorzimmer betreten und dort das Licht aufgedreht hat. Obwohl er natürlich weiß, dass dies eine zufällige Gleichzeitigkeit war, hat doch sein Gehirn einen Kausalzusammenhang konstruiert: Lichtschalter verursacht Herzinfarkt. Er erzählt: »Es wird immer ärger. Ich kann den Schalter gar nicht mehr berühren.« Logisch, dass er es meidet, allerdings vermehrt dieses Vermeiden die Angst (mehr zum Futterkreislauf auf Seite 231). Auch ihm hilft eine Traumaverarbeitungstechnik. Parallel dazu kann er irgendwann genug Mut aufbringen, um sich an neue, korrigierende Lernerfahrungen zu wagen, nämlich*

Dutzende Male einen Lichtschalter zu betätigen, um Gehirn und Körper zu beweisen: Das ist nicht gefährlich.

Menschen, die an Traumafolgeerkrankungen, wie zum Beispiel der Posttraumatischen Belastungsstörung oder einzelnen Symptomen, leiden, berichten nahezu immer von solchen, ganz »unvernünftigen« Überzeugungen und Lernerfahrungen. Darunter können sich Schuldgefühle oder schädliche Gesetze befinden. Es ist ein immens wichtiger Schritt, diese zumindest infrage zu stellen und sich sagen zu können: »Ich spüre das noch immer, aber ich glaube es nicht mehr.«

Schuld samt ihrer Kontrollillusion als psychische Überlebensstrategie

Schuldgefühle werden zur Überlebensstrategie, weil sie uns durch ihre bloße Anwesenheit suggerieren, dass wir einen vermeidbaren Fehler gemacht haben. In ihrer Funktion als »Schutzmantel« verdecken sie andere Gefühle, die noch ängstigender wären, wie zum Beispiel Hilflosigkeit oder Angst. Das bringt als Begleiterscheinung Hoffnung und Kontrollillusionen mit: »Wenn ich mich schuldig fühle, habe ich offenbar etwas falsch gemacht. Wenn das stimmt, muss ich nur noch herausfinden, was es war. Dann kann ich es ein nächstes Mal richtig machen. So kann ich eine Wiederholung verhindern.«

Das Gehirn in seiner Not sucht also Auswege, und wenn es keine findet, erfindet es sich welche oder redet sich ein, noch nicht alles abgesucht zu haben.

Die junge Frau Emilia Novak wurde Opfer eines nächtlichen Überfalls, infolgedessen sie, neben anderen Symptomen, massive Schuldgefühle entwickelte. Sie erzählt: »An diesem Tag damals wollte ich nicht auf den Bus warten, sondern bin zu Fuß heimgegangen. Hatte ich das doch bloß nicht getan! Dann wäre mir nämlich nichts passiert. Ich fühle mich so schul-

dig deswegen, der Gedanke quält mich die ganze Zeit. Warum habe ich nicht einfach gewartet?« Auch an einem zweiten Punkt hat ihr Gehirn Ursachen-Schuld gefunden: »Angesprochen hat mich der Typ mit einem Kompliment über mein Outfit. Es war mir unangenehm, aber bevor ich noch reagieren konnte, war es schon zu spät. Daheim habe ich diese Sachen sofort weggeworfen. Die Polizei hat mich später dafür kritisiert, wegen Spuren und so. Sie haben sicher recht. Aber ich konnte den Anblick nicht eine Sekunde länger ertragen, denn wegen meiner Kleidung hat er sich anscheinend genau mich ausgesucht. Hätte ich doch nur etwas anderes angezogen an diesem Tag.«
Frau Novak blieb natürlich, wie alle traumatisierten Menschen, noch Tage danach in einem psychischen Ausnahmezustand. Unbedachte Sätze, scheinbar harmlose Warum- und andere Fragen können nun zusätzliche Schuldsuchprozesse initiieren, die alles andere als nützlich sind: »Haben Sie den Mann sicher nicht gekannt?«, »Warum waren Sie zu dieser Zeit dort unterwegs?«, oder später die Worte einer gutmeinenden Freundin: »Warum hast du mich nicht angerufen? Ich hätte dich doch abgeholt.« Das ist für Betroffene nicht hilfreich. Wichtig ist es, feinfühlig zu sein und aktiv möglichen Schuldgefühlen entgegenzuwirken: »Du hattest keine Schuld, denn du konntest es nicht wissen.« Frau Novak gelang später genau das, denn sie erkannte die fehlende Wahlmöglichkeit. Sie entschied sich bewusst gegen das Vermeiden, für mehr Sicherheitsgefühl lernte sie Selbstverteidigung. Und obwohl sie das Geschehen natürlich niemals vergessen konnte, wurde sie doch ihre Symptome nach und nach wieder los.

Traurige Tatsache ist: Bei vielen Katastrophen oder Gewaltaktionen hat es nach Prüfung aller sieben Schuldkriterien, nichts gegeben, was das Opfer zur Verhinderung beitragen hätte können.

Doch durch die verbissene Schuldsuche muss oder kann das einem betroffenen Menschen nicht bewusst werden. Er konnte vielleicht deshalb Hoffnung behalten, nach Lösungen suchen, weiterkämpfen – und schließlich überleben. Allerdings ist es danach wichtig, die Schuld wieder den wirklich Schuldigen zuzuweisen.

Die wahrhaft Schuldigen weisen den Opfern Schuld zu

Es ist leider eine gängige Strategie von Tätern und Tyranninnen, die eigene Schuld nicht nur hemmungslos zu leugnen oder an irgendwelche Umstände zu verteilen, sondern sie aktiv den Opfern einzureden. Oder, noch bösartiger, dem Opfer werden Pseudoalternativen vorgeschlagen und Entscheidungen aufgezwungen, die dann als selbstgewählt und damit schuldhaft bezeichnet werden. Was im Normalfall jeder erwachsene Mensch als Lüge erkennen und ablehnen könnte, trifft im Notfall auf ein Gehirn im Hochstress, das verzweifelt nach Antworten auf die genannten drei Fragen sucht. Es muss nehmen und glauben, was es kriegen kann.

In besonderem Maße sind natürlich Kinder gefährdet, auf diese Weise absolut unbegründete Schuldgefühle zu entwickeln. Doch grundsätzlich passiert das Erwachsenen genauso: Als Stockholm-Syndrom wurden die typischen psychologischen Veränderungen in Geiselhaft beschrieben, unter anderem die Schuld- und Verantwortungsübernahme der Opfer, die selbst die stärksten Menschen in ihren Bann schlagen, weil sie eben die typischen, normalen Gehirnreaktionen auf abnormale Situationen darstellen

Glücklicherweise gibt es inzwischen gute Behandlungstechniken, trotzdem geht es weder schnell noch leicht, Traumafolgen wieder loszuwerden. Vielleicht hilft das folgende Kapitel, sich von manchen, gefährlichen Menschen oder schädlichen Situationen fernzuhalten, indem Sie rechtzeitig die Tricks der Manipulation mithilfe von Schuldgefühlen durchschauen.

Schuldgefühle im listigen Spiel von Tyranninnen oder Meinungsmachern

»Ich muss ihn im Pflegeheim besuchen, er ist doch mein Vater.« Diese Klage höre ich von meiner Freundin Anna seit Wochen. Dieser Vater hat seine Tochter Zeit ihres Lebens ziemlich schlecht behandelt. Und auch heute noch wird sie während ihrer Besuche von ihm beschimpft und mit Vorwürfen überhäuft. »Das bin ich ja gewohnt«, meint sie, »aber was mich wirklich nervt: Er möchte, dass ich ihm die Haare wasche, weil die Pflegeperson im Heim das nicht so tut, wie er will. Ich finde das entsetzlich unangenehm.« Doch das innere, moralische Gebot »Man muss den Eltern gehorchen«, das ihr dieser Vater wohlweislich von Kindheit an vorgebetet hat, beschert ihr enorm intensive Schuldgefühle, sobald sie es nicht befolgt.

Solche Beziehungsmuster sind mir bereits in allen Varianten begegnet: Es hätte auch ein Sohn sein können, der den Vater oder die Mutter »besuchen muss«, in Firmen entstehen manchmal solche tyrannischen Beziehungen oder Freundschaften mutieren dazu. Selbst wenn keine körperliche Gewalt ausgeübt wird, sind es Gewaltbeziehungen, denn über Schuldgefühle lassen sich Menschen manipulieren und zu Verhaltensweisen bringen, die ihnen nicht guttun. Wer die listigen Tricks kennt, kann sich rechtzeitig in Sicherheit bringen. Im Versuch, mit etwas schwarzem Humor das Ernste darin leichter erträglich zu machen, wurde das nun folgende »Rezept« *»Wie werde ich ein erfolgreicher Tyrann und eine erstklassige Despotin?«* erstellt. Es beschreibt einige typische Verhaltensweisen, die Gewalttäter, Manipulatorinnen oder schlaue »Influencer« üblicherweise anwenden.

Doch vorangestellt sei: *Eine* Schwalbe macht noch keinen Sommer und *eine* Manipulation, *eine* nun beschriebene »Zutat«, *eine* Kritik noch keine Tyrannei. Natürlich dürfen auch gute Menschen manchmal schlechte Dinge tun, sich fallweise ungut verhalten oder können an schlechten Gewohnheiten leiden, denn niemand muss heilig sein. Erst ein Verhaltensmuster, also die intensive oder langjährige Anwendung, erzeugt die Dynamik einer Gewaltbeziehung samt ihren giftigen Auswirkungen.

Wie werde ich ein erfolgreicher Tyrann? Zutat 1: Erschaffe und verankere deine Gesetze.

Schuldgefühle wollen motivieren, sich an moralische Gesetze und soziale Spielregeln zu halten. Wer also die Gesetze und Spielregeln festlegt oder sie gezielt verändert, kann Menschen mithilfe der dadurch erzeugbaren Schuldgefühle steuern. Der klassische Weg ist das »Einreden« oder »Einlernen«. Würde es zum Beispiel gelingen, mir einzureden: »Wenn du mich liebst, musst du alles tun, was ich sage«, dann werde ich Schuldgefühle bekommen, wenn ich dem nicht folge. Also mache ich es. Das verdeutlicht übrigens den Vorteil gegenüber der Manipulation mittels Angst, denn diese arbeitet durch Strafe und Bedrohung. Wer sich jedoch darauf versteht, gezielt Schuldgefühle zu wecken, dem folgen alle »freiwillig« und verteidigen sogar loyal die entsprechenden Regeln.

Bereits bestehende Überzeugungen lassen sich ebenfalls umformen. Eine der – drastischen – Methoden dafür ist die *»Gehirnwäsche«*. Militärische Umerziehungslager nutzen dabei Schuldgefühle, um innere Gesetze und Überzeugungen von Grund auf zu ändern. Sie funktioniert, sobald man jemanden dazu bringt, etwas freiwillig zu tun, das ein klein wenig seinem aktuellen, inneren Gesetz widerspricht. In solchen Lagern bot man Gefangenen an, im Austausch gegen zum Beispiel Hafterleichterung freiwillig einen harmlosen Text vorzulesen, der sich nur in einem Nebensatz ein wenig kritisch gegen eine innere Überzeugung des Gefangenen äußerte. Wenige Tage danach folgte unter der gleichen Voraussetzung ein Text, der schon ein wenig mehr Kritik enthielt, und so fort. Am Ende hatten viele ihre frühere Meinung geändert. Bevor ich erkläre, wie das passiert ist, noch ein Beispiel aus der psychologischen Forschung: Eine Versuchsperson, die von »Lügen ist falsch« überzeugt war, wurde nach einer betont langweiligen Fragebogenerhebung gebeten: »Wenn Sie von der nächsten Teilnehmerin gefragt werden, ob der Fragebogen interessant ist, könnten Sie da bitte ›Ja‹ sagen? Sie bekommen dafür ein wenig mehr Aufwandsentschädigung als vereinbart.« So wurde sie dazu verführt, eine winzige Unwahrheit zu sagen.

Man brachte also auch hier einen Menschen dazu, freiwillig ein klein wenig gegen eine wichtige, eigene Überzeugung zu handeln. Das erzeugt in jedem Menschen eine geringfügige, innere Spannung samt Schuldgefühl. Die Person muss nun unbewusst wählen zwischen zwei Möglichkeiten: Entweder behält sie die alte, innere Regel und akzeptiert das unangenehme Schuldgefühl. Oder sie passt die Regel geringfügig an ihr Verhalten an und löst damit den Widerspruch auf. Viele gehen den zweiten Weg, weil der Unterschied minimal ist. Im Fall des psychologischen Experiments könnte der neue Gedanke etwa so geklungen haben: »Normalerweise lüge ich nicht, aber so eine kleine Schwindelei schadet ja wirklich niemandem. Das macht nichts.«

Nun verführte man diese Versuchsperson zu einer etwas größeren Lüge, ersuchte sie also zum Beispiel, gegen entsprechendes Honorar aktiv andere für den langweiligen Fragebogen anzuwerben. In kleinen Abstufungen wurde weitergemacht, bis am Ende diese Person ein neues, inneres Gesetz konträr zum ursprünglichen verinnerlicht hatte: »Lügen ist ganz in Ordnung. Die anderen tun es auch.«

Zutat 2: Übernimm niemals selbst Schuld für Ungutes. Wenn doch, dann extrem.

Fernsehinterviews mit mächtigen Menschen sind Lehrbeispiele, wie konsequent es gelingen kann, Schuld postwendend weiterzuleiten. »Medien«, »Intrigen«, »der andere Staat«, »die Gesetzesänderung«, »die gegnerische Partei«, »die Wirtschaftslage« … sind schuld.

> *Anna erzählt mir, dass der Vater ihr sogar seine eigene Gebrechlichkeit zum Vorwurf macht. Sie hätte doch dafür sorgen müssen, dass er sich mehr fit hält. Wenn*

er am anderen Ende des Raums stolpert, lässt sein vernichtend-vorwurfsvoller Blick Anna erstarren und sie denkt: »Es ist wegen mir.« An manchen Tagen ist er jedoch anders. Da weint er, nimmt alle Schuld auf sich und meint, er wäre der schlechteste Vater aller Zeiten gewesen. Anna tröstet ihn dann und zählt ihm auf, was er alles gut gemacht hat.

Kurzfristig können durchaus verzweifelte Selbstbeschuldigungsphasen auftauchen, dazu einladen zu sagen: »Aber das stimmt doch gar nicht. Immerhin hast du …« Somit wird Anna auf raffinierte Weise dazu gebracht, in sich selbst alle Pro-Vater-Argumente zu wecken, und seien sie auch noch so unbedeutend. Bei nächster Gelegenheit wird das möglicherweise vom Vater als Waffe verwendet: »Aber du hast doch selbst gesagt, dass ich immerhin …«

Ich werde häufig entsetzt gefragt, warum Menschen wie der Vater von Anna so etwas tun. Was hat er davon? Gezielte Schuldzuweisungen dienen dem *Vorteil* oder *der persönlichen Entlastung* der schuldigen Person. Wer keine Schuld auf sich nehmen will, obwohl er sie hat, muss diese ja irgendwie abwehren. Am besten also postwendend weitergeben. Doch wohin damit? Als Schuldablage kommen nicht nur das Schicksal, der Zufall oder irgendwelche erzwungenen, äußeren und inneren Umstände in Vergangenheit oder Zukunft infrage. Sehr gern landet die Schuld bei den Menschen in der unmittelbaren Umgebung, vor allem bei den gutherzigen, die wollen, dass es anderen besser geht.

Durch Schuldgefühle lassen wir uns *in Beziehungen zwingen,* so wie Anna. Die Liebe hat dieser Mann längst zertrampelt, daher nutzt er die Schuldgefühle. Testen listige Menschen aus, wer im Umfeld besonders bereitwillig Schuld übernimmt, um genau diese Person als Partnerin, als Angestellten oder Freundin zu wählen? Suchen oder erziehen sich die extrem egoistischen Menschen gezielt altruistische Gegenüber?

Natürlich kann es auch *andere Gründe* geben: Purer Sadismus vielleicht oder eine schreckliche Angst vor Einsamkeit, vielleicht Demenz oder das Unrechtsbewusstsein fehlt tatsächlich.

Zu lange sollte man nicht versuchen, das Gehirn des Gegenübers zu erforschen, denn vermutlich werden Sie und ich das nie ganz verstehen können. *Es ist im Prinzip auch egal.* Denn warum auch immer Menschen wie dieser Vater tun, was sie tun: Keine Anna auf der Welt hat die Pflicht, sich deshalb das eigene Leben zerstören zu lassen.

Zutat 3 auf dem Weg zur Macht: Nur steter Tropfen höhlt den Stein.

In winzigen Tropfen, verteilt über lange Zeiträume wird eine sich schleichend verdichtende Atmosphäre der Schuldigkeit und Abwertung erschaffen. In dieser können Menschen psychisch langsam zugrunde gehen, ohne es zu bemerken – ganz so wie bei Anna.

Wer eine Gewaltbeziehung aufbauen will, braucht also Geduld. Zweifel an der Wahrnehmung säen, Rechte untergraben, Gegenwehr lächerlich machen, das braucht schon ein wenig Zeit. Unmerklich für Betroffene verändern sich innere Rechte und Sichtweisen. Soziale Isolation fördert den Effekt, weil anderslautende Botschaften unterbunden werden.

Natürlich wird jeder und jede von uns permanent unterschwellig oder direkt durch kontinuierliche, mediale Dauerberieselung oder durch das Verhalten sozialer Vorbilder beeinflusst. Doch man kann sich jederzeit entziehen. Außerdem gewährleistet die Vielfalt von Einflüssen normalerweise, dass eine einzelne Suggestion nicht extrem stark werden kann. In Gewaltbeziehungen und Diktaturen wird daher genau das verhindert. Nur Zäsur bringt »Einfalt statt Vielfalt«.

Zutat 4: Verändere willkürlich die Regeln und Vorgaben.

Tyrannei in der großen Welt oder in der kleinen Familie, ja sogar in der Affenhorde festigt ihren Status, indem sie die Regeln willkürlich ändert: Was gestern noch schuldig gemacht hat, bringt heute Anerkennung und umgekehrt. Denn wer die Macht hat, bestimmt und permanente Regeländerungen sorgen dafür, dass das niemand so schnell vergisst.

Das ermöglicht der mächtigen Person, sich selbst nicht daran halten zu müssen: »Man darf nicht schimpfen? Das war doch gestern. Heute ist alles anders, denn ich habe erkannt, dass es für mich in Ordnung ist zu schimpfen, wenn du …« Es funktioniert natürlich erst, sobald das Gegenüber dem inneren Gesetz folgt: »Ich will tun, was gewollt wird. Will also helfen. Will brav sein. Will, dass es dir gut geht.« Kinder sind in den ersten Lebensjahren auf soziale Anpassung ausgerichtet, bei ihnen lösen ständige Regeländerungen besonders starke Verwirrung aus und bewirken, dass sie sich wie hypnotisiert auf den Menschen konzentrieren, der seine Macht so ausspielt.

> *Anna beschäftigt sich zunehmend häufiger gedanklich mit dem Vater. Tag und Nacht hat sie ihr Telefon griffbereit, denn er könnte anrufen. Manchmal tut er das mehrmals pro Tag, dann meldet er sich eine Woche lang nicht. Sie macht sich dann Sorgen: »Ob ihm wohl etwas passiert ist? Vielleicht ist er böse auf mich?«*

Zutat 5 zur Gewalt: Erschaffe Atmosphären, sei subtil vorwurfsvoll, beschuldigend.

Atmosphären zeichnen sich dadurch aus, dass »eigentlich« alles gut ist und gar nichts passiert, das man klar benennen könnte. Kennen Sie Menschen, die sehr gern sehr deutlich seufzen und in deren Gegenwart man sich irgendwie unwohl, klein und unfähig fühlt? So als ob man nichts richtig machen könnte?

Doppelbotschaften können dazu beitragen: Dabei werden zwei gegensätzliche Informationen geschickt oder zwei Dinge gleichzeitig verlangt, die nicht gemeinsam erbracht werden können. Am bekanntesten ist die »Sei spontan!«-Paradoxie. Wer spontanes Verhalten, spontane Liebesbezeugungen oder spontane Hilfsbereitschaft einfordert, wird danach in jedem Fall Schuld verteilen können. Denn falls es nicht passiert: schuldig! Wenn schon, ist es nun nicht mehr spontan gewesen, denn sie musste schließlich vorher eingefordert werden: schuldig! Das funktioniert jedoch nur so lange, bis die betroffene Person das Muster durchschaut und sich bewusst entscheidet, dabei nicht mehr mitzumachen.

Mario Winter, ein junger Erwachsener, ballt die Fäuste: »Dieser Seufzer meiner Mutter! Ich kann das nicht mehr hören. Wenn ich nachfrage, was los ist, bekomme ich von ihr einen vorwurfsvollen Blick zugeworfen und zugleich ein leidendes ›Es passt eh alles‹ zu hören. Ich hab seit Jahren das Gefühl, ich mache alles falsch und enttäusche sie.« Ich versuche, die Dynamik in Worte zu fassen: »Mir scheint, Ihre Mutter schickt Ihnen laufend Doppelbotschaften: Nonverbal kommuniziert sie eine Schuldzuweisung, doch ihre Worte sagen etwas anderes. In Ihnen erzeugt das Hilflosigkeit, Ärger und Schuldgefühl?« Er nickt, sichtlich entlastet, dass ich ihn nicht für einen schlechten Menschen halte oder enttäuscht reagiere. Instinktiv erwartet er wohl auch von mir einen Seufzer – die Macht der Verallgemeinerung von Erwartungen. Aber diese enttäusche ich gern: »Ich habe eine gute Nachricht für Sie: Doppelbotschaften lassen sich überaus elegant aushebeln, indem man variantenreich und unerwartet reagiert. Sammeln wir einige Ideen, die Ihre Mutter garantiert überraschen und somit das übliche Kommunikationsmuster radikal unterbrechen.« Der junge Bursche hört mir gebannt zu, denn er erkennt, was ihn bisher blockiert hat: Er hätte eigentlich liebend gern getan, was seine Mutter von ihm erwartete, nur um sein Schuldgefühl loszuwerden, doch das war gar nicht möglich. Mein Vorschlag zielt nun auf das genaue Gegenteil ab: die Mutter überraschen, also ihre Erwartungen nicht erfüllen. Jetzt sieht er plötzlich viele Auswege. Schließlich wählt er folgende drei Möglichkeiten: Das Muster benennen: »Interessant eigentlich, du sagst … und du tust …«, Humor: »Ui, die Pfeile fliegen heute tief«, und eine Mischung von allem: »Ich mag dich auch, liebe Seufzerkönigin.« Hauptsache unorthodox.

Zutat 6: Überhäufe dein Opfer mit unechten Geschenken, nimm ihm Verantwortung ab.

Was in diesem Buch bisher als »Geben und Nehmen in Balance« oder »Austauschbeziehungen« beschrieben wurde, nennt der Werbe- und Konsumentenpsychologe Georg Felser »die Regel der Gegenseitigkeit«. Die allermeisten Menschen geben spontan für eine Zuwendung etwas zurück. Was eigentlich ein guter und gerechter Impuls ist, kann natürlich in der Werbung und im Marketing ausgenutzt werden: Wir lassen uns verleiten, ein Produkt zu kaufen, weil wir zuvor eine »Gratis-Probe« erhalten haben, oder spenden höhere Beträge, wenn gleichzeitig ein kleines Geschenk zugeschickt wird.

In Gewaltbeziehungen oder tyrannischen Strukturen wird dieses Bedürfnis gezielt genutzt: Großzügige Hilfestellungen ohne konkrete Rückgabevereinbarung gewährleisten, dass man sich für lange Zeit verpflichtet fühlen kann, eine Belastung noch länger zu ertragen. Geschenke werden regelrecht aufgezwungen oder eine Verantwortung wird abgenommen, nur um später sagen zu können: »Dafür bist du mir aber etwas schuldig.« Dem geschenkten Gaul also unbedingt trotzdem ins Maul schauen, vielleicht wartet dort eine geheime Rückzahlungsverpflichtung.

Die Abnahme von Verantwortung hat noch einen zweiten Effekt: Sobald ich in einer hierarchischen Struktur wie zum Beispiel einer Firma eine Anweisung erhalte, muss ich mir üblicherweise keine Gedanken darüber machen, ob meine Vorgehensweise richtig oder falsch ist. Daran ist im Prinzip nichts Besonderes und schon gar nichts Böses. Wie sehr eine Anordnung allerdings als Manipulation genutzt werden kann, um Menschen dazu zu bringen, ihren eigentlich ehrenwerten, inneren Gesetzen nicht zu folgen, zeigt das bekannte Milgram-Experiment[23]. Dort gelang es durch die Technik der kleinen Schritte bei gleichzeitiger Abnahme der Verantwortung, manche Menschen zu Gewalttaten zu bringen.

Zusätzlich kann man dadurch die andere Person unfähig und unselbstständig halten. Die Angst, es nicht alleine zu schaffen, hat schon manchen Menschen in extrem schädlichen Beziehungen gehalten.

Zutat 7: Falls dir echte Argumente ausgehen, erzeuge Schuldgefühle durch Katastrophenfantasien.

Katastrophenfantasien können ähnlich starke Schuldgefühle erzeugen wie echte Erlebnisse. Auch dadurch lassen wir uns manipulieren und unterdrücken. »Was wäre, wenn ich jetzt verblutend am Boden gelegen wäre, nur weil du zu spät heimgekommen bist?« »Es wird vielleicht unser letztes, gemeinsames Weihnachten sein. Und du verbringst es lieber mit den Vereinskollegen anstatt mit mir?« »Stell dir vor, wie schlecht es dir gehen würde, wenn du mir nicht hilfst und ich deshalb gekündigt werde?«

Und die wichtige 8. Zutat: Vernichte die Rechte und zerstöre den Selbstwert des Opfers.

Die vielleicht effektivste Strategie von tyrannischen Menschen ist es, dafür zu sorgen, dass sich die »Untergebenen« klein und wertlos fühlen. Das ist deshalb leider so effektiv, weil dadurch all den suggerierten Schuldgefühlen und Pflichten bald keine Rechte mehr gegenüberstehen, die als Gegenkraft wirken. Natürlich muss man damit unmerklich beginnen – Zutat 3 –, sonst laufen die zukünftigen Opfer auf und davon.

> *Genau diese listige Strategie hat eine andere Freundin von mir, Olga, aus der Bahn geworfen: Sie war selbstbewusst, beruflich erfolgreich und attraktiv – und verliebte sich in einen »richtig tollen Kerl«, so erzählte sie mir. Treffen konnte ich ihn leider nicht, denn er hatte, wie sich herausstellte, kein Interesse, ihren Freundes-*

kreis kennenzulernen. Nach wenigen Wochen begann sie, sich ein wenig zu verändern, redete oft von ihren Fehlern und Makeln. Es wurde dem tollen Kerl immer weniger angenehm, wenn Olga und ich einander sahen. »Aber er hat ja recht, wir haben so wenig Zeit zu zweit«, verteidigte sie ihn. Irgendwann meldete sie sich nicht mehr, doch bei meinem Geburtstagsfest bestand ich energisch auf ihr Kommen. Zwei Jahre lang dauerte mittlerweile ihre Beziehung und Olga ähnelte einer verwelkten Blume. Nach dem Fest gestand sie mir – tatsächlich wirkte sie dabei, als ob sie ein eigenes Verbrechen zugeben müsste –, dass sie geschlagen würde. »Aber er hat ja recht, ich mache wirklich dumme Fehler. Ich müsste ja nur …« Sofort kramte ich die alten Fotos von ihr aus meinem Telefonspeicher hervor, zeigte ihr die strahlende Frau, die sie mal war. Es gelang mir, sie davon zu überzeugen, diesem Menschen nicht mehr allein gegenüberzutreten. In Begleitung holte sie am nächsten Tag ihre persönlichen Dinge aus der Wohnung. Die Kraft reichte bei diesem Mal noch nicht für den endgültigen Absprung, weil er verzweifelt hoch und heilig Besserung schwor. Doch nach der nächsten Gewaltaktion konnte sie diesen Albtraum endlich beenden.

Mühsam päppelte Olga ihren Selbstwert wieder auf, die Schuldgefühle begleiteten sie aber noch eine Weile, zuerst in der allzu gut eingetrichterten Form: »Manchmal glaube ich immer noch, es sei alles nur meine Schuld gewesen.« Später kam die Zeit der Selbstvorwürfe: »Warum bin ich nicht früher gegangen? Wie konnte ich mir das antun?« Es dauerte lange, bis sie endgültig abschließen und neues Vertrauen in sich und die Welt aufbauen konnte.

Im gleichen Maß, wie das Selbstbewusstsein aufgrund von permanenter Kritik und Abwertung sinkt, können sich tyrannische Menschen erlauben, immer mehr Gewalt auszuüben. Das erfordert wie gesagt Geduld: Hätte dieser Typ in der ersten

Woche sein wahres Gesicht gezeigt, hätte diese selbstbewusste Frau selbstverständlich empört die Beziehung beendet. Gewalt schleicht sich jedoch im Schatten der Abwertung in winzigen Schritten an, verändert innere Regeln und Rechte, sät Zweifel und isoliert, um Realitätsprüfung zu verhindern. Sobald man den Blick dafür geschärft hat, wird man (einzelne) tyrannische Strategien besser erkennen, nicht nur im persönlichen Umfeld.

Resümee: »Was kann ich tun, wenn ich merke, dass ich auf solche Weise manipuliert werde?«

Im Beispiel von Anna und ihrem Vater entwickelt sich die Situation so weiter: Irgendwann schafft es Anna einfach psychisch nicht mehr. Ich überlege, wie ich ihr weiterhelfen kann. Meine bisherige Unterstützung, nämlich ihr die Augen für das Verhaltensmuster und das zugefügte Unrecht zu öffnen, war nicht nützlich genug. Welcher Schritt kann klein genug sein, dass sie ihn gehen kann? Ihre mitfühlende Bemerkung bei einem Spaziergang über ein Kindergartenkind, das verzweifelt versucht, mit seinem gestressten Erwachsenen Schritt zu halten, bringt mich auf eine Idee: »Mir scheint, Anna, auch du läufst hinterher. Du folgst. Was wäre, wenn du mehr Führung übernimmst?« Interessiert schaut sie mich an. Wir sammeln Ideen und sie macht daraus Pläne: Sie wird bestimmen, wann sie ihren Vater anruft und besucht. Das soll ritualisiert werden, also ungefähr immer zu den gleichen Zeiten stattfinden, die sie ihm gut sichtbar neben seinem Bett in einem Kalender einträgt. Natürlich kann sie das verändern. In Zukunft hebt sie bei Anrufen nicht ab, sondern ruft zurück, wann sie will – rasche Hilfe hat er schließlich ohnehin vor der Tür. Bei Besuchen wird sie sofort, wenn er unfreundlich ist, wortlos für einige Minuten den Raum verlassen und beim Zurückkommen so tun, als ob nichts wäre – eine offene Diskussi-

on wagt sie noch nicht. Und natürlich wird sie ihm nie wieder die Haare waschen, sondern das einer freundlichen Pflegeperson überlassen. Der Effekt ist verblüffend: Der Vater reagiert nur selten stark verärgert. Er beginnt, respektvoll zu sein und sich zu freuen, wenn sie zu Besuch kommt. Anna arrangiert sich gut mit den verbleibenden Schuldgefühlen, hat sie doch im Gegenzug ihre Lebensfreude zurückgewonnen.

Die Ideen in diesem Beispiel werden wohl für andere Menschen in anderen Situationen nicht passen. Doch sie sollen zeigen: Der Ausstieg aus Gewaltbeziehungen ist möglich. In vielen Fällen ist der erste Schritt dazu die *Beobachtung der Muster* im Verhalten des anderen. Der zweite ist einfach gesagt, aber schwer getan: *Hören Sie auf, den alten Gesetzen zu folgen,* auch wenn Sie sich danach schuldig fühlen. Die Umgestaltung der inneren Regeln liegt in Ihrer Hand. In der Übergangsphase können belastende Gefühle natürlich eine Weile lang grässlich intensiv spürbar sein, doch es sind trotzdem nur Gefühle. Sie können mit der Zeit kleiner werden oder Sie suchen aktiv einen Weg heraus. Hilfreich ist in jedem Fall: *Gehen Sie auf Distanz.* Erst mit etwas Abstand können wir die Dinge so sehen, wie sie sind. Das ist umso wichtiger, je stärker uns die Gefühle vom Denken ablenken. Und *holen Sie sich Hilfe* und, je nach Ausmaß der Gefahr, *Sicherheit.* Also erzählen Sie Ihre Situation jemandem, der Ihnen beim Sortieren hilft. Es gibt in jeder größeren Stadt spezialisierte Beratungsstellen für Frauen wie Anna und Olga, für betroffene Männer und natürlich für Kinder und Jugendliche.

Doch um Missverständnisse zu vermeiden, bitte bedenken Sie: Nicht jede gezielte Verankerung von sozialen und moralischen Regeln samt dazugehörigen Schuldgefühlen, selbst wenn sie verdeckt passiert, ist schädlich. Denn auch eine gute Familie, gute Erziehung vermittelt moralische Werte, selbstbestimmte »Gehirnwäsche« kann von schädlichen Gesetzen befreien und Leben retten und Traumatechniken wie EMDR oder die Zeitreise (Online-Material) vermögen es, der Psyche beim Heilen zu helfen, indem sie alte Lernerfahrungen durch neue ersetzen.

Heimliche Manipulation und effektive Hilfestellung unterscheiden sich nämlich nicht immer in der Methode, jedoch eindeutig darin, wer das Ziel vorgibt und wem es echten Nutzen bringt: Wenn ich also im Kapitel über Konflikte darüber geschrieben habe, dass ich Schuldgefühle »erzeuge«, indem ich Wahlmöglichkeiten aufzeige, bleibe ich natürlich trotzdem ein guter Mensch. Denn mein Verhalten dient vorrangig dem Wohl der Betroffenen. Herrn Jens im nun folgenden Beispiel konnte ich ebenfalls gezielt durch Schuldgefühle dabei unterstützen, ein Verhalten zu ändern und eine Sucht loszuwerden.

> *Jonas Jens ist verzweifelt. Sein Vater ist vor Kurzem an Lungenkrebs verstorben und er möchte deshalb unbedingt, unbedingt selbst mit dem Rauchen aufhören. Doch Süchte sind mächtig, sie krallen sich im Gehirn fest. Betroffene stehen lange Zeit hilflos daneben und können nur zuschauen, wie sich die alten Gewohnheiten in ihnen abspulen. Welche Gegenkraft könnte stärker sein als diese Sucht? Die Angst vor dem Tod reicht bei Jonas Jens offensichtlich nicht aus. In der Behandlung arbeiten wir schließlich mit Schuldgefühlen gegenüber den geliebten Personen: Seinen Kindern, seiner Partnerin und dem Mann, der er selbst in 20 Jahren sein wird – ihnen allen ist er es schuldig, ein paar wirklich harte Wochen zu durchleiden, aber dafür diesen Risikofaktor für Krankheit zu minimieren.*

7. Sie werden Eltern? Willkommen in einem Kosmos neuer Gefühle

Sobald wir beginnen, ein Kind zu lieben, gleich in welcher Rolle, tut sich die Tür auf zu einem Raum in unserer Innenwelt, in den wir vorher höchstens einen kurzen Blick durch ein winziges Fenster werfen konnten. Nun spüren viele plötzlich eine spezielle Intensität von Liebe und Glück, von Stolz, Freude oder von Verbundenheit. Doch dort warten auch unfassbar große Angst, Sorgen, entsetzliches Mitleid und eben auch Schuldgefühle. Ich selbst habe vor der Geburt des ersten Kindes diese »beiden Seiten der Gefühls-Medaille« vollkommen unterschätzt.

In Bezug auf Schuldgefühle verstehe ich heute, was passiert ist: Ein ganz neues, wenngleich vielleicht verstaubtes »Gesetzbuch« wurde in diesem Moment aufgeschlagen, mit speziellen, moralischen Regeln und gesellschaftlichen Erwartungen – oder mit nur einem Satz darin, der lautet: »Ich will alles ganz anders machen.« Doch keine Sorge, niemand muss daran verzweifeln, denn es ist nur eine Vorlage. Schreiben Sie es neu.

Schuldgefühle waren aus biologischer Sicht schließlich extra zum Wohle von Familien und Gruppen gedacht, um uns auch dann zu »gutem« Verhalten zu motivieren, wenn wir es nicht aus Liebe, Mitgefühl oder Begeisterung tun können: Während ich als junge Mutter nach der dritten Schlafunterbrechung aufstehen musste, hielt ich mir vor Augen: »Okay, ich bin wieder wach. Doch mein Kind ist es auch und muss sogar weinen.« Aber nach dem fünften Aufstehen geht wohl in jedem Menschen der Vorrat an Mitgefühl und Liebe zur Neige. Was uns dann bei der Stange hält, um einem Kind zu geben, was es braucht, ist hoffentlich das Schuldgefühl: »Es ist schließlich meine Pflicht. Es kann ja nichts dafür.« Und hilfreich ist natürlich das Wissen: Alles im Kindesalter ist zeitlich begrenzt, also nur eine Phase, die nur alle irgendwie schadlos überstehen müssen.

> *Eine Mutter und erfolgreiche Führungskraft erzählt: »Falls ich als Teamleitung eine Entscheidung treffe, die jemandem schadet, dann tut mir das natürlich leid. Manchmal habe ich auch Schuldgefühle, sogar wenn mein Verstand weiß, dass es keine andere Möglichkeit gibt. In meiner Rolle als Mutter ist das jedoch viel, viel schlimmer: Da habe ich vollkommen überzogene Hoffnungen und Forderungen an mich selbst: Meinem Kind soll nichts Schlimmes passieren UND es soll mit Leid und Stress umgehen können. Es soll alles bekommen UND es soll Frustration aushalten und sich anstrengen und lernen. Ich möchte ihm optimale Voraussetzungen zur Entwicklung bieten UND nicht verwöhnen. Ich fühle mich deshalb praktisch immer schuldig. Wenn ich dann noch intensives Mitleid kriege, weil es ihm schlecht geht, dann ist das der emotionale Super-GAU. Ich habe mir früher nicht vorstellen können, was Menschen meinen, die sagen: ›Es zerreißt mir das Herz.‹ Jetzt weiß ich es.«*

Schuldgefühle von Eltern: Wann sind es zu viele und wann zu wenige?

Für viele Eltern sind Schuldgefühle eine ständige Begleitung: Kinder, Job und Partnerschaft, die Herkunftsfamilie, daneben die Wünsche anderer und dazwischen noch ein Hobby, das eine wichtige Energiequelle im Leben ist – es ist einfach nicht alles vollständig unter einen Hut zu bringen. Würde ich persönlich meine Schuldgefühle eine Woche lang zählen, wären vielleicht ebenfalls die meisten auf das familiäre Umfeld bezogen, auf die

Partnerschaft, die Kinder, die eigenen Eltern, Geschwister oder die Tante, die so selten Besuch bekommt.

Was ist schuld an so vielen Schuldgefühlen? Wie nutzt es den Kindern und ab wann schadet es, wenn sie schuldbewusste Erwachsene an ihrer Seite haben? Schließlich können die besonders engagierten und daher vielleicht schuldüberladenen Menschen unter uns deshalb sogar die Freude an den Kindern verlieren oder wütend auf sie werden. Eltern ohne Schuldgefühle, vielleicht sogar mit dem Gegenteil, nämlich der Überzeugung, selbst die Opfer ihrer Kinder zu sein, gibt es natürlich auch. So manch einer verteilt alle Schuld großzügig weg von sich und dem Kind auf das Umfeld: andere Familienmitglieder, Schule, Gesellschaft, Freundeskreise. Wie können sich Eltern hier orientieren, ohne sich im Informationsgewirr zu verlaufen?

In diesem Kapitel beantworte ich häufige Fragen von Eltern. Vielleicht macht es deutlich, dass Sie, liebe Leserin oder lieber Leser, nicht allein damit sind. Am Ende finden Sie eine Zusammenstellung von Tipps, wie es gelingen kann, eine gute Mitte zu finden.

»Ich muss doch eine gute Mama, ein guter Papa sein. Oder?«

Eltern haben so viele Schuldgefühle, weil das von Natur aus genauso vorgesehen ist: Die Diplompsychologin und Psychotherapeutin Maren Lammers schreibt, wie großzügig Eltern damit psychologisch ausgestattet sind. Das leiseste Schreien eines Säuglings motiviert die Mehrzahl von Erwachsenen dazu, sich schnell und umfassend um die Versorgung zu kümmern, sonst hätte ein Kind ja tatsächlich keine Überlebenschancen. Zu dieser Grundausstattung kommen die sozialen Spielregeln des Umfeldes dazu, die guten Vorsätze aufgrund eigener Kindheitserfahrungen und moralische Grundpfeiler wie zum Beispiel: »Ich will niemandem schaden.«

Ein allzu starkes Schuldgefühl hat jedoch den gleichen Effekt wie *jedes* überstarke Gefühl: Es stört die Beziehung zum Kind. Wenn ich es ansehe und dabei innerlich eine Liste von Regeln überprüfe, wenn mir sofort Verfehlungen, Sorgen oder Ängste in den Sinn kommen, dann bin ich nicht mehr mit Herz und Hirn beim Kind, sondern bei mir. Das Beispiel vom Telefonat der schuldgefühlbeladenen Frau Ungar mit ihrer erwachsenen Tochter im nächsten Kapitel beschreibt diesen Effekt.

Eine unguter, verstärkender Effekt entsteht durch die Suggestion einer Kontrollillusion:

»Wenn du alles richtig machst, wird alles gut.« Das stimmt in der Pädagogik genau so wenig wie zum Beispiel im Gesundheitsbereich. Hier wie dort können wir nur Wahrscheinlichkeiten erhöhen. Dazu kommen noch die Idealbilder, mit denen Menschen an die Aufgabe »Elternschaft« herangehen. Schuldgefühle sind unvermeidbar, doch wenn sie lebensfeindlich werden, braucht es die klare Entscheidung der oder des Betroffenen dagegen.

Viktor Frank erzählt: »Ich war mit meinen Kids oben auf dem Hochseilklettergarten, wir waren die ersten an diesem Vormittag. Es war echt stressig, ich habe es aber geschafft. Als Abstieg war ein Flying-Fox gedacht, den die Betreuerin vor unseren Augen montierte. Mir schoss plötzlich der Gedanke durch den Kopf: ›Eigentlich sollte ich als Erster gehen. Es soll mich treffen, falls das Seil nicht hält.‹ Doch ich war wie gelähmt. Die Kinder warfen sich vertrauensvoll in die Tiefe, ich war der Letzte. Seit damals quält mich ein Schuldgefühl: Offensichtlich bin ich doch nicht so ein guter Vater: Ich hatte immer behauptet, ich würde ohne Zögern mein Leben für die Kinder geben.« Diesem Vater hilft es zu erkennen, dass er damals lähmende Todesangst durchlebte. Sein Körper übernahm die Kontrolle, er hatte keine echte Wahl. Er kann schlussendlich gnädig mit sich sein und den »rechtfertigenden Notstand« anerkennen. Mit allen Sinnen verdeutlicht er sich immer wieder: Alles ist gut, es ist kein Schaden entstanden. Und er ändert die innere Regel so, dass er sich selbst als Mensch mit Schwächen und Ängsten anerkennt. Nun endlich kann sich Herr Frank selbst wieder mögen und das Schuldgefühl verabschieden.

»Wir Eltern sind doch immer schuld, oder?«

Vorab eine wichtige Information: Wer feinfühlig mit Kindern umgeht, wer genau auf sie schaut und prüft, was sie brauchen, welche Aktionen wie bei ihnen ankommen und sich, wenn notwendig, auch mal bei ihnen entschuldigt, der ist garantiert auf einem guten Weg. Vielleicht ist die eine oder andere Information von mir neu und interessant, bei anderen sind Sie möglicherweise gar nicht meiner Meinung. Doch bitte lassen Sie sich durch dieses Buch kein neues Schuldgefühl einreden. Warum ich das betone? Mir selbst ist es als junge Mutter teilweise im Umgang mit Fachleuten und -büchern so ergangen. Besonders belastend habe ich es damals gefunden, wenn ich zwar eine echte Schuld erkannt, jedoch keine Lösungsidee dazu bekommen habe. Vielleicht ist es mir deswegen so wichtig, Menschen auch Wege heraus zu bieten.

Meine Antwort auf oben gestellte Frage lautet: Ja, Eltern haben wohl immer ein wenig Schuld, wenn auch nicht an allem. Selbst die engagiertesten Mütter und idealen Väter kommen nicht ohne reale Schuld durchs Leben. Das gilt übrigens für jede Führungskraft, vielleicht überhaupt für jeden Menschen. Denn im Alltag lauern jede Menge »Schuldfallen«: Niemand kann alles schaffen, sich verdoppeln oder ohne Schlaf auskommen. Gleichzeitig Zeit und Geld genug für einen entspannten Umgang mit den Kleinen hat ebenfalls kaum jemand. Manchmal irren wir uns oder glauben den falschen Leuten samt ihren Erziehungstipps. Ein Kind oder eine wichtige Bezugsperson wird krank oder die Paarbeziehung läuft nicht wie gedacht. Und am wichtigsten: Wir können die Zukunft nicht vorhersehen. Schuldgefühle ganz vermeiden zu wollen, hat keinen Sinn und ist nicht notwendig. Mit den nützlichen kann man sich gut arrangieren und die allzu belastenden ablegen lernen.

In ähnlicher Weise schafft es übrigens auch niemand, völlig ohne Schaden durchs Leben zu kommen, also ohne hin und wieder selbst Opfer eines Unrechts, eines Hindernisses oder einer »Beschädigung« (geworden) zu sein. Wenn wir Glück haben, ist es wenigstens nichts Katastrophales. Es gibt keinen Menschen, der die idealen Wachstumsbedingungen hatte, der sein Potenzial zu 100 Prozent zum Blühen bringen konnte. Dafür schlummert zu viel in uns. Ein Leben allein reicht gar nicht aus, um alles zu entfalten und zu nutzen. Auch wenn wir als Eltern unsere Kinder vor allem Übel schützen wollen, es geht nicht immer. An alle Helikopter-Eltern: Bitte wieder landen. Mit beiden Beinen auf der Erde lässt sich ein Kind hoffentlich vor den großen Gefahren schützen, während es lernt, die kleinen selbst zu bewältigen.

Jede Form von *Perfektionismus* mögen Eltern bitte gleich wieder vergessen. Dieser beruht auf inneren Gesetzen, die mit *»Ich muss immer ...«* beginnen und bei Zuwiderhandeln nicht nur Schuld, sondern todesangstähnliche Zustände auslösen. Zwanghafter Perfektionismus schickt nie Freude an der Vollkommenheit, sondern höchstens Erleichterung.

Natürlich ist es richtig, schwere Fehler unbedingt vermeiden und ein Kind vor einem Unglück beschützen zu wollen: *»Ich will ...«* oder *»Ich werde, wenn irgendwie möglich ...«* sind winzige, wichtige Unterschiede zum Zwang des Perfektionsanspruches. Im Alltag passieren hier Fehler, besonders viele davon in Situationen, wo wir Neues lernen – also an jedem einzelnen Tag mit den Sprösslingen. Besser also ist es, wir streben gleich »nur« an, mit Fehlern von uns und von anderen, mit Ungerechtigkeit, Schuld- und Opfergefühlen konstruktiv umzugehen. Mir hilft in der Arbeit als Psychologin und im Privatbereich dabei das japanische Prinzip »Kai-zen«. Es bezeichnet einen kontinuierlichen, schrittweisen Optimierungsprozess, wo es auf dem Weg zum persönlichen Ziel darauf ankommt, Fehler gut zu sehen und als kostbare Hinweise zu verstehen: Sie zeigen Verbesserungsmöglichkeiten.

Manchmal helfen übrigens bereits kleine Veränderungen: In wem sofort die Frage auftaucht: »Wer ist schuld?«, wenn sich ein Kind merkwürdig verhält, traurig ist oder ein anderes Problem hat, kann versuchen, diese sofort zu stoppen und zu ersetzen. Die neue Forschungsaufgabe lautet: *»Was ist schuld?«* Diese hält den Blick besser offen fürs Kind und verursacht keine Distanz durch Schuldgefühle oder ineffektive Schuldzuweisungen.

»In jedem Buch steht etwas anderes. Ich mache sicher alles falsch.«

> *Gabi, eine junge Mutter, bittet um telefonische Beratung, denn zu mehr, seufzt sie, fehle ihr wirklich die Zeit: »Mein Hauptproblem ist diese Unzahl von Meinungen. Am schwierigsten ist das bei den Omis. Denn was mir die eine empfiehlt, verteufelt die andere. Mittlerweile sind mein Mann und ich nur mehr verwirrt. Was kann ich tun? Denn mein Baby schreit und schreit.«*

Zu allen Zeiten und in allen Kulturen haben besonders die engagierten und selbstkritischen Eltern Rat gesucht. Schließlich wollen sie alles möglichst richtig machen. Zur Kindererziehung gibt es extrem viele Meinungen vom Kreis der Fachleute. Dazu zählen sich nämlich alle, die mit Kindern zu tun haben oder selbst einmal Kind waren – also jeder und jede. Am einflussreichsten werden leider auch heute noch jene, die vehement behaupten, dass genau ihre Meinung die einzig wahre ist. Die Sicherheit, die sie vermitteln, entwickelt für Hilfesuchende eine enorme Anziehungskraft: Wie ein Fernsehturm schicken sie klare, starke Botschaften. Das bietet Orientierung, vermindert Unsicherheit und letztendlich auch Schuldgefühle, denn man kann die Verantwortung abgeben, indem man tut, was sie sagen. Allerdings muss kein Ratgeber die Folgen ausbaden, wenn's schiefgeht. Das tun die Eltern und ihre Kinder.

> *Gabi könnte samt Vater und Baby von einer Expertin das Folgende zu hören bekommen: »Aha, einen kleinen Tyrann haben Sie sich da erzogen. Sie müssen also sofort aufhören, es zu verwöhnen. Also in Zukunft …« Das Elternpaar atmet auf, schuldbewusst zwar ob ihrer bisherigen Erziehungsfehler, doch gleichzeitig voller Erleichterung und Dankbarkeit. Da hat jemand offensichtlich Ahnung und bietet einen Plan. Bereitwillig werden die Ideen umgesetzt, auch wenn*

> *die Eltern dabei das eine oder andere ungute Gefühl beschleicht. Die Expertin bleibt bei ihrer Linie. Wenn etwas nicht funktioniert, dann ist das Baby schuld. Oder die Eltern haben es doch nicht richtig gemacht. Ein anderer Fachmann könnte sagen: »Aha, Ihr Baby hat offenbar eine schwierige Phase. Ich sehe, wie lieb Sie zu ihm sind, daher kann ich auf den ersten Blick nicht sagen, was ihm helfen könnte. Es gibt dazu verschiedene Möglichkeiten. Lassen Sie mich Ihre Familie kennenlernen, erforschen wir gemeinsam, was der Zwerg braucht.« Das wirkt manchmal weniger einladend für Menschen in Not. Und Eltern, die wochenlang kaum geschlafen haben, sind in höchster Not, das wird jeder wissen, der in einer solchen Situation war. Ich habe dieser Familie einen Hausbesuch angeboten, mit einer Videokamera im Gepäck. Denn ich war sicher: Das Baby selbst würde zeigen, was es braucht. Wir alle hatten jedoch die kniffelige Aufgabe zu bewältigen, seine Sprache zu verstehen.*

Je mehr Informationen wir einsammeln, je mehr Ziele wir verfolgen, umso notwendiger ist es, eine innere *Rangreihung* zwischen dem, was uns »sehr wichtig« ist, bis hin zu »nett, aber unwichtig« zu bilden. Denn im Alltag machen uns sonst die vielen, kleinen *Entscheidungskonflikte* das Leben schwer, weil sie typischerweise nicht ohne Schuldgefühle lösbar sind: Das Kind will fernsehen, ich will meine Arbeit erledigen, und stundenlang vor dem Bildschirm zu sitzen, ist schlecht. Lösungen können nur als Kompromisse gelingen und alle Seiten halbwegs zufriedenstellen. Vielleicht helfen »Schwerpunkttage« dabei, dass alle mal zu ihrem Recht kommen.

»Ich will keine Helikopter-Mum sein, was soll ich tun?«

Vor einiger Zeit beherrschte eine Schlagzeile die Erziehungslandschaft: Behauptet wurde, dass Helikopter-Mums wie Drohnen über ihren Kindern kreiseln, mit Argusaugen jede Bewegung überwachen, beschützen und verwöhnen. Eine Flut von Medienbeiträgen verunsicherte viel Eltern und erzeugte Schuldgefühle: »Gehöre ich vielleicht auch dazu? Mache ich etwas falsch?«

Zuerst die gute Nachricht: Es stimmt gar nicht, dass der Großteil der Mütter überfürsorglich ist. Ein Bericht des Österreichischen Instituts für Erziehungsforschung[24] zeigt, es sind in Wirklichkeit von zehn Eltern nur zwei bis drei, und zwar mehr Väter als Mütter. Doch aufgrund des Medienhypes bekamen manche Mütter, die sich in Wahrheit richtig gut kümmerten, ein schlechtes Gewissen und stellten ihr Verhalten infrage. Vielleicht fühlten sich sogar jene, die ihr Kind grob vernachlässigten (laut oben genanntem Forschungsbericht sind das immerhin ein bis zwei von zehn) im Recht.

Bevor sich aufgrund solcher und ähnlicher Informationen neue Regeln und Schuldgefühle einnisten, empfehle ich eine Überprüfung der Fakten. In der Helikopter-Frage finden Sie im genannten Bericht auf Seite 99 die konkreten Fragen, die man sich stellen kann, um herauszufinden: Handle ich tatsächlich überfürsorglich?

Falls tatsächlich die Kriterien dafür zutreffen, braucht es trotzdem noch eine kritische Überlegung. Denn letztendlich wird der Maßstab, an dem wir ein Verhalten prüfen, das junge, ganz individuelle Persönchen vor uns sein. Manche Kinder brauchen nämlich Extraportionen Schutz und Hilfe. Was für das eine zu viel ist, ist für das andere gerade richtig. Also bitte genau schauen: Wie geht es diesem Kind? Wie reagiert es, wenn es von uns das bekommt, was wir für richtig halten? Geben wir ihm, frei nach Johann Wolfgang von Goethe, Wurzeln und zugleich Flügel?

Wer zur Ansicht kommt, dass er tatsächlich »zu viel des Guten« will, wird vermutlich einiges an Erklärungs- und Veränderungspotenzial im Bereich der Schuldgefühle finden: »Warum handle ich so, was genau sind die inneren Gesetze dazu? Wieso ist Schuld für mich so eine schreckliche Sache, dass ich mich und mein Kind davor um jeden Preis beschützen muss? Welche anderen Ängste stecken dahinter?«

Besonders Klischees, Durchschnittswerte und Verallgemeinerungen in Erziehungsfragen bitte ich Sie grundsätzlich immer kritisch zu betrachten, denn *nichts davon stimmt immer.* Das gilt natürlich für die Aussagen dieses Buches genauso. Apropos Klischee: Was denken Sie beim folgenden Satz?

Frauen haben bei Schuldgefühlen im Durchschnitt die Nase vorn!

Die psychologische Forschung beweist es: Im Wettkampf um die meisten Schuldgefühle gewinnen die Frauen – oder verlieren, je nach Sichtweise. Sie geben im Durchschnitt deutlich mehr an als Männer, während in anderen Bereichen, zum Beispiel bei Scham oder Empathie, kein solcher Unterschied besteht. Dieses Ergebnis findet man sowohl in der Durchschnittsbevölkerung als auch zum Beispiel bei Psychotherapeutinnen und -therapeuten oder in jener Gruppe von Menschen, die Psychotherapie in Anspruch nehmen.[25]

Bevor Sie nun denken »Ha! Ich wusste es: Frauen sind so und Männer ganz anders!«, bitte ich Sie, sich Folgendes vorzustellen: Ein Wettkampf wird abgehalten, wo jedes Schuldgefühl einen Schritt vorwärts erlaubt. Je 50 Frauen und Männer starten los, manche Frauen bleiben stehen, manche Männer marschieren nach vorne, es vermischt sich. Letztendlich werden unter den 10 »Besten« nicht 5 Frauen und 5 Männer sein, sondern es sind 7 Frauen und 3 Männer: also weit entfernt davon, dass *alle* Frauen vor den Männern ins Ziel kommen. Psychologische und andere Studien bieten uns Durchschnittswerte, die in erster Linie für die Forschung interessant sind. Unsere Gehirne jedoch – und auch Medienberichte – lieben Verallgemeinerungen, ähnlich wie bei den Helikopter-Mums. Bitte gehen Sie dem nicht auf den Leim, sonst kleben Sie an solchen Denkfehlern fest.

Nur aufgrund eines Durchschnittswertes kann man natürlich *niemals* wissen, was genau für jenes »Unikat«, mit dem Sie im nächsten Moment sprechen, zutrifft.

Das Ehepaar Sommer möchte Unterstützung, weil es sich in vielen Erziehungsdetails uneinig ist, wie zum Beispiel, wann die Kinder ins Bett sollen oder wie viel Freiheiten sie haben dürfen. Frau Sommer meint: »Mein Mann ist so unzufrieden mit sich. Ich verstehe nicht, was er immer zu mäkeln hat. Es läuft doch alles ziemlich gut bei uns.« Der Wahrscheinlichkeit nach neigt Frau Sommer zu mehr Schuldgefühlen als ihr Mann. Beide fangen an, über die Schwierigkeiten zu sprechen. Und siehe da, bei ihnen ist es ganz und gar nicht so. Herr Sommer ist es, der hohe Ansprüche an sich hat und alle Erwartungen erfüllen will. Das zeigt sich sogar im Gespräch: Er beginnt kaum einen Satz, ohne sich nonverbal vorher die Erlaubnis zu holen und sich danach zu vergewissern, ob's gepasst hat. In unserem Gespräch entschuldigt er sich häufig. Seine Frau wirkt gelassen und selbstbewusst. Bei näherem Hinterfragen zeigt sich, wie wenige innere Gesetze sie hat und entsprechend selten Schuldgefühle. Dadurch nimmt sie jedoch einiges im Umgang mit Kindern zu wenig wichtig: Ein halbwegs regelmäßiger Tagesrhythmus ist zum Beispiel schon günstig. Von »Laissez faire« zur »Verwahrlosung« ist es nicht weit. Die beiden finden trotz aller Unterschiedlichkeit wenige, aber wichtige gemeinsame Leitlinien für ihren Umgang mit den Kindern.

Trotz allem bleibt die Tatsache, dass es *im Durchschnitt* Unterschiede zwischen den Geschlechtern gibt, was das Thema der Schuldgefühle anbelangt. Die spannende Frage nach den möglichen Ursachen stellt sich. Sicher gibt es für den Überhang weiblicher Schuldgefühle mehrere Faktoren, die zusammenspielen. Mein Resümee lautet, wie Sie wohl bereits ahnen: im Durchschnitt haben Frauen *mehr innere Gesetze* als Männer, denen sie folgen wollen oder (glauben, das tun zu) müssen. Gleichzeitig sprechen sie sich selbst *weniger Rechte* zu, die erlauben würden, den Pflichten auch mal zuwider zu handeln. Mehr dazu als Online-Info.[26]

»Mein Kind ist sicher nicht schuld. Es sind die anderen.«

> *Unfreiwillig höre ich im Gedränge der U-Bahn ein Gespräch zwischen zwei Müttern mit. Sie beklagen sich über die Zustände in Volksschulen. Eine erzählt, nicht ohne Stolz: »Ich habe meinem Maximilian beigebracht, dass man immer Bitte sagen muss, wenn man etwas will. Das hat er sich gut gemerkt. Er fordert deshalb von jeder Lehrkraft, die etwas von ihm will: ›Du musst Bitte sagen!‹ Wenn sie das nicht tut, weigert er sich standhaft. Dreimal hat er bereits die Volksschule gewechselt.« Ich überlege: Wenn ich von ihr um Rat gefragt werden würde, wie könnte ich helfen?*

Manche Eltern bereiten ein Kind engagiert auf eine Welt vor, die es jedoch so nicht gibt. Sie vermitteln moralische Gesetze und soziale Spielregeln, die möglicherweise gelten sollten, es aber nicht tun. Kinder sind verwirrt und zerrissen von den widersprüchlichen Antworten auf ihr Verhalten. Letztendlich ist es für das Glück der meisten Menschen notwendig, eine soziale Ecke in der Welt außerhalb der Familie zu finden, wo sie sich willkommen und wohl fühlen. Wie viele Schulen wird der kleine Maximilian noch durchlaufen müssen, bis er unglücklich wird – falls er das nicht ohnehin schon ist?

Wenn Kinder keine Schuld bei sich sehen und auch die Eltern kein Unrechtsbewusstsein haben, wird ihr Leben schwierig. Ob nun reale Unschuld oder nur fehlendes Schuldbewusstsein vorliegt, ist dabei nicht wesentlich. Denn wer keine Wahlmöglichkeit sieht, keine Chance, aus eigener Kraft anders zu handeln, wer bei sich keinen Fehler findet und zugleich merkt, dass er in der Welt nicht gut ankommt, dem droht Hilflosigkeit.

> *Im Gespräch mit den Maximilian-Eltern würde ich wohl zuerst nach dem Ziel hinter dem Ziel fragen: »Worum geht es Ihnen, wozu dient zum Beispiel die Bitte-Spielregel?« Vielleicht wollen sie, dass ihr Sohn möglichst selbstbewusst wird, sich wehrt oder sein*

> *Glück findet. Damit könnte ich arbeiten und weiter fragen: »Was alles ist noch notwendig, damit er in 20 Jahren selbstbewusst, wehrhaft oder glücklich leben kann? Welche Fähigkeiten und Eigenschaften braucht er? Wie können Sie ihn dabei unterstützen?«*

»Durch meine Schuld muss mein Kind schweres Leid ertragen. Was kann ich tun?«

Krankheiten und Unfälle verursachen Kindern unabwendbares Leid, doch selbstverständlich machen wir Erwachsene auch wirklich schwerwiegende Fehler, die einem Kind schaden. Liebende Angehörige, die mit einer echten Schuld fertigwerden müssen, haben wohl eine der bittersten Aufgaben, die man sich vorstellen kann. Denn zu beißenden Schuldgefühlen kommt Mitgefühl mit dem Kind dazu, samt Selbstvorwürfen und Zorn auf sich.

Echte Schuld macht vielleicht reale Wiedergutmachung möglich, man kann Buße tun, daraus lernen oder Strafe auf sich nehmen. Manchmal kann man nur um Verzeihung bitten. Gleichzeitig können betroffene Eltern sich ernsthaft, traurig und (zunächst) ohne jeden weiteren Erklärungsversuch im direkten Gespräch ihrer Schuld stellen und den verursachten Schaden anerkennen: »Es tut mir so unendlich leid. Es war ein fürchterlicher Fehler von mir, so zu handeln.«

Und selbst wenn Eltern keine Schuld bei sich finden, können sie helfen, indem sie akzeptieren und verstehen, worum es dem Sohn oder der Tochter in diesem Moment wirklich geht.

> *»Ich wollte meine Tochter die ersten Jahre bei meinen Eltern in meiner alten Heimatstadt zurücklassen, weil ich mich zu einem Neuanfang entschieden hatte. Doch für sie waren diese Jahre die Hölle und sie macht mir deshalb heute noch Vorwürfe. Was soll ich tun?«*
> *Ich denke nach: »Vielleicht zeigen, wie unsagbar Sie deshalb leiden, weil Sie erst heute diese Not so richtig begreifen. Oder sie festhalten und mit ihr darüber*

weinen, dass manches Unrecht nicht mehr zu verändern ist – und ihr damit beweisen, dass Sie heute da sind und das aushalten, ohne Rechtfertigung Ihrer Entscheidung. Sie haben das schon so oft erklärt, das bringt nichts. Denn sie hat so sehr gelitten und jetzt braucht sie mit Sicherheit keine logischen Argumente, sondern Ihre Hilfe und Begleitung, um mit dieser Trauer fertigzuwerden.«

Falls Sie als Eltern in einer Situation keine andere Wahl hatten oder aus anderen Gründen tatsächlich den Schaden schuldhaft verursacht haben, rate ich Ihnen also: Anerkennen Sie die Not Ihres – nun vielleicht schon erwachsenen – Kindes oder das ihm zugefügte Unrecht. Sagen Sie ihm, wie sehr Sie mit seiner Not mitfühlen und wie sehr Sie dies bedauern. Setzen Sie einfach erst nur die Schritte, dass Sie sehen, verstehen und annehmen – das hilft ihm vielleicht, aus seinem berechtigten Opfergefühl auszusteigen. Sie müssen nicht jeden ungerechtfertigten Vorwurf gleich richtigstellen, wenn aktuell andere Nöte Priorität haben. Argumentiert wird später.

Extratipps für Eltern aus der Schuldgefühlsfalle

- Fragen Sie: »*Was ist schuld?*«, und nur im seltenen Sonderfall: »Wer ist schuld?«
- Nehmen Sie ein überraschend auftretendes Schuldgefühl zum Anlass, die dahintersteckenden, inneren Gebote zu suchen, kritisch zu überprüfen und gegebenenfalls zu verändern.
- Anerkennen Sie eine Schuld, lernen Sie aus echten Fehlern und entschuldigen Sie sich, leisten Sie Widergutmachung … Falls kein anderer Weg möglich ist, betrauern Sie den verursachten Schaden gemeinsam.
- Ganz egal, ob Sie an der Not eines Kindes schuldig sind oder nicht: Sie können trotzdem hier und heute gute Unterstützung bieten. Denn wenn es ihm schon schlecht geht, dann soll es sich dabei wenigstens nicht allein fühlen müssen.

- Haben Sie Vertrauen: Was gestern nicht richtig gelungen ist, bewirkt vielleicht morgen ein Defizit und übermorgen erwächst daraus eine tolle Fähigkeit. Was heute ein Vorteil ist, ist morgen ein Nachteil und übermorgen wieder gut. Arbeiten Sie an sich, um *jetzt* so richtig wie möglich zu handeln. Folgen Sie dabei weniger irgendwelchen Vorgaben, sondern holen Sie sich nur Ideen und beobachten Sie Ihr Kind dabei, was bei ihm wie ankommt.
- Sie haben einen Fehler gemacht? Weniger Mitleid, dafür mehr Mitgefühl. Rücken Sie in einer kindlichen Notlage das eigene Schuldgefühl nach hinten, es würde stören. Anstatt über sich selbst nachzudenken (»Warum habe ich nicht früher reagiert?«), beim Kind bleiben: »Du tust mir sehr leid. Jetzt bin ich ganz für dich da.« Unterscheiden Sie immer das eigene Gefühl von jenem des Kindes. Auch sprachlich! Sagen Sie deshalb nicht: »Wir sind schwerkrank«, sondern: »Du bist krank und ich bin traurig.« Beruhigung gelingt in Form der 4 Schritte (s. Seite 216).
- Legen Sie Perfektionismus bewusst ab: Elternschaft kann nur als Kompromiss zwischen unterschiedlichen Anforderungen und Bedürfnissen gelingen, auch zwischen der Verantwortung für andere und für uns selbst. Niemand kann alles richtig machen und vor allem Unheil beschützen, kann sich zerteilen, verdoppeln oder Superkräfte haben. Wir können die Elternarbeit nur so gut machen, wie es eben geht – und uns unbedingt rechtzeitig Hilfe dazu holen!
- Schuldgefühle sind unvermeidbar. Das ist schon okay so. Es sind auch nur Gefühle, sie lassen sich abbauen, verändern oder nutzen. Manche vergehen sogar von selbst mit der Zeit.

Kinder haben nie Schuld, jedoch immer Schuldgefühle

Es kursieren wilde Gerüchte rund um die Themen »Kinder, Schuld und Schuldgefühle«: Einige Menschen meinen, dass Kinder überhaupt keine richtigen Schuldgefühle haben können, dafür wären sie viel zu klein. Andere weisen bereits Kleinstkindern Schuld zu und verlangen, sie sollen Regeln beachten und sich selbst beruhigen können. Und dann gibt es noch die Idee, man müsse ein Kind immer entschuldigen und dürfe ihm keinesfalls Schuldgefühle einreden, weil das seine Entwicklung behindert.

Ich sehe das alles nicht so, denn ich denke: Kleine Kinder haben keine Schuld, doch sie haben viel zu viele Schuldgefühle. Gute Erziehung hilft ihnen, diesen Berg auf wenige, wichtige Gesetze zu reduzieren. Damit bin ich glücklicherweise nicht allein: Die Anfänge von Schuldgefühlen und ihr Stellenwert in der Erziehung wurden intensiv in der Entwicklungspsychologie beforscht.[27] Beginnen möchte ich jedoch mit einer Reise in das Gehirn eines Babys. Wer erahnt, wie es darin zugeht, kann sich nämlich so manche Frage selbst beantworten.

Hallo, Welt! Ein Blick in das ganz junge Gehirn

Wie also fängt es an? Überspringen wir die Entwicklung vor der Geburt und schauen wir in den Kopf eines Neugeborenen. Dort herrscht ziemliches Chaos. Denn es gibt Milliarden von Nervenzellen, doch erst wenige dieser Neuronen sind miteinander verbunden. Stellen Sie sich vor, jeder einzelne der »nur« etwa acht Milliarden Menschen auf unserer Erde könnte keinerlei Kontakt zu anderen aufnehmen, sie nicht sehen, nicht reden, nicht hören.

Bis der Geburt haben sich gerade mal so viele »Neuronenteams« gebildet, wie der Körper braucht, um zu leben. Das Neugeborene kann einiges wahrnehmen – gut hören, unscharf sehen, allerlei fühlen –, aber es kann mit all dem noch wenig anfangen: Was ist innen, was ist außen? Wo hört der eigene Körper auf, wo beginnt die Umgebung? Reflexe regeln zunächst alles Lebensnotwendige. Absichtliche Steuerung ist nicht möglich. Es wird noch Jahre dauern, bis es zum Beispiel allein aufs Klo gehen kann: bewusst in den Körper hineinfühlen oder ein eindeutig erkennbares Signal von dort bekommen, bestimmte Muskeln anspannen und gezielt wieder loslassen.

Im Kopf eines Babys geht es wohl so zu, wie wir alle es aus verworrenen, bruchstückhaften Träumen kennen. Hoffentlich muss ein Baby dabei nichts Albtraumhaftes erleben. Denn natürlich kann es, wie jedes einfache Würmchen, Angenehmes und Unangenehmes unterscheiden und wird sich entsprechend fühlen. Schuldgefühle kann es in dieser ganz frühen Zeit wohl noch keine haben. Wie durch Zauberhand taucht in seiner Welt hoffentlich auf, was es braucht: Trinken, Wärme, Schaukeln. Kann ein solcher Winzling absichtlich und somit schuldhaft handeln? Und trotzdem wird es manchmal bereits so behandelt, als hätte ein Baby so etwas wie einen freien Willen:

> *Auf einer Frühgeborenenstation werde ich Zeugin folgenden Wortwechsels zwischen zwei Eltern: »Mein Baby schreit so viel. Echt mühsam.« »Ja, ich höre es. Ihrer ist ja wirklich ein ganz Ausgefuchster. Er hat sofort gecheckt, was er tun muss, damit er Aufmerksamkeit bekommt. Meinem habe ich das von Anfang an abgewöhnt.« Ich mische mich ein und versuche zu vermitteln, wie wichtig und richtig Feinfühligkeit und sofortige Hilfe in diesem Alter ist. Es ist blanker Unsinn, in dieses winzige, vollkommen normal unfertige Sieben-Monats-Baby-Gehirn so etwas hineinzuinterpretieren. Babys ist vieles hier unangenehm, weil eben zu früh, zu viel Chaos. Manche spüren das intensiver und leiden dann auch mehr. Das hat vielleicht mit irgendwelchen biologischen Faktoren zu tun oder ist einfach nur Zufall. Das Verhalten vom Baby kann und wird sich Monat für Monat verändern – wenn es nicht durch falsche Charakterzuschreibungen einbetoniert wird.*

Babys handeln absichtslos, sie folgen passiv Instinkten, sind daher niemals »listig« oder »tyrannisch«, aber auch keine »Engel«. Es ist schlicht unmöglich, dass sich bereits »Erwachsenen«-Eigenschaften abzeichnen. Sie durchlaufen alle in ihrer Unterschiedlichkeit die notwendigen Phasen der Entwicklung, wie es ihnen die Natur vorgibt. Ihnen üble Absichten zu unterstellen und sie so früh etwas lehren zu wollen, ist entweder reine Grausamkeit oder Uninformiertheit.

Ständig passiert in seinem »Traum« etwas, das der Winzling vorher tatsächlich noch nie erlebt hat. Deshalb kann ein Baby nichts Altes aufrufen und beginnt erst sehr langsam, Erwartungen zu bilden. Um in dieser Flut von verwirrenden Eindrücken – schließlich hat es noch keinerlei Vorstellung von Zeit und Raum, lebt nur im Jetzt – nicht unterzugehen, braucht ein Baby einen Halt. Diesen findet es aufgrund einer klugen, biologischen Programmierung im Gesicht von Erwachsenen. Badewasser zum Beispiel kann überraschend andersartige Gefühle machen, doch kein Baby schaut das Wasser an, sondern es betrachtet intensiv das Gesicht des Gegenübers: Schaut die Person ängstlich, zornig oder strahlend? Das Geschehen wird danach bewertet. Sollen Sie übrigens in einem wichtigen Moment zufällig Ihre guten oder schlechten Nachrichten im Mobiltelefon checken und sich Ihre Mimik entsprechend ändern, wird das eine ziemliche Verwirrung im Babygehirn auslösen.[28] Denn es *muss* sich dort anhalten, das ist seine biologische Programmierung. Teilweise machen sogar wir Erwachsene das in unbekannten Situationen noch so und folgen in der Einschätzung einer Situation der Mehrheit, stellen uns also dort an, wo viele stehen, und wollen das Buch, das oft von anderen gekauft wird und deshalb auf der Bestsellerliste steht.

Folgende Episode wird Ihnen vielleicht ein Schuldgefühl machen. Ist das okay? Ich beobachte in einer Straßenbahn eine tüchtige etwa Sechsjährige. Sie beobachtet neugierig ihre Umgebung und sagt irgendwann zu ihrer Mama: »Wir müssen bald aussteigen.« Keine Reaktion, denn die Mutter ist im Mobiltelefon versunken. Zwei Minuten später meint die Kleine wieder: »Wir müssen bald aussteigen.« Dabei wird sie sichtbar unruhig. Was soll sie tun? Noch einmal »nerven«? Jetzt ertönt die Stationsdurchsage, die Mutter steht auf, das Kind ist erleichtert und will ihre Hand nehmen. Doch die Mutti hat keine frei: Eine braucht sie selbst zum Festhalten, in der zweiten hält sie das Telefon.

Nervenzellen beginnen zusammenzuarbeiten: Lernen beginnt

Ein Neugeborenes weiß nichts von Ursache und Wirkung. Eine Fähigkeit, die es dringend braucht, damit sein Gehirn irgendwann Ordnung ins Chaos bringen kann, ist ein Gedächtnis. Die ersten Anfänge zeigen sich, sobald es Neues von Bekanntem unterscheidet: Es hat sich die Vergleichsmöglichkeit gemerkt, eine noch zarte, neue Verbindung zwischen Neuronen wurde geknüpft. In 20 Jahren wird ein einzelnes mehrere Tausende Kontakte zu anderen Gehirnzellen haben. Im Alter von etwa zwei Monaten kann das Baby lernen, durch starkes Strampeln ein Mobile in Bewegung zu setzen. Doch es merkt sich das zunächst höchstens 24 Stunden lang, mit sechs Monaten bis zu zwei Wochen, sichtbar daran, dass es schon beim Anblick des Mobiles vergnügt zu strampeln beginnt: »Aha: Mobile = Strampeln = interessante Bewegung« – wobei das natürlich nur ein wortloses Denken sein kann, immerhin fehlt ihm noch jede Sprache. Vergeht mehr Zeit, muss es das erst wieder neu erleben.[29] So frühes Lernen braucht also Gleichzeitigkeit. Erst mit drei Monaten gelingt ein erstes Wenn-Dann: Babys wurden durch ein interessantes Bild oder eine Melodie dafür belohnt, wenn sie sehr stark an ihrem Schnuller saugten. Doch zwischen »stark Saugen« und »Interessantes kommt« durfte gar kein zeitlicher Abstand liegen: Eine einzige Sekunde (!) reichte und das junge Gehirn schaffte dieses Lernen nicht mehr.[30] Ich frage Sie: Kann ein Säugling planen, uns zu ärgern, kann es sich eine Regel merken oder willentlich eine brechen?

Ein Tipp am Rande, damit Sie sich sicher nicht schuldig fühlen müssen, wenn Ihnen vorgeworfen wird, Sie würden Ihr Baby verwöhnen: Vor dem dritten Lebensmonat geht das gar nicht, denn es kann sich zum Beispiel den Zusammenhang »Weinen holt Hilfe« gar nicht merken. Im Gegenteil: Ihre sofortige Reaktion ist absolut positiv, denn es reduziert seinen offensichtlichen Hochstress und fördert sein Vertrauen in die Welt. Wann immer Sie ungutes Lernen befürchten, weil Sie auf jeden Mucks sofort reagieren, dann warten Sie einfach genau auf eine Sekunde »Atempause«, bevor Sie kommen. Noch ein paar Monate später soll Ihr Kind sogar erleben dürfen, dass es Hilfe herbeirufen kann, wenn Not oder Langeweile groß sind. Ab dann kann es jedoch auch lernen, im Nicht-Ernstfall ein paar Sekunden, als Kleinkind bereits wenige Minuten, auf eine Reaktion zu warten: »Ich kann warten, Hilfe wird sicher bald kommen.« Denn das fördert nun sein Vertrauen in sich selbst.

Mit etwa acht Monaten erinnert es sich aktiv und merkt sich Abfolgen gut. Weil es erst jetzt dazu richtig scharf sehen kann, taucht vermutlich das auf, was wir als »Fremdeln« bezeichnen. Das Gehirn entwickelt sich sprunghaft weiter, das Kleinstkind erobert sich Stück für Stück die Welt, es begreift Ursachen und Auswirkungen. Einen detaillierten Einblick liefert Sabine Pauen in ihrem Buch »Was Babys denken: eine Geschichte des ersten Lebensjahres«.

Babys und Kleinkinder haben keine Form echter Schuld!

Babys und Kleinkinder können nichts anderes tun, als sie eben tun. Die Biologie entscheidet oder sie reagieren auf Umwelteinflüsse. Sie verdienen demnach keine einzige Form der Schuldzuweisung. Und es ist ihr angeborenes Recht, viel zu brauchen, ohne dass eine Rückgabeverpflichtung entsteht. Zu keinem Moment darf ihnen die Schuld für ihre Existenz gegeben werden. Sie gut zu umsorgen, kostet tatsächlich unglaublich viel Zeit und Kraft, nicht nur im ersten Lebensjahr. Falls das die Möglichkeiten von Eltern übersteigt – und es ist einfach so, dass diese Überforderung sogar den Engagiertesten passieren kann –, dann ist es deren Recht und Pflicht, sich Unterstützung zu holen.

Mit jedem Entwicklungssprung erobern sich Kinder neue Kompetenzen und neue Lernerfahrungen – und damit darf man ein wenig mehr von ihnen erwarten. Möglicherweise gibt es im Kindergartenalter nun kleine Aktionen, die bereits die sieben Kriterien echter Schuld erfüllen (s. Seite 62), mit Ausnahme des Alters. Konsequenzen darf es geben, aber keine überzogenen Strafen, bitte lange noch nur die dahinterstehenden Regeln ernst ansprechen. Nöte und starke Gefühle sind absolute »Milderungsgründe«: Kinder haben wenig Vorerfahrung, keine Worte für ihre Empfindungen, wenige Techniken, um sich selbst zu beruhigen oder sich von einem Gefühl zu distanzieren. Und dabei erleben sie vermutlich deutlich intensivere Gefühle als wir Erwachsenen. Sie brauchen dafür dringend unsere Hilfe.

Die etwa zweijährige Mani verteilt ihr Essen auf dem Tisch, weil das lustig aussieht. Dann schaut sie mich strahlend an. Ich sage ernst: »Ich will das nicht. Hör auf! Jetzt muss ich das sauber machen.« Leider, leider bleibt deshalb nach dem Essen keine Zeit mehr zum Spielen.
Am nächsten Tag scheinbar das gleiche Verhalten. Doch heute ist sie völlig übermüdet und deshalb zornig und weinerlich. Ich wende mich ihr zu und sage 4 Sätze, die den mittlerweile bekannten 4 Schritten folgen: »Ich sehe, du bist zornig. Das verstehe ich, denn du bist sooo müde. Das ist schon okay. Das mit den Essen, das will ich so nicht. Jetzt aber komm, ab ins Bett.«

Halten Sie sich vor Augen, wie schwer auch Sie und ich es manchmal haben, es ist möglich, uns selbst so weit zu beruhigen, dass wir »voll zurechnungsfähig« durchdachte Entscheidungen treffen können. Wir lernen dabei unser ganzes Leben lang nicht aus. Von Kindern wird Selbstberuhigung im Durchschnitt viel zu früh verlangt, ohne ihnen Anleitung dafür zu geben. Strafe oder eine unbegleitete »Auszeit« ist keine Hilfe, sondern führt nur dazu, dass ein Kind sich in seiner Not alleingelassen fühlt, Angst vor Fehlern und vor Ihnen entwickelt – zusätzlich zum Schuldgefühl. Neues zu lernen, könnte dann schwierig werden, weil dabei Fehler unvermeidlich sind. Es soll nicht bedrohlich sein, zu einem Fehler zu stehen und eigene Schuld zuzugeben oder sich diese selbst einzugestehen. Schuldgefühle zu ehren und Verantwortungsübernahme zu würdigen (aber bei zu großer Angst nicht zu erzwingen!), steht deshalb ziemlich weit oben auf der erzieherischen To-do-Liste.

Ursachen-Schuldgefühle: Was habe ich da bloß angestellt?

Im Gegensatz zu Regel- und Moral-Schuldgefühlen können Ursachen-Schuldgefühle schon sehr früh entstehen: Empathie sorgt nämlich aufgrund ihrer basalen, biologischen Logik automatisch dafür. Denn jedes Kind will unangenehme Gefühle meiden und angenehme Gefühle haben.

> *Hano, kaum mehr als 15 Monate alt, marschiert zum Babybett. Sein kleiner Bruder nuckelt darin zufrieden am Schnuller. Den zieht Hano nun neugierig heraus. Das Baby weint. Er erschrickt und fühlt automatisch mit, denn Babygeschrei stresst alle Menschen enorm. Hano lernt, auch wenn er das noch überhaupt nicht in Worte fassen kann: »Wenn ich jemanden so behandle, dass es ihm schlecht geht, geht es mir auch schlecht.« Schnell steckt er ihm den Schnuller wieder in den Mund. Das Baby ist zufrieden, es lacht ihn an. Hano fühlt wieder mit und alles ist gut. Eine weitere, wichtige Lernerfahrung entsteht: »Wenn ich aufpasse, dass es anderen gut geht, geht es mir auch gut.« Seine Fähigkeit zur Empathie hat automatisch dafür gesorgt, er spürt meiner Ansicht nach neben dem Schreck die unangenehmen Anfänge eines Ursachen-Schuldgefühls.*

So, wie die Fähigkeit zu sprechen und zu gehen, in unserem Gehirn angelegt ist, aber gefördert oder zumindest nicht unterbunden werden darf, um sich entwickeln zu können, gibt es die Spiegelneuronen, die uns Basis-Empathie ermöglichen (siehe ab Seite 111).

> *Papa hat Hano vom Nebenraum aus voller Vertrauen beobachtet. Er kommt nun näher und sagt: »Wow, du hast das gut gemacht. In unserer Familie sind wir lieb zueinander und ärgern einander nicht absichtlich. Dann geht es uns allen gut.« Der Vater hat nun eine erste »moralische« Regel auf Basis dieser Aktion formuliert. Es wird noch Hunderte Wiederholungen in Worten und Taten brauchen, bis Hano sie verinnerlicht hat. Danach wird er moralische oder Regelschuldgefühle entwickeln, sobald er gegen dieses »Familiengesetz« verstößt. Und, noch wichtiger, diese unangenehmen Gefühle zu vermeiden, wird mit ein Grund sein, wieso er sich ohne äußeren Druck an solche und ähnliche Spielregeln hält. Und das ist gut so, denn anders könnte eine so komplexe »Herde«, wie wir Menschen sie bilden und brauchen, gar nicht überleben. Doch was würde passieren, wenn ein Vater ängstlich reagiert, das Baby weiterweint, Hano oder das brüllende Baby beschimpft wird? Vermutlich würde er ein ausuferndes Ursachen-Schuldgefühl entwickeln, obwohl er noch keine Kriterien echter Schuld erfüllt.*

Ursachen-Schuldgefühle entstehen auch, aber nicht nur über Botschaften aus der Umwelt, sondern aufgrund von Empathie und Erfahrungen, die ein sich entwickelndes Kindergehirn macht und auf seine Weise interpretieren muss. Bedenken Sie, wie oft sogar wir Erwachsene falsche Kausalzusammenhänge bilden, wie schnell wir aus reiner Gleichzeitigkeit Schuld und Aberglauben ableiten, in welcher Spontaneität Warum-Fragen zu Vorwürfen mutieren. Sie können sich gut vorstellen, wie schwer es ein Kind hat, echte, eigene Ursachen-Schuld von einer bloßen Zeitgleichheit und Verursachung ohne Schuld zu unterscheiden.

Gefördert werden falsche Ursachen-Schuldgefühle von einer Eigenheit des kindlichen Denkens: Es kann seine Erlebnisse nur *»egozentrisch«* interpretieren. Dieses Wort hat hier nichts mit »egoistisch« zu tun. In der entwicklungspsychologischen Forschung bezeichnet man damit die Zeit, in der ein Kind glauben muss, Mittelpunkt der Welt zu sein – so wie frühere Generationen glaubten, die Erde stehe im Zentrum und alle Gestirne kreisen um sie herum. Bedenken Sie, wie jung dieses Kindergehirn noch ist und wie mühevoll es in den ersten Monaten begreifen musste, dass es ein Innen und ein Außen gibt. Es schwingt vom ersten Tag an natürlich stark mit den Gefühlen in der Umwelt mit, beginnt vielleicht bald nach dem ersten Jahr, fürsorglich mit anderen umzugehen, doch es kann bis etwa zum dritten Lebensjahr anderen *nur so helfen, wie es das selbst gern hätte. Denn es muss glauben, der Umwelt geht es so wie ihm.*[31]

> *»Wenn die Schwester traurig ist, bringe ich ihr mein Lieblingsstofftier [und nicht das ihre]«, meint der kleine, fast dreijährige Peter mit treuherzigem Blick. Wenig später schleudert er seinem Vater zornig entgegen: »Ich ziehe keine Handschuhe an. Dann ist mir kalt. Und du bist selber schuld.«*

Dazu kommt noch die eigentlich fantastische Fähigkeit des *magischen Denkens*. Ab etwa dem zweiten Jahr bis hinein ins frühe Schulalter glauben Kinder an lebende Stofftiere, müde Schuhe, den Nikolaus und das Zauberpflaster gegen einen Schmerz.

In Kombination dieser beiden Eigenheiten muss dieser junge Mensch demnach davon ausgehen: »Alles, was passiert, hat auf magische Weise mit mir zu tun.« Gute Ereignisse und angenehme Gefühle werden entsprechend interpretiert: »Die Sonne geht auf, damit ich etwas sehen kann. Und sie geht unter, damit meine Augen rasten können.« Der Nachteil liegt auf der Hand: Die Ursache für Ungutes wird ebenfalls magisch und egozentrisch in sich selbst gefunden werden. Andere sind gestresst, streiten, weinen? Hano oder Mani wird krank oder hat einen Unfall? Es ist leider durchaus möglich, dass sich ein Kleinkind selbst dafür echte Ursachen-Schuld gibt und sich diesen falschen Kausalzusammenhang gut merkt.

Frau Berger erzählt im familienpsychologischen Vorgespräch, dass der Vater ihres Kindes leider während der Schwangerschaft durch einen Unfall verstorben ist. Später frage ich ihren fast dreijährigen, tollen Jungen selbst nach dem Papa. Er antwortet traurig: »Der ist gestorben, weil ich geboren worden bin.« Die Mutter ist erschüttert: Ihr kluges Kind hatte gemäß seiner Kinderlogik und egozentrischer Sichtweise einen Kausalzusammenhang hergestellt zwischen zwei lediglich zeitgleichen Ereignissen. Eine entsprechend belastende Selbstüberzeugung des Kindes – »ich bin schuld« – ist die Folge. Und weil Kinder, die Probleme haben, nicht anders können, als Probleme zu machen, sitzen die beiden schließlich bei mir. Prompt entwickelt nun die Mutter ein Schuldgefühl: »Ich hätte ihm das nicht erzählen dürfen.« Doch ich kann sie beruhigen: Es war richtig, dem Kind vom Tod des Vaters zu erzählen, es zu verschweigen, hätte sicher ungute Spätfolgen gehabt. Die Mutter hat nur nicht bedacht, was ihr Kind heraushört und »daraus lernt«, sonst hätte sie von Anfang noch aktiver dagegen angehen und die Schuld dem Unfall geben können. Das kann sie nachholen.

Wichtig ist also zu bedenken: Wir brauchen Kindern solche Zusammenhänge und die entsprechenden Schuldgefühle gar nicht einzureden, sondern wir müssen sie ihnen *aktiv ausreden*, dagegenreden und ihnen immer wieder in Taten und Worten versichern, dass sie liebenswert, gut und richtig sind … und nicht schuld.

Eine dritte Tatsache wird ebenfalls bedeutsam, die wir wissen müssen, um Kinder zu verstehen und zu schützen: In Folge der magisch-egozentrischen Denkweise kann das Kleinkind die Welt nicht durch die Augen anderer sehen. Es kann gar nicht erfassen, dass andere Menschen andere Informationen, Gedanken und Gefühle haben. Im Versteckspiel ziehen sie sich die Decke über den Kopf und glauben, niemand könne sie sehen. Erst einige Monate später macht das Gehirn den nächsten Sprung: Bis zum Alter von vier haben Kinder dann eine stabile »Theory of mind«[32] entwickelt: das Wissen darüber, dass andere Menschen anderes denken, fühlen und wissen als sie selbst. Solange das fehlt, können Kinder *Manipulation und Lüge weder erkennen noch begreifen.* Sie zweifeln nicht an uns, sondern an sich. Im Guten, im erzieherischen Alltag mit seinen ehrenwerten Zielen ist das natürlich gar kein Problem, sondern erleichtert vieles.

> *Anstatt »Räum die Schuhe weg!« passt besser, dem müden Kind zu sagen: »Oh, ich glaube, die Schuhe sind schon müde. Sie wollen auch schon schlafen gehen. Kannst du sie bitte in ihr Zuhause wandern lassen?«*

Kleinkindern kann man jedoch auch fürchterliche Lügen erzählen und sie müssen das glauben. Ohne Absicht oder im Zorn kann es natürlich jedem und jeder von uns passieren, dass wir falsche Botschaften, Drohungen und Schuldzuweisungen schicken. »Lass den Kasten zu, drinnen sitzt ein Monster.« »Iss auf, sonst wird es morgen regnen.« »Du machst mich noch verrückt.« Lauter Botschaften, die nicht gut sind, weil sie falsche Schuldgefühle fördern.

Versäumen Sie nicht, sich dafür zu entschuldigen und das möglichst rasch richtigzustellen. Ein Kind wird Ihnen nämlich hoffentlich das Gute auch noch glauben. Es ist letztendlich auf Ihre Informationen als »sozialer Spiegel« angewiesen, um sich selbst zu verstehen. Der allerwichtigste Erziehungstipp lautet daher übrigens: *»Beachte alles, von dem du willst, dass es mehr wird.«* Dann kann Ihnen so etwas wie im folgenden Beispiel nicht passieren.

> *»Unsere Tochter ist so faul«, meinen die Eltern und schauen sie vorwurfsvoll an. »Deshalb verbreitet sie eine Unordnung, die ist sagenhaft. Vermutlich hat*

sie das von der Uromi, die war angeblich eine Messie.« Mir scheint, da sind ein paar klare Widerworte angemessen: »Reden Sie ihr das nur richtig fest ein. Dann glaubt sie es Ihnen irgendwann sicherlich.« Es stellt sich übrigens heraus, dass nichts davon auf die Kleine zutrifft. Sie kennt nur noch die fünf wichtigen Ordnungsregeln nicht, wie zum Beispiel den »Blick zurück«, wenn sie einen Raum verlässt, um zu kontrollieren, ob sie dort etwas liegen lassen hat.

Die ersten Moral- und Regelschuldgefühle: »Ich habe eine Regel missachtet.«

Bereits vor dem Kindergartenalter beherrschen Kleinkinder eine einfache Auswahl an sozialen Aktivitäten wie Teilen und Helfen. Sie reagieren auf hilfsbereites oder unfreundliches Verhalten: Kleinkinder im Alter von zwei Jahren helfen eher anderen, die ihnen vorher auch schon geholfen haben.[33] Sie beginnen etwa im zweiten Lebensjahr, ihre angeborenen, sozialen Fähigkeiten zu verfeinern und die Spielregeln des jeweiligen Umfeldes zu erlernen. Diese »Hausordnungen« sind selten aufgeschrieben, doch durch Lesen erlernen wir ohnehin die wenigsten. Kleine Kinder »lesen« vieles am Verhalten ab, an winzigen, nonverbalen Reaktionen. Sie lernen am Modell und beobachten, wie die Erwachsenen mit anderen Kindern, die sich auf bestimmte Weise verhalten, umgehen. Einiges davon verändert sich unerwartet oder widerspricht einer lautstarken Behauptung, was ziemliche Verwirrung auslösen kann. Unterschiedliche Bezugspersonen haben in verschiedenen Situationen wechselnde Ansichten dazu. Das alles muss irgendwie sortiert und bewertet werden.

Ein Beispiel: Bedenken Sie, wie kompliziert in Wahrheit die Sache mit der Wahrheit ist: »Du darfst nicht lügen«, vertreten wir Große überzeugt als moralische Regel. Und wenig später hört der oder die Kleine, wie wir uns am Telefon verleugnen lassen oder behaup-

ten, es gehe uns gut, obwohl wir dabei sehr traurig aussehen.

Erinnern Sie sich bitte an die vorigen Kapitel: Viele unserer eigenen moralischen Gesetze oder sozialen Spielregeln haben wir Erwachsene gar nie bewusst durchdacht und selber auch nie direkt zu hören bekommen, sondern nur zu sehen oder zu spüren. Das Lernen funktioniert wie bei der Muttersprache, deren Grammatikregeln wir nicht benennen können müssen, um ihnen zu folgen. Sie gehen uns in Fleisch und Blut über. Daher wissen wir oft gar nicht bewusst, wovon wir uns eigentlich leiten lassen. Das eigene Gesetz zu übertreten, macht ein Schuldgefühl, wenn andere es tun, enttäuscht das unsere meist unausgesprochenen Erwartung. So oder so: Erst die Übertretung macht die innere Regel sichtbar. In dieses verworrene, widersprüchliche, nur halb bewusste Regelwerk hinein wird ein Kind geboren. »Na bravo«, pflegt man in meinem Freundeskreis zu sagen, »das kann ja gar nicht funktionieren.« Trotzdem wachsen erstaunlicherweise die meisten Kinder zu ehrenwerten Menschen heran. Sobald sie beginnen, Gesetze zu verinnerlichen, werden sie automatisch *Regel- und Moral-Schuldgefühle* entwickeln. Das sind sogar ziemlich viele, weil kein Kleinkind die einzelnen Gesetze selbstbestimmt überprüfen, entscheiden und ablehnen kann und von ihm ziemlich viel verlangt wird, was es vielleicht noch gar nicht schaffen kann.

»Wenn die Großen mich nicht lieb haben, stimmt mit mir etwas nicht.«

Ein Kind braucht die Verbindung zu einem Erwachsenen, denn allein und verlassen zu sein, bedeutet das Ende. Diesen Urinstinkt tragen sie seit der Steinzeit in sich und haben daher ein starkes Bindungsbedürfnis. Was aber tun, wenn die wichtige erwachsene Person unfreundlich ist? Kinder denken dann bis weit ins Schulalter hinein, *dass sie selbst schuld sind.* Sie übernehmen damit spontan die *Verantwortung* für das Verhalten von Erwachsenen. So gelingt es, die ihnen wichtigen Personen schuldfrei und damit liebenswert zu halten. »*Ich* war nicht lieb, brav oder klug genug. Ich war böse.«

Es klingt paradox, doch auf diese Art versucht sich so manches Kind erwachsenes Fehlverhalten »schönzureden«, allerdings zum Preis der Selbstbeschuldigung und Selbstabwertung. Kinder glauben sogar, sich aus purem Selbsterhaltungstrieb umso intensiver an jemanden klammern zu müssen, je mehr der sie wegschiebt und schlecht behandelt. Sie können noch nicht wissen, dass sie nicht verloren wären, sondern wahrscheinlich in die Obhut besserer Menschen kommen. Diese Überlebensstrategie, um in einer gefährlichen oder unguten Beziehung bleiben zu können, entwickelt sich später übrigens auch in manchen Gewaltbeziehungen bei Erwachsenen. Es geht auch weniger dramatisch: Man kann einem anderen Menschen viel leichter eine Untreue oder einen Fehler verzeihen, wenn man nicht ihm, sondern sich selbst oder den »verführenden« Personen und Umständen die ganze Schuld gibt.

»Das ist so unfair!« Gerechtigkeitskämpfe im Kindesalter

Es gibt schon im Kleinkind etwas, das uns von den meisten Tieren außer den Primaten unterscheidet: Es ist das Gerechtigkeitsempfinden.

> *Hano sieht, dass das Baby für alle sehr interessant ist. Es wird immer zuerst begrüßt, angelächelt, die Erwachsenen sind geduldig und freundlich, obwohl es doch schon wieder so nervig weint. Es bekommt sogar Geschenke, dabei kann es damit gar nicht spielen. Wäre Hano ein zu klein geratenes Vögelchen, das viel weniger Futter abkriegt als seine Geschwister, dann würde er jetzt Angst bekommen. Hano als kluges Menschenkind wird es in erster Linie unfair empfinden. Mit Recht natürlich, denn er wird ohne Verschulden benachteiligt. Lässt man ihn damit allein, beschuldigt, beschämt oder bestraft ihn vielleicht sogar für seine »Eifersucht«, dann wird er neben dem*

Unrechtsempfinden wohl ein Opfergefühl oder einfach nur Zorn entwickeln. Das kann bewirken, dass er gemein zum »bösen Baby« wird, denn die eigentlich schuldigen Eltern muss er aus dem oben beschriebenen Bindungsbedürfnis heraus wohl »gut« halten. Besser ist deshalb, er erlebt oft und oft, dass ER als Erstes angestrahlt wird, dass IHM die Gäste zu seinem Geschwisterchen gratulieren und IHM ein Geschenk mitbringen. Immerhin wird ihn das Baby zwar tatsächlich noch echt viel Elternzeit kosten. Doch dadurch wurde er zum großer Bruder befördert und wird, wenn er noch ein paar Monate (übrigens eine schier endlos lange Zeit für Kinder) wartet, Spielzeit und Liebhaben dazubekommen. Das gehört gefeiert!

Dieser »Gerechtigkeitssinn« entwickelt sich schon früh, doch ohne konkrete Gerechtigkeitsregeln versinken Kinder manchmal in einem Gefühl von »Alle sind immer so gemein zu mir«. Ich bemühe mich darum, die konkrete Form der Gerechtigkeit der Situation angemessen zu wählen, anstatt starre »Wahrheiten« zu propagieren. Mit Kindern kann man das übrigens hervorragend diskutieren – falls es wirklich um Gerechtigkeit geht. Denn meistens enttarnt sich die »Ungerechtigkeit« als bloßer Ärger: »Ich bekomme nicht, was ich haben will.«

Gerechtigkeit ist und bleibt eine komplizierte Sache, die man daher in der Erziehung am *besten keinesfalls als das allerhöchste Ziel* betrachten und damit überbewerten sollte. Lieber das Ungerechtigkeitsgefühl in einem Gespräch, das den bekannten 4 Schritten folgt, voller Mitgefühl auffangen, als sklavisch zu versuchen, es zu vermeiden. Letztendlich gibt es sicher ein »Ziel hinter dem Ziel«, auf das es in Wirklichkeit ankommt: Vielleicht ist es, sich absolut geliebt zu fühlen.

»Ich sehe, Hano, du fühlst dich total ungerecht behandelt. Das verstehe ich, denn es stimmt, dass das Baby Geschenke bekommt und du nicht. Ganz logisch, dass dir das ungerecht vorkommt. Es tut mir total leid,

dass du deshalb so ärgerlich und traurig sein musst.
Hm, was können wir tun, damit du wieder merkst,
dass ich dich gaaanz lieb habe und du wieder ein gutes
Gefühl haben kannst? Hast du eine Idee?«

Erziehung zum entspannten Umgang mit Schuldgefühlen

Manche meinen, wir sollten es in der Kindererziehung doch lieber den Bonobos, einer Primatenart, nachmachen: Frans de Waal berichtet, dass dort die Nachkömmlinge sprichwörtliche Narrenfreiheit haben. Sie werden gar nicht erzogen, nicht ermahnt und kaum bestraft, benutzen den Rücken des ranghöchsten Tiers als Trampolin und trinken als Erste an der Wasserstelle, tun also lauter Dinge, die den herrschenden, sozialen Spielregeln widersprechen. Doch eines Tages, irgendwann im Jugendalter, sind sie plötzlich »alt genug«. Dann ist »Schluss mit Lustig« und sie haben ab sofort alle Regeln der erwachsenen Bonobos zu befolgen. Diese Botschaft kommt ziemlich grob und für die Heranwachsenden absolut überraschend: Gestern war es noch okay, aber heute gibt es Schläge für das gleiche Verhalten.

Also lieber doch nicht den Primaten nachmachen: Beginnen wir unseren Kinder gewaltfrei und dafür früher von unserem komplizierten Regelwerk zu erzählen: »Ich will das nicht, weil …« Mit starker Stimme und ernstem Gesicht, aber ohne jede Strafe oder Erwartung, dass sich dieses kleine Menschenkind die Regel tatsächlich bereits merken könnte. Das kommt erst mit der vielfachen Wiederholung.

Es stürzt Kinder in verheerende Zweifel, wenn man ihnen einredet, sie hätten Dinge schuldhaft verursacht, wo sie in Wahrheit gar nichts dafür oder dagegen tun konnten. Sie würden nur im Extremfall ein halbes Leben lang versuchen, etwas richtig zu machen, dass sie gar nie falsch gemacht haben oder das nicht in ihrer Hand liegt. Denn wie gesagt: Man braucht ihnen speziell eine Ursachen-Schuld gar nicht einzureden, sondern muss sie ihnen aktiv ausreden, dagegenreden und ihnen immer wieder in Taten und Worten versichern, dass sie nicht schuld sind.

Wir können Kinder beim Großwerden auf gute Art unterstützen, sodass sie ein *nützliches Ursachen-, Moral- und Regelverständnis* erwerben, auf der Basis von inneren Gesetzen, die ihnen ein glückliches Leben in gutem Kontakt mit anderen ermöglichen. Ein Kind erwirbt Moralvorstellungen und innere Gesetze jedoch nicht vorrangig dadurch, dass wir sie ihm sagen. Es kombiniert das häufig Gehörte mit Beobachtungen. Es lässt sich stark davon beeindrucken, wie andere behandelt werden und welche Folgen das hat. Es erlebt und spürt, wie Erwachsene mit ihm und miteinander umgehen, welche Botschaften sie schicken oder wofür es gelobt oder getadelt wird. Kinder lernen oder leiten Schlussfolgerungen ab, die sie schließlich im Lauf der Jahre verinnerlichen. Es ist ein eigenständiger Konstruktionsprozess, in dessen Verlauf sie den Sinn sozialer Regeln und deren Bedeutung für das menschliche Zusammenleben zunehmend besser verstehen und schließlich ihre eigenen Entscheidungen treffen.

Der fünfjährige Jo erzählte in meiner damaligen Praxis, während wir ein Bild malen: »Wenn der Papa meinem kleinen Bruder hilft, dann macht der Opa dabei oft so böse Augen. Schau mal: so ... Da denke ich mir dann: Er darf keine Hilfe brauchen. Aber er ist doch noch so klein? Die Mama von meinem Freund hat gesagt: ›Helfen ist richtig.‹ Sie hilft mir immer beim Schuhe-Zumachen.« Ich konnte ihm seine Verwirrung richtig ansehen. Gegensätzliche innere Regeln erzeugen immer eine enorme Spannung. Besser ist, sich für eine zu entscheiden. Daher hörte er von mir: »Ich denke Folgendes: Unterschiedliche Menschen haben unterschiedliche Regeln. Im Kindergarten ist es ganz anders als bei mir. Bei mir ist es ganz anders als beim Papa. Und dort ist es anders als beim Opa. Meistens kannst du da einfach mitmachen, manchmal kannst du auch selbst etwas bestimmen. Und für innen drinnen, da suchst du dir am besten genau die Regeln aus, die dir ein gutes Gefühl machen.« Er nickt, denkt nach und malt. Nach einer Weile schlage ich vor: »Was hältst du von der Regel: ›Wenn jemand Hilfe braucht, dann darf er Hilfe bekommen.‹ Der Opa denkt vielleicht anders, aber das macht ja nichts.« Er schaut mich an, wiederholt diesen Satz, überprüft offenbar das Gefühl, das dieser in ihm auslöst. Es passt. Thema beendet und wir malen weiter.

Wie wäre eine Familie ohne Angebot für Moralisches und Soziales?

Menschen, die ohne »Kodex« aufwachsen oder deren Vorstellungen sich stark von den allgemein anerkannten Moralvorstellungen unterscheiden, haben es im Leben nicht leicht. Schlimmstenfalls landen sie im Gefängnis oder in der Verbitterung. Wer viel zu wenig kriegt oder immer alles geschenkt bekommt, kann ebenfalls durchaus ganz eigene Gerechtigkeitsbegriffe oder Überlebensstrategien entwickeln. Vielleicht: »Ich habe gar keine Rechte«, oder das Gegenteil: »Alles für mich.« Ersteres kann für die Menschen im Umfeld auf Dauer recht schwierig werden – außer es sind welche, die an einer Gewaltbeziehung interessiert sind und sich darüber freuen. Bei Letzterem spielt die Welt selten lange mit, die Mehrheit schätzt immer noch Austauschbeziehungen und Gesetzestreue.

Soziale Spielregeln und innerlich gut tragbare Gesetze sind wichtig und bieten Orientierungshilfe bei den zahllosen, alltäglichen Entscheidungen und bei der Bildung möglichst zutreffender Vorhersagen und Erwartungen. Klare, sachlich begründbare Schuldzuweisungen sind okay, Balance im Geben und Nehmen einzufordern, ebenfalls: »Wir haben gestern vereinbart: Ich backe deinen Lieblingskuchen und dafür hilft du mir heute beim Aufräumen.« Falls das so nicht funktioniert, seien Sie lernfähig und drehen Sie die Reihenfolge um: »Heute beim Aufräumen helfen und morgen Lieblingskuchen essen. Deal?« Es ist wichtig, angemessene Wege aus einer Schuld heraus zu bieten, wie zum Beispiel eine adäquate Wiedergutmachung, weil eine tatsächlich schuldhafte Beschädigung (überprüfen Sie die Kriterien!) vom eigenen Taschengeld ersetzt werden muss. Kinder sollen natürlich aus eigenen Fehlern lernen, während sie für die Fehler anderer die Verantwortung klar ablehnen dürfen. Sie sollen keinesfalls eins zu eins die moralischen Gesetze der Eltern übernehmen müssen – die Menschheit wäre sonst wohl niemals der Steinzeitmoral entwachsen. Sondern sie dürfen schon ihr eigenes Regelwerk bauen, mit angemessenem »Gespür« für Geben und Nehmen, für eigene Rechte und die kleinen Pflichten im Kinderalltag. Das ist ein Teil von sozialem Lernen und emotionaler Intelligenz.

Angemessen korrigieren, kritisieren, doch niemals beschämen

Niemand, der bei Trost ist, würde ein Kleinkind kritisieren, wenn es nicht korrekt spricht. Man wird den Satz einfach nur immer wieder freundlich und richtig wiederholen. Ähnliches gilt bei moralischen oder sozialen Gesetzen. Später kommt ein ernster Tonfall dazu, dann eine Wiedergutmachung, eine negative Konsequenz oder der Verzicht auf etwas Angenehmes. Kinder dürfen meiner Ansicht nach für einen Fehler kritisiert und auf die dahinterstehende Regel aufmerksam gemacht werden, falls die Situation alle sonstigen Kriterien echter Schuld erfüllt. Also vielleicht beschuldigen, aber niemals, niemals, niemals beschämen. Denn Scham hat nur unerfreuliche Konsequenzen, nicht nur für den Betroffenen selbst, sondern auch für die Gemeinschaft.[34] So gehen zum Beispiel bei inhaftierten Jugendlichen Schuldgefühle tendenziell mit niedrigeren Rückfallraten einher, Schamgefühle hingegen mit höheren[35].

Erwarten Sie bitte nicht, dass Kinder sich sofort an die vermittelte Regel halten können. Es ist nicht leicht, in sich Gewohnheiten zu erzeugen oder damit aufzuhören – denken Sie nur an Ihre eigenen kleinen »Laster«, die Sie nicht loswerden. Falls unser erwachsenes »Nörgeln« gar nicht landen kann, braucht es wohl eine kreative Hilfestellung.

Im Beispiel des »faulen, schlampigen« Mädchens war diese Hilfe übrigens ein grellgelber Wollfaden um das Handgelenk als Erinnerung an den »Blick zurück« – und natürlich lernbereite Eltern, die von nun an jede kleine, positive Entwicklung mehr beachteten als die unvermeidlichen »Rückfälle«.

Der Ton macht die Gefühlsmusik, viele Töne das Lied

Was genau einem Kind bei einem Satz von Ihnen durch Herz und Hirn geht, ist, wie Sie sicher wissen, in hohem Maße von der »Begleitmusik« abhängig: Tonfall, Körperhaltung, Lautstärke, Gesichtsausdruck … all das kann neutral, bedrohlich, vorwurfsvoll, beschämend oder verwirrend-ambivalent sein. Dazu ein kleines Gedankenexperiment: »*Du hast das falsch gemacht*«, sagt der oder die Große zu einem Kind. Welche Gefühle entstehen nun in ihm, was denken Sie spontan?

Diese unmittelbare Antwort sagt möglicherweise etwas über Sie selbst aus, denn Ihr Gehirn schickt Ihnen die eigenen, vielleicht tief eingegrabenen Erwartungen und Befürchtungen. Andere Menschen haben andere Erfahrungen gemacht. Die nun folgende Sammlung von möglichen Gefühlen und Gedanken hat selbstverständlich keinen Anspruch auf Vollständigkeit. Vielleicht wollen Sie jetzt schon überlegen, welche Reaktion Sie gern sehen möchten:

- *Neugierde und Interesse.* »Interessant. Das war also falsch. Was ist denn richtig? Zeig mal.«
- *Angst.* »O Gott, jetzt kommt sicher eine Strafe. Ich mache mich lieber ganz klein oder laufe weg.«
- *Schuldgefühl.* »Aha, man darf das offenbar so nicht machen und ich hätte es wissen müssen. Ich habe etwas falsch gemacht, obwohl ich es richtig machen hätte können. Ich fühle mich schuldig. Das mag ich nicht. Deshalb überlege ich, was ich anders machen kann.«
- *Scham.* »Oh, wie peinlich. Ich hätte das aber wirklich jetzt schon wissen sollen. Ich bin echt dumm.« Oder: »Was habe

ich ihr nur angetan? Wie konnte ich nur? So ein unmöglicher Mensch bin ich.«

- *Verwirrung.* »Wieso denn das? Gestern hat es noch gepasst. Ich kenn mich gar nicht mehr aus.«
- *Ärger.* »Das will ich nicht hören. Das beleidigt mich irgendwie. Vielleicht, weil ich mir so sicher war, dass ich es gut gemacht habe. So ein Mist.«
- *Trotz.* »Das stimmt nicht. Ich habe alles richtig gemacht.«

Wählen Sie je nach gewünschter Reaktion den Tonfall, also die Begleitmusik des Satzes. Natürlich macht kein einzelner guter Satz und Fehler ein »Lied«. Kinder verzeihen uns, wenn wir uns hin und wieder im Ton vergreifen, wenn wir uns danach entschuldigen. Wenn wir hin und wieder freundlich den richtigen Ton treffen, ist das ein wichtiger Anfang, doch auf Dauer brauchen Kinder viele gute Botschaften.

Und bitte bedenken Sie unsere Neuropsychologie: Das Aktuelle trifft in unserem Gehirn *immer* auf das Alte, auf die bisherigen Lernerfahrungen. Je »erfahrener« ein Kind, umso mehr spielen Erinnerungen eine dominante Rolle bei der Bewertung. Denken Sie an das Beispiel über die Bedeutung von Vorerfahrungen schon bei solchen Kleinigkeiten wie der Vorausberechnung beim Treppensteigen: Wer oft erlebt hat, dass nach einer Kritik eine schlimme Strafe folgte, wird Angst bekommen – egal, wie der Satz *heute* gesagt wird. Es dauert, bis neue, korrigierende Erfahrungen zur Bildung stabiler, neuer Erwartungen führen. Geduld ist gefragt.

Hören Sie oder ich als Erwachsene eine Kritik, dann können natürlich ebenfalls Gefühle anspringen, die gar nicht zur aktuellen Absicht des Gegenübers passen. Denn wir alle haben mit Sicherheit große, »alte Kisten« mit Vorerfahrungen, die durch bestimmte Formulierungen oder Schlüsselinformationen aktiviert werden können, obwohl vielleicht heute alle ganz anders gemeint sind.

»Und wenn mir die Nerven durchgehen?« – das ganz Falsche vermeiden

Was immer wir im Umgang mit den Kleinen tun, es vermittelt Botschaften und erzeugt Gefühle. Und obwohl wir dabei vielleicht auch niemals immer alles richtig machen können, so sollen wir doch anstreben, das ganz Falsche zu vermeiden. Das ist gar kein so bescheidenes Ziel. Obwohl verständlicherweise die eigenen Gefühle schon mal extrem werden, so gilt doch die einfache Leitlinie: *Jedes Extrem ist falsch.* Also keine dauerhafte Verherrlichung und Verwöhnung des Kindes. Keine Gewalt und Abwertung, weder in Worten noch in Taten. Kein Dauerchaos, aber auch keine unbeugsamen Regeln. Keinesfalls permanente Beoder Entschuldigung (Letzteres ab dem entsprechenden Alter).

Wie das gelingen kann? Manchmal ist es tatsächlich so einfach wie beim Fußballtraining: *Standardsituationen* lassen sich vorab planen und einüben. Zum Beispiel wirft jedes Kind irgendwann einmal ein Trinkglas um. Was werden Sie dann tun? Stellen Sie sich *den gewünschten Ablauf* bildhaft und lebendig in Form eines inneren Filmes vor. Dann steigt die Wahrscheinlichkeit, dass Sie es in Zukunft auch umsetzen können. Hier eine kleine Auswahl von Reaktionen auf folgende Alltagssituation: Ein Kind, etwa im Kindergartenalter, wirft durch eine unbedachte Handbewegung beim Essen sein Glas um. Es zersplittert vielleicht, in jedem Fall ergießt sich der Inhalt über den Tisch. Was tun die Erwachsenen in dieser Standardsituation? Welche Botschaften schicken sie damit einem Kind und welche innere Regel wird es wohl daraus ableiten, wenn es öfter passiert? All die nun beschriebenen Reaktionen habe ich zufällig live beobachtet, weil sie in Gaststätten oder im Bekanntenkreis stattfanden.

> *»Ist dir was passiert? Bleib sitzen, die Scherben … Ich hole ein Tuch. Jetzt haben wir aber ziemlich viel Extraarbeit, wie ärgerlich. Bitte pass das nächste Mal besser auf. Schau, das neue Glas hat hier in der Tischmitte einen besseren Platz.« Botschaft: Dein Wohl ist das Wichtigste. Du hast einen Fehler gemacht und kannst daraus lernen. Ich gebe dir dazu einen Tipp. Gedanke im Kind: »Ich will besser aufpassen,*

damit nichts zerbricht, denn das macht Stress.« Gefühl: Schuld mit dem Ausweg der Lernmöglichkeit.
Das Kind wird angeschrien: »Du Idiot! Was hast du denn jetzt schon wieder angerichtet! Immer machst du solchen Blödsinn, den ich dann wegräumen muss.« Botschaft: Du bist dumm. Du bist schlecht. Gedanke im Kind: »Ich darf den Eltern keine Arbeit machen. Ich bin dumm, ich bin schlecht.« Gefühl: Scham und Schuld.
Die Erwachsenen schimpfen miteinander: »Ach Gott! Pass doch besser auf! Warum stellst du auch das Kinderglas nicht in die Mitte des Tisches? Ich habe dir das doch schon tausendmal gesagt!« Botschaft an das Kind: Du bist unwichtig und zugleich schuld. Gedanke im Kind: »Es war nicht mein Fehler. Oder doch? Ich bin schuld am bösen Streit zwischen den Eltern.« Gefühl: Verwirrung, Angst, Schuld.
Eisiges Schweigen, auch das Kind erstarrt und wird blass. Die Unfallfolgen werden mit steinerner Miene bereinigt. Botschaft: »Na warte, bis wir daheim sind …« Gedanke im Kind: »O Gott.« Gefühl: Panik.
Die ganze, große Runde beginnt fröhlich zu lachen. »Na so was, schon wieder ein Glas umgeworfen.« Weggeräumt wird später. Botschaft: Alles ist egal, Hauptsache lustig. Gedanke im Kind: »Ich habe keinen Fehler gemacht. Es ist egal.« Gefühl: Spaß
In einem Restaurant mit Computerspielmöglichkeit für die Kids: Ein Bub spielt und trinkt gleichzeitig. Dadurch schüttet er sein Glas um. Er ruft genervt die Mutter, die in der Nähe sitzt. Sie kommt und fragt, was los ist. Er schnauzt sie vorwurfsvoll an, noch immer mit den Augen am Bildschirm: »Ich ruf dich und du weißt gar nicht, was ich brauche!« Sie sieht es nun sowieso und wischt wortlos den Tisch trocken. Er spielt weiter, sie setzt sich wieder. Botschaft: »Du bist alles und du bist nichts.« Gedanke im Kind: »Ich darf alles und habe alle Rechte. Ich bin verloren, ohne Halt und Grenze.« Gefühl: Unglück, Leere, Langeweile.

Bei all diesen Reaktionen gilt natürlich: »Einmal ist keinmal«, wenn keine katastrophalen Begleitumstände dazukommen. Langfristige Folgen entstehen erst, wenn ein solches Verhalten zum Muster wird. Mögen Sie sich ausmalen, wie unterschiedlich sich diese Kinder wohl in zehn Jahren entwickelt haben? Oder in zwanzig?

Zuerst trösten und beruhigen, erst viel später kritisieren

Ein Thema, das mir besonders am Herzen liegt, ist der gute Umgang mit eigenen Gefühlen. Kinder müssen erst im Lauf ihres Lebens mit Unterstützung Erwachsener lernen, ihre Gefühle zu erkennen, sie zu verstehen, sie in Worte zu fassen und letztendlich etwas aktiv damit zu tun oder sich zu beruhigen. Das Geheimnis dieser 4 Schritte finden Sie als nächste Überschrift.

> *Im Supermarkt Kindergeschrei, typischerweise von einem etwa dreijährigen Kind, dem gerade alles zu viel wird. Daneben stehen Erwachsene mit hochrotem Kopf und schreien es wutentbrannt und verzweifelt an: »Beruhige dich endlich!« Sie selbst wissen offensichtlich gar nicht, wie das geht, fordern es jedoch vehement vom Kind.*

Falls Sie selbst Verantwortung für ein Kind haben, werden Sie mit Sicherheit auch mal »die Nerven wegschmeißen« oder im Zorn Sätze sagen, die gewollt oder ungewollt stark verletzen. Ihre Schuldgefühle sind berechtigt, doch keine Angst: Kinder verzeihen uns vieles – wenn wir die Verantwortung übernehmen, uns danach ernsthaft entschuldigen und sie merken, dass wir daraus lernen. Genau dadurch vermitteln wir ihnen indirekt das vielleicht Allerwichtigste: einen angstfreien, aber entschlossenen Umgang mit Fehlern und Schuldgefühlen.

Wenn ein Kind Schaden verursacht, selbst sehr erschrickt oder verletzt ist und wir uns deshalb ärgerlich, verängstigt oder schuldig fühlen, gilt trotzdem: zuerst tief durchatmen und damit die eigenen Gefühle etwas in den Hintergrund rücken, dann sofort das Kind trösten und beruhigen. Später, wenn es sich wieder gefangen hat, schimpfen und kritisieren, wenn es schon sein muss – oder eine Lernerfahrung daraus machen.

Das Geheimnis der 4 Schritte

Doch wichtiger, als zu hören, *was man tun sollte* – das wissen die meisten Menschen sowieso und haben im Bereich Erziehung ähnliche moralische Grundsätze –, sind Informationen, *wie man es tun kann.* Wie also geht »Trösten und Beruhigen«? Können Sie das gut? Wie genau machen Sie das? Vielleicht gehören Sie zu jenen, die es intuitiv richtig angehen, aber nicht genau sagen können, worauf es ankommt. Zumindest ich brauchte dazu den Psychologieprofessor Paul Innerhofer, der mir die Augen dafür geöffnet hat, dass angenehmes, erfolgreiches Trösten, ähnlich wie jedes nachhaltige Problemlösen, folgenden einfachen, aber wirkungsvollen 4 Schritten folgt.

> *Am Spielplatz beobachte ich eine Mutter, die ein Lehrbuchbeispiel für gutes Trösten liefert. Ihr etwa dreijähriges Töchterchen stürzt und läuft weinend zu ihr. Sie wendet sich freundlich-besorgt zu: »Ich sehe, du hast dich erschreckt.« (= Sehen). »Was ist denn los, was ist passiert? Tut dir etwas weh? Zeig mal!« (= Verstehen) »Uweia, das ist ja eine richtige Abschürfung. Puh. Ist klar, dass das wehtut.« (= Annehmen: weinen lassen, ein Taschentuch reichen, halten; so lange, wie es eben dauert, bis eine erste Beruhigung eintritt.) »Ist es ein bisschen besser? Jetzt kleben wir ein Pflaster drauf, damit es in Ruhe heilen kann. Das hier mit den Bären. Okay? Und komm, ich bring dich vorsichtig zurück zur Rutsche. Oder suchen wir uns ein neues Spiel?« (= Verändern, etwas damit oder dagegen tun.) Und erst jetzt kommt eine Ursachensuche und damit Einladungen zum Lernen: »Wie war das eigentlich vorhin mit dem Sturz, wieso ist das passiert? Aha, dein Schuh*

ist locker. In Zukunft kommst du gleich, wenn du das siehst, okay? Dann mache ich den Klettverschluss gaaanz gut zu – oder vielleicht kannst du das schon selbst? Dann kann dir so etwas nicht mehr passieren.«

1. Hier werden also Innenweltvorgänge, vor allem Gefühle, Gedanken und Körperempfindungen, zuerst in Worte gefasst *(= Schritt 1: beim Sehen helfen).*
2. Die Ursachen werden erforscht, ausgehend von der Annahme, dass jedes Gefühl oder Verhalten grundsätzlich wohl verständliche Motive hat *(= Schritt 2: beim Verstehen helfen).*
3. Getragen wird so ein Gespräch von der Botschaft, dass Person und Gefühl ganz und gar in Ordnung sind *(= Schritt 3: Beim Annehmen helfen).*
4. Und danach kann man anbieten, das Gegenüber herunter von der Palme oder heraus aus dem emotionalen Tief zu holen. Je nach Alter gibt es unterschiedliche Tipps und Tricks: vom warmen Wasser über Ablenkung, Humor oder Zauberpflaster mit Bären drauf bis zur Planung einer Gegenwehr oder, bei Schuld- und Opfergefühlen, der Wahl einer der 12 Wege (siehe später ab Seite 228). Auf diese Weise tut man etwas damit oder dagegen – oder ist gemeinsam darüber traurig, dass ein Gefühl oder eine Situation im Moment unveränderbar ist *(= Schritt 4, beim Verändern helfen).*

Wichtige Elemente davon finden Sie in der Mentalisierungsforschung von Fonagy und Target beschrieben. Das kann auch zum Leitfaden für hilfreiche Selbstgespräche zu Ihrer eigenen Selbstberuhigung werden.

Nicht durch eine Schuldzuweisung bestrafen, sondern Lösungen aufzeigen

Schuldgefühle sind quälend und schwer, sie sollen ja schließlich zur Vermeidung auffordern und wohl auch ein wenig der Selbstbestrafung dienen. Bereits Kinder und natürlich Erwachsene können deshalb auf die Idee kommen, sie zur Bestrafung anderer einzusetzen.

> *Eine aufgebrachte Mutter wirft ihrem Jugendlichen vor: »Du bist schuld, wenn ich bald nicht mehr arbeiten kann und verhungern muss. Du bringst mich noch ins Grab.«*

Tun Sie das bitte nie! Es ist kontraproduktiv, denn das provoziert förmlich Gegenwehr in Form einer wütenden, sinnlosen Diskussion. Oder, vielleicht noch schlimmer, Ihr junges (oder bereits erwachsenes) Gegenüber geht in eine resignative Unterwerfung und glaubt das.

> *Sinnvoller wäre es wohl, einige Minuten früher »die Nerven zu verlieren«, solange man noch halbwegs klar denken kann. Dann ist es möglich zu sagen:*
> *»Ich kann das ehrlich nicht mehr aushalten. Es stresst mich enorm. Ich brauche von dir, dass du …«*

Falls Sie schon jemanden beschuldigen wollen, dann bitte nützlich: Bieten Sie deshalb möglichst *noch im selben Atemzug* einen Ausweg in Richtung Lösung, Wiedergutmachung oder Lernerfahrung. Besonders wichtig ist es bei Kindern (im ersten, oben beschriebenen Glas-Beispiel bedeutet das, dem Kind einen besseren Platz für das Glas zu zeigen), doch auch Erwachsenen kann es viel bringen.

> *Eine Teamsupervision. Die Atmosphäre an diesem Arbeitsplatz ist geprägt von permanenten Vorwürfen und Schulddiskussionen. Wir erarbeiten folgende Kommunikationsregel: Nach jeder Anschuldigung muss sofort, also wirklich gleich im nächsten Satz, eine Lösungsidee kommen: »Du hast schon wieder das Kopierpapier nicht nachgefüllt, ich habe es satt, immer die Dumme zu sein, die das machen muss, und*

deshalb schlage ich vor: Im Regal oberhalb soll immer gut sichtbar eine neue Packung liegen. Wer diese in den Kopierer legt, holt gleich eine neue aus dem Lager. Gleich!«

Auch im eigenen Schuldgefühl sollten Eltern sich nicht hängen lassen. Denn zu viel des Guten ist schlecht. Ein überstarkes Schuldgefühl hat nämlich eine speziell ungute Auswirkung auf die Beziehung von Menschen: *Während es uns verbindet, trennt es uns.*

Frau Ungar erzählt mir aufgewühlt von einem Anruf ihrer erwachsenen Tochter. Deren Stimme klang so traurig, dass die Mutter sie voller Mitgefühl gefragt hatte, was los sei. »Mir geht's schlecht«, antwortete die Tochter. »Und da war's dann aus bei mir«, schildert Frau Ungar in meiner Praxis. »Mir wurde heiß und kalt und ich konnte sie nur noch fragen: ›Bin ich schuld?‹« Was passierte zwischen den beiden? Im ersten Teil des Telefonats war diese Mutter ganz bei der Tochter, in innigem, gutem Kontakt. Dann wie ein Blitz das Schuldgefühl. Es zertrennte dieses gute Band. Denn nun war die Mutter plötzlich vorrangig mit sich selbst beschäftigt. Die Tochter hörte nicht mehr, was sie brauchte, nämlich ein paar Minuten ungeteilte Aufmerksamkeit und Mitgefühl. Im Gegenteil: Das Ende des Gesprächs gestaltet sich als verzweifeltes Bemühen der Tochter, nun ihrerseits die Mutter zu beruhigen und ihr zu versichern, dass es nicht ihre Schuld sei. Die Not der Tochter blieb vollkommen auf der Strecke.
Ich fragte Frau Ungar: »Wollen Sie für Ihre Tochter da sein, wenn es ihr schlecht geht? Wenn ja, ist es wichtig, dass Sie in einem solchen Moment auf sich selbst vergessen. Die Welt darf sich ein paar Minuten lang nur um die Not der Tochter drehen.« Mir ist natürlich bewusst, ich konfrontiere eine ohnehin extrem schuld-

gefühlbeladene Mutter mit einem Fehler, den sie meiner Meinung nach gemacht hat. Daher spreche ich sofort weiter: »Ich weiß, dass Sie im Normalfall sehr gut trösten können, ganz nach den 4 Schritten. Es hat also mit Sicherheit gute Gründe gehabt, wieso Ihnen das in diesem Moment nicht gelungen ist. Ich schlage vor: Rufen Sie Ihre Tochter an, entschuldigen Sie sich bei ihr für Ihren ›Schuldgefühlsanfall‹ und fragen Sie noch einmal, was genau los ist. Was meinen Sie dazu?«
Die Mutter tut es, die Tochter ist dankbar, die Mutter auch. Es hat natürlich danach Frau Ungar noch einige Stunden psychologischer Arbeit gekostet, bis sie die Schuldgefühle bezüglich der Vergangenheit in den Griff kriegen konnte, um weitere Störungen der guten Gegenwartsbeziehung mit der Tochter zu vermeiden.

Was schulden Töchter und Söhne ihren Eltern?

»Wenn ich in den Stunden bezahlt arbeiten könnte, die ich mit diesem anstrengenden Kind verbringe und es durch die Gegend trage, ich wäre wohl reich.« Diesen Seufzer höre ich von einer Freundin, deren unruhiger Säugling auf geheimnisvolle Weise sofort erkennt, wenn sie sich mit ihm hinsetzt, wo er doch das Herumgetragen-Werden braucht, um nicht weinen zu müssen.
»Warum rufst du mich nie an?« Diesen Satz hört der erwachsene Sohn immer als ersten von seiner Mutter. »Ich kann das nicht mehr hören. Sie tut so, als ob ich ihr das schuldig wäre. Oder hat sie recht? Immerhin ist sie meine Mutter.«

»Wir leben doch in Austauschbeziehungen. Wie ist das mit Kindern?«

Grundsätzlich ist es gesetzliche Pflicht der Eltern, die Versorgung eines Kindes sicherzustellen. Und es ist Recht des Kindes, das alles in jungen Jahren zu bekommen. Deshalb entsteht keine Schuld, bei aller Schieflage während dieser Zeit. Doch die meisten Menschen streben nach Balance im Geben und Nehmen in Beziehungen, wollen also irgendwann doch etwas retour bekommen. »Wie ist das mit Kindern, was hat man nun davon?« Diese Frage hat sich – spätestens in schwierigen Entwicklungsphasen – wohl schon der eine oder die andere gestellt. Tatsächlich ist es eine interessante Überlegung: Wieso umsorgen Menschen normalerweise ein Baby extrem intensiv, obwohl es gar nichts zurückgeben kann und muss?

Klugerweise hat uns die Natur auf dieses Ungleichgewicht vorbereitet, indem sie Menschen (und wohl auch viele Tierarten) mit der Eigenheit ausgestattet hat, extrem gute Gefühle beim Anblick eines Babys zu empfinden: Bindungshormone, die uns mit einer Welle aus Glücksgefühlen überschwemmen, ein »Kindchenschema« – große Augen, kleiner Mund – das in uns Fürsorge und Rührung weckt, bis hin zum Geruch von Babys, den viele als sehr angenehm empfinden. Auch später noch machen diese besonders intensiven, »emotionalen Belohnungen« viele Anstrengungen wett.

Trotzdem wird neben aller Liebe und Schuld fallweise ein Gefühl von Ungerechtigkeit auftauchen. Wir beneiden dann andere Erwachsene um ihre Freiheit von Verpflichtung und Schuld, sehen uns von unseren Kindern ungerecht behandelt und von anderen in unseren Leistungen nicht anerkannt. »Was hab ich denn davon?« oder vielleicht gar »Das habe ich nun davon!« All das ist in Ordnung, solche Gefühle sind manchmal einfach da, wir jammern und sie können wieder verschwinden. Ich finde es wichtig, über diese Gedanken, Enttäuschungen und die eigenen Erwartungen zu reden.

Schwierig jedoch, sobald es moralisch »verboten« oder »unrecht« ist, das auszusprechen oder überhaupt zu haben. Sobald ich darauf hinweise, dass wir im normalen Sozialkontakt in Wahrheit selten echte Geschenke hergeben, sondern winzige

Investitionen oder Rückzahlungen tätigen wie beim Gruß und Gegengruß, ernte ich vielfach Empörung. Man würde einander doch schließlich lieben und hätte deshalb keinerlei Erwartungen und schon gar keine Rückzahlungsforderungen. Eine wichtige, unausgesprochene Erwartung löst sich nicht auf, nur weil man konsequent nicht darüber spricht. Sie wandert in den Untergrund und wird zu einer unbewussten Erwartung samt Empörung oder zu einem unbewussten Gesetz mit diffusem Schuldgefühl: Im Kapitel über Opfergefühle (s. ab Seite 125) habe ich meinen Streit über eine vergessene Kaffeetasse mit meiner Bürokollegin geschildert. Er ist genau deshalb entstanden, weil ich meine Erwartungen – auch vor mir selbst – bagatellisiert und verschwiegen habe.

Allerdings wäre es selbstverständlich fatal, wenn wir solche Gedanken mit einem Kind oder in seiner Anwesenheit besprechen: Wie würde ein Fünfjähriger wohl reagieren, wenn er hört: »Ich finde das so unfair. Ständig mache ich dir Essen und du tust das nicht für mich?« Natürlich mit extremen, völlig falschen Schuldgefühlen (er hat keine Wahl und ist zu jung). Wie es dem Baby im oben genannten Beispiel geht, wird wohl nicht so sehr davon abhängig sein, was genau die Mutter sagt, sondern davon, was sie in diesem Moment körperlich fühlt und ob sich das bereits zu einer Atmosphäre, einem »Lied«, verdichtet hat.

Was bin ich alten Eltern schuldig? Wie wird das bei mir im Alter sein?

Auch wenn es uns vielleicht teilweise entfallen ist: Wir alle waren mal Kinder von Eltern. Heute sind wir hoffentlich endlich groß und stark, wie sie es uns damals versprochen haben. Wir sind keine Kinder mehr, doch noch immer Söhne und Töchter dieser Eltern. Wie ist das nun mit der Schuld?

Zwischen Erwachsenen, also auch zwischen Eltern und erwachsen gewordenen Söhnen und Töchtern gilt meiner Ansicht nach wieder die Regel der Gegenseitigkeit: Leistungen für andere – in Form von Liebe, Zeit, Motivation, von materiellen Zuwendungen oder Information – bewirken ab einer bestimmten, individuell unterschiedlichen Grenze die Erwartung auf Ausgleich.

Das ist okay, es soll so sein: Wer für das mittlerweile erwachsene Kind oder die eigenen Eltern etwas tut, darf sich schon eine Gegenleistung erwarten und sei es auch »nur« Dankbarkeit oder Freundlichkeit.

Schuldgefühle gegenüber den eigenen Eltern müssen nicht immer und bei jedem vorkommen: Menschen, die eine angemessen behütete Kindheit hatten und ihre Eltern lieben, die können sie hoffentlich aus einem angenehmen Dankbarkeitsgefühl oder aus Liebe heraus besuchen – und nicht, um in erster Linie unangenehme Schuldgefühle zu vermeiden. Schließlich wollen wir natürlich im Normalfall auch aus Empathie, dass es Menschen, die wir mögen, gut geht, ganz gleich, ob wir mit ihnen verwandt sind oder nicht. Doch abhängig von den inneren Gesetzen dazu werden trotz allem welche auftauchen.

Wie viel Schuldgefühl ist normal, im Sinn von »durchschnittlich vorhanden«? Tatsächlich kann das nicht gesagt werden, denn die Menge der elternbezogenen Schuldgefühle ist von verschiedenen Faktoren wie der Häufigkeit des Kontaktes oder dem Gesundheitszustand der Eltern abhängig, wie eine psychologische Forschungsarbeit von Thomas Boll und anderen zeigt. Doch auch das Verhalten der Eltern selbst hatte einen Einfluss darauf, denn schließlich spielen auch deren innere Regelwerke samt den transportierten Erwartungen eine maßgebliche Rolle. Es zeigt sich: Sobald alte Hierarchien noch gelten, kann es belastend werden. Sind Eltern gegenüber den mittlerweile erwachsenen Kindern sehr bevormundend, dann haben diese häufiger Schuldgefühle, besonders dann, wenn diese zusätzlich mit einem geringen Selbstwertgefühl zu kämpfen haben.[36]

Innere Regelwerke müssen mit Menschen und ihren Beziehungen mitwachsen dürfen. Wie ist es mit Ihren inneren, moralischen und sozialen Gesetzen? Haben Sie sich mittlerweile verändert und an veränderte Umstände angepasst? Oder gelten noch immer jene aus Kindertagen?

»Wie kann ich – als Elternteil oder als erwachsenes Kind – die früheren Regeln zwischen uns verändern?«

Diese Frage höre ich von Eltern genauso, die ihre jungen Erwachsenen in die Selbstständigkeit entlassen wollen, wie von erwachsenen Söhnen und Töchtern. Das Leiden am Vorwurf »Warum rufst du nicht an?« aus dem obigen Beispiel zeigt, wie gut dieser Erwachsene merkt, dass bei seiner Mutter dahinter noch das alte Gebot samt dazugehöriger Erwartung und Schuldzuweisung bei Missachtung steckt: »Du musst brav sein«, vielleicht sogar: »Du bist für mein Glück verantwortlich.«

Es kann ziemlich bittere Ausmaße annehmen, wenn ein Leben lang die Regeln aus der Kindheit gelten: Es gibt »Kinder«, die noch im Pensionsalter meinen, ihre inzwischen uralten Eltern müssten weiter für sie sorgen. Verwöhnte haben keinerlei Gespür für Austauschbeziehungen, leben sie doch nach dem Gesetz: »Es steht mir zu, alles zu bekommen.« Manche Eltern glauben, ihr Nachkomme wäre ihnen für die Tatsache, auf die Welt gekommen zu sein, grenzenlos Gegenleistung schuldig. Die quälendsten Schuldgefühle kommen leider bei jenen vor, die den Eltern nun wirklich gar nichts schuldig sind. Sie wurden allerdings regelrecht darauf »dressiert«, ihnen zu dienen, während ihnen eigene Rechte abgesprochen wurden – vielleicht ist Ihnen das Beispiel meiner Freundin Anna noch präsent.

Egal, ob kleine Entwicklungen oder große längst überfällig sind: *Warten Sie keinesfalls noch länger darauf, dass Ihr Gegenüber mit der Veränderung anfängt.* Er oder sie ist vielleicht genauso gefangen im alten Muster wie Sie, leidet ebenfalls, aber hat die wahre Ursache nicht durchschaut. Der Mutter im zuvor genannten Beispiel geht es schließlich auch nicht gut. Sie hat nur noch nicht erkannte, dass es ihre nicht mehr zeitgemäße Erwartung ist, die ihr Leiden verursacht. Der Sohn kann diese Zusammenhänge mit ihr besprechen, ganz nach dem klugen Motto: »Was genau passiert hier zwischen uns? Welche inneren Gesetze und Erwartungen hast du, welche habe ich?« Oder er kann noch in der Sekunde beginnen, neu auf das Alte zu reagieren. Einer kreativen Runde habe ich dieses Beispiel geschildert und viele Anregungen gesammelt. Sie reichten von Humor samt Überraschung, »Darauf antworten mit: ›Okay, Mami, das mach ich,

ich ruf dich an‹, dann auflegen und sofort zurückrufen« über eine nüchterne Beschreibung des Verhaltens: »Interessant eigentlich: Wenn wir telefonieren, kommt zuerst immer diese Frage«, bis zur Ich-Botschaft »Ich fühle mich total gekränkt und ungerecht behandelt«. Es ist dasselbe Prinzip wie bei der »Schuldabladen verboten«-Trickkiste, Anregungen dazu online[37].

In jedem Fall ist es also wichtig, etwas Neues zu tun. Sollten dabei bereits bei der Vorstellung, sich anders zu verhalten, Schuldgefühle in Ihnen auftauchen, ist es höchste Zeit, zum letzten Kapitel vorzublättern – oder dieses Buch an den oder die Betroffene zu verschenken.

Was immer möglich ist: die eigenen Gesetze und Fragen verändern

Schuldgefühle vermeiden zu wollen, ist ehrenwert. Doch es geht einfach nicht immer, schließlich gibt es nun mal im Leben unterschiedlichste, manchmal gegensätzliche Bedürfnisse und Pflichten. Normalerweise sind im täglichen Leben deshalb innere Spannungen unvermeidlich und das ist ganz okay. In der Regel können wir nur – manchmal suboptimale, manchmal bestmögliche – Kompromisse zwischen eigenen Bedürfnissen und den Wünschen anderer anstreben und finden. Eine Klientin hat mir das mit folgenden Worten geschildert:

> *»Ich mag mittlerweile meine Schuldgefühle, weil sie zeigen, ich bin ein guter Mensch. Und daher habe ich lernen können, nicht mehr ständig zu überlegen: ›Wie kann ich handeln, sodass ich keine Schuldgefühle mehr habe?‹ Diese Frage ist nämlich schlecht und unlösbar für mich, sie hat mir nur schlaflose Nächte bereitet. Nun hab ich eine bessere Frage gefunden: ›Wie kann ich handeln, sodass ich in Summe möglichst wenige Schuldgefühle habe?‹ Ich fühle also vor einer Entscheidung in mich hinein. Wie wird es mir wohl ergehen, wenn ich ein Wochenende daheim genieße und mich schuldig fühle, weil sich die Eltern einen Be-*

such wünschen? Und im Gegensatz dazu: Wie wird es mir gehen, wenn ich dort bin und mich schuldig fühle, weil ich mir selbst nicht die Erholung gönne, die ich so dringend brauche? Je nach Ergebnis entscheide ich mich dann. Und manchmal findet sich zufällig sogar ein Mittelweg, wo ich dann tatsächlich gar keines habe.«

Ich persönlich möchte die moralische Verpflichtung, man müsse *prinzipiell seine Eltern mehr ehren als andere Menschen*, radikal infrage stellen. Wenn man einander mag und sich Respekt verdient hat, wird das ohnehin geschehen. Zusätzlich kann man dabei die Balance im Geben und Nehmen im Auge behalten und natürlich grundsätzlich die eigenen Rechte, nicht nur die Aufgaben. Doch das sind letztendlich nur meine Ansichten. Andere Personen, andere Länder, andere Sitten: Mit überwältigender Mehrheit betrachten es zum Beispiel Menschen in Indien als verbindliche Pflicht, die alternden Eltern sogar bei sich zu Hause zu versorgen.[38] Jeder, jede von uns hat glücklicherweise die Wahl, eigene Moralvorstellungen zu entwickeln.

Was schulden wir der Welt und was die Welt uns?

Enttäuschte Erwartungen oder fehlender Schuldausgleich aus unterschiedlichsten Ursachen sind grundsätzlich zentrale Konfliktthemen, nicht nur in Familien. Vergleichbares existiert in Organisationen und Arbeitsteams, zwischen Gesellschaftsschichten oder Generationen. Begriffe wie »Loyalität«, »Generationenvertrag« oder »informeller Arbeitsvertrag« bezeichnen solche Erwartungen und Regelungen für das Geben und Nehmen.

Es ist natürlich ein großes Thema, doch auch ein sehr persönliches, weil jede und jeder von uns hier nur einen eigenen Weg der Balance finden kann. In jedem Fall wird es uns hoffentlich nicht so gehen wie der Dame in dem nun beschriebenen Beispiel, die das Gefühl hat, ein ganzes Leben auf der Hoffnung auf Rückzahlung aufgebaut zu haben.

Ich komme mit einer älteren Dame in der Straßenbahn ins Gespräch. Sie erzählt mir von ihrem Leben, wirkt dabei verbittert und enttäuscht von der Welt. »Wissen Sie«, seufzt sie, »in meiner Jugend mussten wir den Älteren gehorchen. Ich hab mich darüber einmal bei meiner Mutter beklagt. Sie meinte tröstend, im Alter würde ich das alles zurückbekommen. Und was ist heute: Die Zeiten haben sich geändert. Niemand gibt mir irgendetwas.« Ich trauere ein wenig mit ihr. Dann sage ich: »Ich sehe, Sie fühlen sich richtiggehend betrogen. Das ist verständlich und es ist wohl auch wahr. Leider. Jetzt ist wichtig, wie Sie mit dieser Ungerechtigkeit fertigwerden und danach den Blick hinwenden können zu den Möglichkeiten jetzt, um ab heute zu guten Tagen mit vielen glücklichen Momenten zu kommen. Denn ich denke, das haben Sie verdient.«

8. Der Ausstieg beginnt: 12 Wege zur Entschuldung

Vielleicht finden Sie sich in den morgendlichen Gedanken einer unglücklichen Großmeisterin in Sachen Schuldgefühle wieder:

> *»Schon wieder so spät«, seufzt sie. Eigentlich sollte sie früher aufstehen. Wieder keine Zeit für Morgensport, wieder Stress und wieder kein gesundes Frühstück. Am nächsten Tag schafft sie es früher. Es ist Wochenende. »Eigentlich sollte ich mich ausschlafen, genießen. Immerhin hab ich frei.« Der Partner schaut sie müde an, dreht sich um und schläft weiter. »Ups, ich hab ihn geweckt. So ein Mist. Ausgerechnet heute bin ich wach, warum sonst nie? Was steht auf meiner Liste? Aber eigentlich sollte ich doch heute nichts tun – sonst muss ich mir wieder Vorwürfe meiner Freundin anhören.« Als sie mich aufsucht, natürlich nur auf Drängen dieser Freundin, scheint sie gar keine eigenen inneren Gesetze zu haben außer: »Ich muss tun, was andere für richtig halten.« Die Vermeidung von Schuldgefühlen funktioniert natürlich ganz und gar nicht. Sie spürt ihre eigenen Bedürfnisse kaum mehr. Ein langer Weg in die Selbstbestimmung beginnt, denn zu Beginn möchte sie natürlich unbedingt tun, was ICH für richtig halte.*

Gegen Gefühle können wir doch nichts machen, oder?

Grundsätzlich vorab: Einige Menschen glauben, die eigenen Gefühle sind etwas, das man gar nicht steuern *darf*: »*Man muss doch auf sein Herz hören, dem Bauchgefühl vertrauen.*« Wer Beweise sucht, wie oft sich Gefühle oft irren und dazu noch wesentlich leichter manipulierbar sind als unser Verstand, dem sei empfohlen, ein wenig Werbe- und Konsumentenpsychologie, zum Beispiel von Georg Felser, zu lesen. Sie werden aus dem Staunen nicht herauskommen.

Durch manche Köpfe geistert ein anderer Glaubenssatz, begleitet von einem Achselzucken: »*Gegen seine Gefühle kann man nichts machen.* Man muss sie rauslassen.« Tatsächlich gibt es Erwachsene ohne Unrechtsbewusstsein, sobald »es« mit ihnen durchgeht. Sie werden vielleicht sogar als hysterisch, impulsiv oder cholerisch bezeichnet und können es schwer im Leben haben, denn sie bleiben Spielball dieser meist spontanen, oft durchaus fremdbestimmten Impulse: Wenn ich weiß, was jemand anderen auf die Palme bringt, kann ich ihn ziemlich gut steuern. Manche schaffen es trotzdem in Führungspositionen und sind dort unantastbar, wenn auch gefürchtet. Andere Betroffene leiden selbst am meisten. Aus Mangel an Alternativen fangen sie an, Gefühle ständig wegzudrücken, und hoffen inständig, dass sie nie die Innenwelt überfluten und die Kontrolle übernehmen: »*Man muss sich immer beherrschen.*« Natürlich kann man aus dieser oder einer anderen Not heraus versuchen, sie ein Leben lang in den Keller des Bewusstseins zu sperren. Allerdings nicht nur die Unangenehmen: Wenn, dann gehen meist alle und übrig bleibt Kälte, Ödnis und innere Leere. Es kann aus äußeren Umständen tatsächlich gefährlich und verboten sein, Gefühle zu zeigen, dann muss man sie ebenfalls radikal unterdrücken.

Speziell bei Schuldgefühlen wäre es fatal, sie nicht zu haben: Eine Gesellschaft ganz ohne würde wohl funktionieren wie jene von wilden Tieren: nur die Stärksten gewinnen, die Schwachen gehen unter.

Gefühle als Energie- und Informationsquelle

Glücklicherweise kann es gelingen, in lebendigem und trotzdem selbstbestimmtem Kontakt mit allen Bereichen der Innenwelt zu sein, Gefühle als Informationsquelle zu nutzen und manchmal für sich arbeiten zu lassen. Genau dafür sind sie nämlich da. Auch das Schuldgefühl verlangt nicht von uns, perfekt oder wenigstens Super(wo)man zu werden, sondern im Gegenteil: Es offenbart unsere Menschlichkeit.

Nach einem kleinen Einblick, wie Selbstberuhigung grundsätzlich gelingen kann, zeige ich Ihnen unterschiedliche Wege, die Menschen für sich gefunden haben, sowohl begründete als auch unbegründete Schuldgefühle guten Gewissens hinter sich zu lassen. Aus der anderen Perspektive betrachtet, passen diese Möglichkeiten natürlich auch zum Ablegen von Opfergefühlen. Es sind so viele Varianten, weil mir spannende, motivierte Personen die Ehre erwiesen haben, eine Zeit lang ihr Guide sein zu dürfen.

Nicht in jedem Fall konnten die mir zu diesem Zeitpunkt bekannten Strategien weiterhelfen. Denn selbstverständlich ist im psychologischen Bereich nicht immer alles lösbar, so wie im körperlichen Bereich niemals alles heilbar sein wird. Dann gelingt es hoffentlich, zu ein wenig mehr Lebensqualität beizutragen. Manchmal eröffnet sich dann doch überraschend ein Weg aus dem Schuldgefühl, vielleicht ein neuer oder eine kreative Kombination aus bekannten. Solche Ideen habe ich meiner Sammlung hinzugefügt und deshalb gibt es derzeit das genannte Dutzend. Ich bin sicher, es existieren noch mehr. Falls Sie etwas Eigenes dazu beitragen wollen, bitte gerne. (Die Kontaktmöglichkeit finden Sie online.[39])

Der Futterkreislauf – wie Gefühle sich aufheizen

Gefühle folgen bestimmten Abläufen. Diese sind zwar nicht so exakt berechenbar wie jene in der Physik, doch diese »Naturgesetze der Gefühle« zu kennen, kann auch Ihr Leben ein wenig erleichtern.

Gefühle haben ihre eigene Logik, sie folgen ihren »Naturgesetzen«

Hier nur einige davon: *Gefühle fallen nicht einfach vom Himmel.* Sie haben verstehbare Ursachen. Immer! Es kann allerdings durchaus detektivischen Spürsinn brauchen, um ihre Beweggründe zu durchschauen. Ein zweites: *Gefühle haben gute Ziele*, wollen uns also grundsätzlich nützlich sein, sonst hätte sie uns die Biologie nicht genetisch einprogrammiert. Ein drittes: Sobald sie ihren aktuellen Zweck erfüllt haben, will das Gehirn Gefühle wieder ablegen können. Denn sie verbrauchen Energie und jedes Gehirn möchte neben all dem Lernen auch sparen, wo immer es kann. Daher *vergehen Gefühle mit der Zeit von selbst,* wenn wir sie nicht daran hindern oder sie bereits eine krankheitswertige Intensität erreicht haben.

Es gibt noch weitere Gesetzmäßigkeiten. Eine der wichtigsten ist der »*Futterkreislauf*«. Durch einen ausgeklügelten Verstärkerkreislauf heizen Gefühle sich selbst – und damit uns – noch ordentlich ein, bevor sie irgendwann abflauen. Sie können also ihr eigenes Futter erzeugen und sich dabei zu gigantischer Größe aufblasen. Es ist wohl grundsätzlich biologisch sinnvoll, um sich zum Beispiel bei einem ersten Schreck noch ordentlich aufzuputschen für die Flucht, wirklich alle Tränen zu weinen, die geweint werden sollen, oder eine auftauchende Begeisterung noch zu verstärken. Doch diese Dynamik kann sich zu einer Gewohnheit verfestigen, sodass die Spirale nicht mehr aufhören kann, sich hochzuschrauben. Als spontane Reaktion betrifft es also Ihres und meines und jedes Gehirn, doch zu viel des Guten wird schlecht. Vielleicht trägt das sogar zum einen oder anderen krankheitswertigen psychischen Zustand bei, der einer medikamentösen Ausstiegshilfe bedarf. Mich erinnert es ein wenig an Fieber, das als eigentlich höchst sinnvoller Selbstheilungsversuche ebenfalls zu einem Problem werden kann.

Auf Außenstehende wirkt das nach einer Weile so, also ob unser Gehirn das Gefühl unbedingt, unbedingt behalten will, doch wie bereits erwähnt, ist das Gegenteil der Fall: Wir sind dann Gefangene des Futterkreislaufs. Die gute Nachricht: Haben wir den Kreislauf erst einmal durchschaut, kann er selbstbestimmt unterbrochen werden – wobei das Verlassen natürlich umso länger dauert und mehr Kraft kostet, je tiefer die Spuren bereits eingefahren sind.

Der Kreislauf (ein Bild dazu finden Sie online) funktioniert also wie folgt: Gefühle existieren nie isoliert, sondern treten Hand in Hand mit anderen Aktivitäten unserer Innenwelt auf. Jedes ist deshalb mit typischen Gedanken, mit Wahrnehmungsveränderungen, Erinnerungen sowie bestimmten Verhaltensimpulsen verbunden und bewirkt unterschiedliche Körperreaktionen. Innere Filme laufen auf eine Weise, die das Gefühl verstärken: Die meisten Opfer imaginieren, dass es den Schuldigen gut geht, die meisten Schuldigen sehen das Opfer leiden – und verstärken genau das bestehende Gefühl. Wie das konkret bei Schuldgefühlen sonst noch abläuft, wie Schuldgefühle den Körper schwer machen und dass ein beschwerter Körper seinerseits Schuldgefühle verstärken kann, wurde bereits zu Beginn des Buches erzählt (siehe ab Seite 9). Als *Online-Material* finden Sie solche Futterkreisläufe für Angst, Trauer oder Wut beschrieben.

Dem Kreislauf gegensteuern

Sobald Sie herausfinden, welche inneren Bilder, Gedanken, Körperempfindungen, Verhaltensimpulse, Wahrnehmungsveränderungen und Erinnerungen Ihnen ein bestimmtes Schuldgefühl spontan schickt, können Sie bei jedem einzelnen Element ansetzen und gezielt dagegensteuern: Es wird vielleicht eine erste Erleichterung bringen, den Katastrophenbildern einen realen Ablauf entgegenzustellen, sich also immer wieder bildhaft vor

Augen zu holen, was in Wahrheit und in der Gegenwart da ist. Vielleicht erinnern Sie sich an das Beispiel von Herrn Frank im Hochseilklettergarten. Sie können die Schuldsuch-Gedanken und Warum-Fragen stoppen und die Wahrnehmung gezielt umlenken. In einigen Berichten wurde die Arbeit mit Erinnerungskarten beschrieben. Es hilft, wenn man den Körper gegen das Gefühl arbeiten lässt (sich aufrichtet) oder dem Verhaltensimpuls nicht folgt und sich nicht zum zehnten Mal entschuldigt oder Schuldgefühle nicht vermeidet. Vielleicht können Sie voller Fairness die Erinnerungen durchforsten, wo überall Sie richtig gehandelt haben und so das Grübel-Übel stoppen oder mit nützlichen Fragen füttern.

In erster Linie befähigt uns ein solches Einbremsen, wieder halbwegs klar zu denken. Starke Emotionen schalten sonst recht rasch mal das Großhirn aus oder blockieren zumindest weite Bereiche. Selbst die allerklügsten Ideen oder perfekt passenden Worte können dann leider nicht heraus- oder hineinkommen.

Mehr als ein Dutzend Wege zur Entschuldung

Seit vielen Jahren betreibe ich »Feldforschung« in Sachen Schuldgefühle. Das bedeutet, ich frage Menschen, wie sie es geschafft haben, sich nicht mehr schuldig zu fühlen, oder begleite sie dabei. Jedem dieser Wege sei ein wenig Raum geben, damit Sie eine Vorstellung davon entwickeln können. Vielleicht werden Sie sie aus gegebenem Anlass oder in ferner Zukunft selbst nutzen. Falls Sie von Berufs wegen oder als Vater oder Freundin anderen Menschen aus einem Schuldgefühl helfen wollen, können Sie diese Alternativen als Auswege anbieten – oder bereits als Einstieg ins Thema nutzen, noch bevor man sich einer konkreten Schuld zuwendet: Wer weiß, dass es viele, mögliche Ausgänge gibt, hat weniger Angst vor dem Eintritt und der Begegnung mit diesem Gefühl.

Natürlich sind es Ideen, die bekannt sind, und andere scheinen Ihnen in diesem Kontext vielleicht neu. Manche passen und andere ganz und gar nicht. Niemand soll sich selbst zu einem Weg zwingen oder andere drängen. Und außerdem gilt: Falls ein Weg, wie z.B. »Realitätsprüfung«, »angemessene Strafe, Buße und Rache« oder »verzichten«, nicht den gewünschten Erfolg bringt, sondern die Belastung vielleicht sogar stärker wird, dann ist es wichtig, ihn *nicht* nochmals und nochmals und nochmals zu gehen. Sobald drei Versuche nichts bringen, helfen 30 vermutlich auch nicht. Besser ist es, auf einen anderen Weg umzuschwenken. Und sollte dieser zweite Weg ebenfalls nichts am Gefühl verändern, versuchen oder bieten Sie die dritte Möglichkeit. Und so weiter. Falls Ihnen eine persönliche Strategie begegnet, die in der nun folgenden Aufzählung nicht vorkommt, würde ich mich – und vielleicht zukünftige Leser und Leserinnen auch – über eine Information dazu freuen.

Wichtig ist es in jedem Fall dranzubleiben. Denn irgendwann hat jeder und jede genug gebüßt, außer ein Verbrechen verdient nachweislich eine lebenslange Haftstrafe.

Der Realitätsscheck

Zunächst ist es ratsam, ein konkretes Schuldgefühl nüchtern zu durchdenken. Verbirgt sich dahinter echte Ursachen-, Moral- oder Regel-Schuld? Dann stehen im Prinzip alle Wege zur Verfügung, selbst wenn die Betroffenen zunächst glauben müssen, so eine schwere Real-Schuld könnten sie nie wieder im Leben loswerden.

Rufen wir uns nochmals die einzelnen Kriterien in Erinnerung:

1. Gibt es ein allgemein *anerkanntes Gesetz oder Recht*, das gebrochen wurde? Welches konkret ist es?
2. Waren Sie voll *zurechnungsfähig*,
3. *über 14 Jahre* alt und
4. hatten eine *echte Wahl*?
5. Oder gibt es eine gesetzlich bestätigte, mit Zurechnungsfähigkeit, mit über 14 Jahren und echter Wahlmöglichkeit getroffene *(Rück-)Zahlungsverpflichtung*?

6. Hatten Sie unter ebendiesen Voraussetzungen wirklich die *Verantwortung* für das Verhalten oder das Befinden einer dritten Person und müssen daher unter Umständen dafür die volle Verantwortung übernehmen?
7. Gibt es *Umstände, die eine Schuld reduzieren*, wie zum Beispiel die Wahrung des höherwertigen Rechtsgutes oder ein eigenes Recht, auf das Sie sich berufen können?

Können Sie nach sorgfältiger Prüfung aller Fakten eine echte Schuld verneinen? Es kann passieren, dass sich die Schuldlast nun ganz oder teilweise in Luft auflöst, weil Sie ihr die Grundlage entziehen. Viktor Frank, der im Hochseilklettergarten seine Todesangst und somit verminderte Zurechnungsfähigkeit und Wahl anerkannte, bietet dafür ein Beispiel.

Manche von einem hartnäckigen Schuldgefühl gequälte Menschen wissen vom Verstand her nach dem Realitätscheck zwar, dass ihr Gefühl unberechtigt und somit »unvernünftig« ist, doch es bleibt trotzdem bestehen. Auch unvernünftige Gefühle kann man hinter sich lassen, obwohl einige Möglichkeiten wegfallen: Reale Wiedergutmachung gibt es nicht, weil es dann natürlich gar nichts wiedergutzumachen gibt. Wer in Wahrheit niemandem etwas weggenommen oder keinen Schaden zugefügt hat, kann auch keine Entschuldigung oder Verzeihen bekommen – von wem auch? Bei so »unlogischen« Gefühlen braucht es manchmal ebensolche Wege: symbolische Wiedergutmachung, die Vergebung durch eine obere Instanz, eine Rachefantasie oder einen Bußgang. Oder vielleicht steht an erster Stelle, Selbstmitgefühl zu entwickeln, falsche Schuldzuweisung zu enttarnen und gute Gesetze zu verankern?

Es gibt also immer Möglichkeiten, auch wenn man länger danach suchen und dabei über den *Alltagstipp »Man muss doch vergessen können«* hinausdenken muss. Dieser kommt in meiner Auflistung übrigens gar nicht vor. Absichtliches Vergessen ist nämlich außerordentlich schwierig, man kann höchstens konsequent ein Daran-Denken stoppen. Was sich emotional beruhigt, verliert jedoch ohnehin automatisch an Bedeutung und verblasst mit der Zeit. So ist unser Gehirn gemacht.

Noch ein Detail am Rande. Sobald ich ankündige, dass es

zwölf Wege gibt, ernte ich zunächst ungläubige Blicke. Am Ende merken die meisten Menschen, dass sie diese Möglichkeiten »eigentlich« durchaus vorher bereits gekannt haben – keinen davon habe ich erfunden, sondern nur gefunden und eingesammelt. Neugierig und motiviert machen sie sich auf die Suche nach eigenen Lösungen. Hin und wieder sitzt jedoch eine Person vor mir, die regelrecht gekränkt von meiner Behauptung reagiert, dass ihr konkretes Schuldgefühl *nicht für die Ewigkeit* gedacht ist. Wer davon jedoch zutiefst überzeugt ist, vielleicht dazu sogar eine innere Regel, wie zum Beispiel »Ich muss ewig Buße tun«, entwickelt hat, tut sich natürlich schwer damit, überhaupt einen allerersten Schritt zu tun. Doch vielleicht finde ich auch dafür irgendwann einen Weg.

Und obwohl es in diesem Buch nicht Schwerpunkt ist: Viele der beschriebenen Möglichkeiten helfen, natürlich aus der anderen Perspektive betrachtet, um aus einem *Opfergefühl* auszusteigen: Verzeihung gewähren, Schuldausgleich bekommen, Trauma- und Trauerarbeit und all die anderen Wege heraus. Hauptsache Schluss mit dem belastenden Gefühl.

Sie haben in diesem Buch nun bereits viel über die Mechanismen der Schuldgefühle kennengelernt. Es folgen nun in zufälliger Reihenfolge die Wege und ihre Leitideen, die Menschen gegangen sind, um danach und dadurch ihr Schuldgefühl abzulegen. In den bisherigen Abschnitten finden Sie dazu zahlreiche Querverbindungen – blättern Sie ruhig die verschiedenen Kapitel oder Beispielfälle immer wieder durch, lassen Sie »es wirken«. Gefühle brauchen Zeit, um sich zu entwickeln – und Lösungswege auch.

Wichtig ist noch: *Sollten Sie beim Gehen eines Weges merken, dass er Ihr Gefühl nicht kleiner macht, sondern verstärkt, dann verlassen Sie ihn bitte sofort* und schwenken auf eine Alternativroute um.

Wählen Sie aus den zur Verfügung stehenden Wegen, um ein Schuldgefühl loszuwerden, jene Möglichkeiten, die für Sie und die jeweilige Situation am besten passen:

»Ich prüfe objektiv die Realität hinter der Schuld«(Realitätscheck)

Der Vollständigkeit halber nochmals der Hinweis auf diesen wichtigen, bereits detailliert beschriebenen Schritt: Prüfen Sie, anhand der 7 Kriterien in diesem Buch, ob Sie eine reale Schuld haben. Stellt sich heraus, dass ein Schuldgefühl unbegründet ist, weil eines der Kriterien nicht erfüllt ist, kann es guten Gewissens abgelehnt werden oder Sie suchen unvernünftige Wege gegen unvernünftige Gefühle. Und falls Ihr Gefühl stimmt, Sie also wirklich schuldig sind, dann werden Sie vermutlich eine der nun folgenden Aktionen setzen wollen.

»Ich mache es wieder gut« (Wiedergutmachung)

Das ist der klassische Weg, den viele üblicherweise sofort im Kopf haben: Die schuldige Person leistet eine Entschädigung an die geschädigte, sie gleicht einerseits die Schuld aus und macht im Idealfall auch die Schädigung wieder gut. *Wiedergutmachung ist selbstverständlich ein überaus empfehlenswerter Weg bei Realschuld.* Danach soll im Idealfall Gerechtigkeit wieder hergestellt sein. Das belastende Schuldgefühl (und hoffentlich auf der Gegenseite das Opfergefühl, falls vorhanden) wird verschwinden, denn es hat erreicht, wozu es da war. Einhellig bestätigen das psychologische Studien bei Erwachsenen oder Kindern.[40] Lange wurde angenommen, bei dieser Wiedergutmachung gehe es in erster Linie darum, die Beziehung zur geschädigten Person zu entlasten, doch eine Studie des Psychologen De Hooge lässt vermuten: Der Schaden soll in erster Linie einfach nur repariert werden, egal durch wen.

Wenn es sich nicht um eine Straftat handelt, bei der ein Gericht eine Wiedergutmachung zusprechen würde, gibt es natürlich nur die »Verhandlung« mit der betroffenen Person. In Konflikten hilft es vielleicht, sich genau darüber mit anderen Beteiligten auszutauschen oder ein Schuldausgleichsritual anzubieten: »Ich fühle mich schuldig, weil ich in Erinnerung habe, das wir folgende Vereinbarung getroffen hatten ... Ich möchte dir den Schaden ersetzen. Was wäre fair für dich ...?« Bei Geldangelegenheiten oder bei Sachbeschädigung ist das Maß an Schuldausgleich relativ einfach zu bestimmen: Es muss in der Regel *etwas mehr* Rückzahlung sein, als der verursachte Schaden ausmacht, damit auch das Unrechte daran extra anerkannt wird und somit das Unrechtsgefühl auf der einen Seite und das Schuldgefühl auf der anderen verschwinden kann. Erinnern Sie sich an das Beispiel des Streits über das ausgeborgte Geld aus der Kaffeekasse: Die Rückgabe allein als sachliche Wiedergutmachung reicht nicht, es braucht eine Aktion extra für den Rechtsbruch selbst.

Was viele Schuldige in solchen Fällen bedenken können: Es ist äußerst nützlich, wenn die geschädigte Person (falls möglich) die konkrete Form des Schuldausgleichs oder der Wiedergutmachung bestimmt. Sobald nämlich der oder die Schuldige etwas leistet, ohne sich davor zu versichern, dass man danach quitt ist, droht ein endloser Strom von Ausgleichsforderungen. »Nicht genug«, oder: »Nicht das Richtige«, kann das Opfer sagen und sich in eine Warteposition zurückziehen. In meinem Gesprächsbeispiel zum Schuldausgleichsritual nach Ulrich Clement zwischen der »Beleidigten« und dem »Angelogenen« wird dieser Punkt deutlich.

Sie können sich dabei wiederum an einem Prinzip orientieren, das auch in gerichtlichen Schuldausgleichsprozessen wichtig ist. Dabei hat nämlich die geschädigte Person ebenfalls eine Pflicht: Sobald die vereinbarte Wiedergutmachung eingetroffen ist, ist die Schuld des anderen getilgt. Daher betont Ulrich Clement in seinem Schuldausgleichsritual stark das gewissenhafte Prüfen, ob die gewählte Wiedergutmachung wirklich für beide passt. Andernfalls droht ein Kippen der ursprünglichen Positionen: Der ehemals schuldige Mensch fühlt sich irgendwann unter dem Druck endloser Repressalien als Opfer, wehrt sich – und vielleicht beginnt deshalb ein neuer Krieg. Doch auch ein zu »schwacher« Ausgleich hilft weder der schuldigen Partei noch dem Gegenüber aus dem jeweiligen Gefühl heraus: Vielleicht kommt Ihnen auch das bekannt vor: Manchmal ist es *für mich als Schuldige* nicht genug, was ich zur Wiedergutmachung tun kann oder muss. Das Schuldgefühl bleibt mir.

Wer sich schuldig an emotionalen Verletzungen von anderen Menschen fühlt, kann die Wiedergutmachung vielleicht unmittelbar auf direktem Weg leisten: Ich habe dir falsche Vorwürfe gemacht, die ich heute richtigstelle. Ich hatte gestern keine Zeit, dafür habe ich morgen doppelt so viel. Manchmal kann man nicht Gleiches anbieten, sondern nur Gleichwertiges: Gestern habe ich jemandem ungute Gefühle oder einen Schaden bereitet. Es ist nicht mehr ungeschehen zu machen. Dafür sorge ich heute für besonders gute Gefühle, mache ein Geschenk oder biete sonst eine spezielle Aufmerksamkeit. In bestehenden Liebes- oder Arbeitsbeziehungen ist es allerding wichtig, zusätzlich einen später beschriebenen Weg zu gehen: daraus lernen.

Sobald ich eine Beziehung endgültig beende, ich eine irreparable Schädigung verursache oder gar jemand stirbt und ich eine (Teil-)Schuld dafür übernehme, ist natürlich eine direkte Wiedergutmachung nicht möglich. Manche finden dann einen symbolischen Weg, um irgendwann das Schuldgefühl trotzdem ablegen zu können:

> *Eine ältere Dame ist mit vier Hunden unterwegs, während ich mit dem eines Freundes einen Spaziergang mache. So kommen wir ins Gespräch. Sie erzählt, dass sie diese Hunde täglich aus dem Tierheim abholt und bewegt: »Ich habe beschlossen, ich mache das so lange, bis jeder dieser vier einen guten Platz findet. Im Vorjahr habe ich nämlich auf meinen eigenen Hund nicht genug geachtet und deshalb ist er von einem Auto erfasst worden. So kann ich es an anderen wiedergutmachen.«*

»Ich nehme Leid auf mich« (Strafe)

Schon im Wort »Gewissensbiss« steckt das Beißen: Schuldgefühle selbst tun uns bereits weh. Dieser Effekt wird verstärkt, wenn eine Strafe ertragen wird oder bei aktiver Suche nach Anstrengung wie bei einer »Buße«. Auf diesem Weg nimmt der schuldige Mensch im Idealfall etwas mehr unangenehme Empfindungen auf sich, als er verursacht hat. Ich nehme an, auch Sie haben bereits irgendwann den von Schuldgefühlen entlastenden Effekt gespürt, wenn Sie bewusst deshalb eine anstrengende Tat oder ein Leid auf sich genommen haben.

Auf diese Weise wird nämlich so etwas wie die Urform von Gerechtigkeit wiederhergestellt, nämlich ein »Leid-Ausgleich«: Ich habe dir unangenehme Gefühle bereitet, deshalb nehme ich selbst auch welche auf mich. Historisch gesehen gab und gibt es in allen menschlichen Kulturen spezielle Rituale und Gesetze in Bezug auf Strafe, Rache, Buße oder Sühne. Bei zwischenmenschlichen Konflikten spielt dabei wohl die Hoffnung mit, dass die Schuldigen dadurch lernen, etwas nicht wieder zu tun, um so diese unangenehmen Folgen zu vermeiden. Warum auch immer, Rache und Strafe zu ertragen, kann von Schuldgefühlen befreien und hilft vielleicht (falls beteiligt) einem Opfer aus seinem Gefühl von Ungerechtigkeit, denn nun hat auch der oder die Schuldige gelitten.

Der allererste Schritt nach einer Schuld ist es möglicherweise, einen Fehler öffentlich zuzugeben. Das ist natürlich unangenehm – und reduziert somit für viele Menschen bereits das Schuldgefühl[41] ein wenig.

Bei schwerwiegenderen Dingen braucht es mehr. Entschuldigungen, die sichtbar schwerfallen, oder Strafen in einer Höhe, die der schuldigen Person »wehtun«, enthalten solche Elemente der angemessenen Rache. Es kann beide Seiten vom Gefühl befreien. Rituelles »Abarbeiten« von Schuldgefühlen durch das Auf-sich-Nehmen von Leid ist häufiger, als man auf den ersten Blick vermuten könnte. Sie kann vor allem dann helfen, wenn andere Wege, wie zum Beispiel Wiedergutmachung oder ein Daraus-Lernen, nicht möglich sind. Das könnte damit auch einen Weg aus unberechtigten Schuldgefühlen heraus eröffnen. Vielleicht gehen manche von uns deshalb einen Jakobsweg.

Kontraproduktiv ist sicher zu starke (Selbst-)Bestrafung. Auch für Geschädigte kann es schwierig sein, allzu viel Leid beim Schuldigen mitansehen zu müssen. Man könnte sonst Mitgefühl, vielleicht sogar ein schlechtes Gewissen bekommen. Es wäre natürlich kontraproduktiv, wenn das ehemalige Opfer deshalb Schuldgefühle bekommt.

Aber falls das Opfer- oder das eigene Schuldgefühl durch

solche Taten oder Fantasien oder Taten nicht rasch kleiner wird, sondern sich vielleicht sogar verstärkt, dann gilt dasselbe wie immer: diesen Weg schleunigst verlassen und auf einen anderen wechseln. Schließlich soll er uns nicht Futter liefern, um sich in das ungute Gefühl hineinzusteigern, sondern er soll helfen, es zu verkleinern und loszuwerden.

»Ich werde es nie wieder tun« (daraus lernen)

Manchmal braucht es für Schuldige die Gewissheit »Ich habe einen Fehler gemacht, aber ich habe daraus gelernt«, damit ein Ereignis samt einem dazugehörigen Schuldgefühl Vergangenheit werden kann. Aus dem kritischen Rückblick eine Schlussfolgerung für die Zukunft zu ziehen, hilft meiner Erfahrung nach sogar recht häufig aus einem Schuldgefühl heraus oder lässt zumindest die Angst vor der Wiederholung verschwinden. Ich denke, es entspricht letztendlich dem neurobiologischen Sinn der Schuldsuche.

Aus dem Beschwerdemanagement ist bekannt, dass für Geschädigte dieser Aspekt ebenfalls eine Rolle spielt: Wenn diese den Eindruck haben, dass die Verantwortlichen zuhören und daraus lernen, verzichten sie manchmal auf weitere Ansprüche. Sie brauchen wohl mit Recht die Gewissheit, dass etwas (ihnen selbst oder anderen Menschen) in Zukunft nicht noch einmal passieren wird. Das Erleben, so für »Gerechtigkeit in der Zukunft« sorgen zu können, bringt ein berechtigtes Einflussgefühl, erhöht das Sicherheitsempfinden und lässt bestenfalls das gesamte Opfergefühl vergehen.

Für einen Lernprozess nach einem Fehler wird manchmal eine genaue Fehleranalyse notwendig sein. Also weg vom »Wer ist schuld?« hin zu »Was ist schuld?« In Familien oder Firmen, wo entsetzlich große Angst vor Fehlern herrscht, werden diese üblicherweise vertuscht. Lernchancen bleiben ungenutzt. Veränderung in Richtung einer »guten Fehlerkultur« kann übrigens nur bei den »Führungskräften« beginnen, also bei Eltern, der Vereinsleitung oder einem Management, die Folgendes vorleben: »Ich übernehme die Verantwortung für meinen Fehler, ich suche die Ursache und lerne daraus, damit es möglichst nie wieder passiert.«

Bei Streitigkeiten, wo Schuld- und Opferseite danach weiter gut zusammenleben oder -arbeiten wollen, ist das Lernen extrem wichtig. Das ehemalige Opfer will und braucht verständlicherweise diese Sicherheit. Hier ein Beispiel, das unter anderem genau diesen Punkt deutlich macht:

»Entschuldige, es tut mir so leid. Ich übernehme die Kosten für dein Frühstück.« So begrüße ich eine Freundin, nachdem ich total gestresst ins Café gestürzt bin. Ich hatte ihr kurz vor dem vereinbarten Zeitpunkt per SMS mitgeteilt, dass ich mich ein wenig verspäte. Daraus ist jedoch nahezu eine Stunde geworden. Trotz meines spontanen Schuldausgleichangebotes fühle ich mich miserabel und auch sie ist sichtlich sauer. Die Ursache liegt in der Wiederholung: Es ist nun das dritte Mal, dass ich sie warten lasse. Ich habe also aus früheren Vorfällen nichts gelernt, obwohl ich damals hoch und heilig Pünktlichkeit versprochen habe. Wäre sie nicht so höflich, würde ich wohl hören: »Deine Entschuldigung kannst du dir in die Haare schmieren.« Sie hat ein berechtigtes Opfergefühl und könnte mich deshalb aus Selbstschutz oder zur Strafe nie wieder sehen wollen, beim nächsten Mal selbst »angemessene Rache« üben, indem sie mich warten lässt, oder drei Essenseinladungen als größere Wiedergutmachung fordern. Wir finden eine Lösung, die garantiert eine Wiederholung verhindert: Ich treffe mich mit ihr in Zukunft an ihrem Wohnort, der außerhalb der Stadt liegt. Dann verliert sie keine Zeit, sollte ich doch nicht auftauchen können. Auch von mir fällt damit der Druck ab, etwas leisten zu müssen, das ich zwar will, aber im Moment nicht schaffe. Und weil ich es bin, der ihr real entgegenkommt, ich also eine beschwerliche Wegstrecke auf mich nehmen muss, enthält diese Idee sogar noch eine Prise »angemessener Rache«.

Ihnen wird das vermutlich ebenfalls vertraut sein: Als Schuldige versprechen wir aus dem inneren und äußeren Druck heraus leichtfertig alle (un-)möglichen Verhaltensänderungen. Später lässt das Schuldgefühl vielleicht von selbst nach – denken Sie an dieses Naturgesetz der Gefühle. Somit verringert sich die Bereitschaft, diese Zusagen einzuhalten. Es braucht also dazu mehr als Worte! Notwendig sind konkrete und sichtbare Zeichen dafür sowie das Einverständnis, sich diesbezüglich kontrollieren zu lassen oder bei neuerlichem Regelbruch schwerere Konsequenzen zu tragen (siehe auch Online[42]).

»Es tut mir leid« (Entschuldigung)

Sobald wir um Entschuldigung bitten, wird sie uns vielleicht gewährt. Dann fällt von der schuldigen Seite das unangenehme Gefühl ab und auch das Gegenüber kann nun sein Opfergefühl loswerden. Als »ernsthafte Entschuldigung« kann jedoch in der Regel nur die folgende Kombination von Elementen angenommen werden.

- *»Ich sehe meinen Fehler.«* Sichtbare Zeichen oder klare Worte sind notwendig, um erkennbar zu machen, dass der schuldige Mensch verstanden hat, wo genau er Unrecht begangen, Not verursacht oder ein soziales oder moralisches Gesetz missachtet hat, das er selbst ebenfalls respektiert.
- *»Ich kann mir vorstellen, wie das für Sie ist.«* Der Empfänger oder die Empfängerin der Entschuldigung möchte die eigene Not, das Unrecht auch auf der emotionalen Ebene verstanden und anerkannt sehen.
- *»Es tut mir total leid.«* Beiden Seiten tut es gut, wenn der oder die Schuldige leidet und dabei nonverbal und verbal glaubhaft das Bedauern zum Ausdruck bringt und die Verantwortung übernimmt. Das entspricht dem Bedürfnis oder der Verpflichtung zur Buße vor der Vergebung bzw. den kulturspezifischen Ritualen zu angemessener Rache – nützlich, solange es sich in angemessenem Rahmen bewegt.
- *»Ich werde es nicht mehr tun, sondern lerne daraus.«* Manchmal ist für die Wirksamkeit einer Entschuldigung

das Allerwichtigste die glaubhafte Versicherung, dass etwas in Zukunft nicht mehr passieren wird. Der gute Vorsatz allein ist oft zu wenig. Ich als Schuldige muss mir wohl schon ernsthaft überlegen, ob und wie ich das in Zukunft schaffen kann. Alte Gewohnheiten zu ändern, ist alles andere als leicht, sogar wenn man es unbedingt will.

»Ich verändere mein inneres Gesetz« (Gesetzesänderung)

Die allermeisten Schuldgefühle machen uns akut auf eine moralische oder soziale Spielregel aufmerksam, die wir missachtet haben. Welche ist das in einem konkreten Fall? Jede hat eine Entwicklungsgeschichte, wurde irgendwann in der Vergangenheit gehört, gelernt oder als Schlussfolgerung aus einer Situation abgeleitet, schließlich verallgemeinert und mit anderen zu einer Art innerem Kodex kombiniert. Solche Gesetze sind nicht in Stein gemeißelt, und selbst wenn sie es scheinbar sind, können sie zu Staub zerfallen. Helfen Sie nach!

Bei diesem Weg beachte ich also das Schuldgefühl selbst gar nicht weiter, sondern prüfe und verändere die dazugehörige, innere Regel. Wenn das gelingt, verschwindet oft auch das Schuldgefühl, schließlich hat es dann keinen »Grund« mehr. Eine solche Umgestaltung der inneren Gesetzestexte gelingt manchmal erstaunlich leicht: »Es fällt mir wie Schuppen von den Augen: Ich muss das ja gar nicht (mehr) tun!«, und: »Ich merke jetzt, das stimmt ja gar nicht (mehr)!«, sind typische Gedanken dabei. Schwierig wird es jedoch immer dann, sobald sich eine Überzeugung über lange Zeit oder während einer sehr emotionsgeladenen Situation verankert hat. Im Buch »Werden wir wie unsere Eltern« der Psychologin Dirnberger-Puchner oder in den Arbeiten von Kathie Byron finden sich nützliche Hilfestellungen.

Meine Empfehlung ist, zuerst gut zu erforschen, woher ein konkretes inneres Gesetz kommt: Wann, wie, bei oder von wem, unter welchen Umständen ist es erstmals aufgetaucht? Eine Veränderung kann gelingen, indem Sie zum Beispiel dazu einen neuen, inneren Erinnerungsfilm im Stil der *»Zeitreise«* (siehe online[43]) drehen. Vermutlich haben Sie noch die Beschreibung einer

»Gehirnwäsche« (s. Seite 165) in Erinnerung: Sie können sich selbstbestimmt dazu bringen, etwas zu tun, was Ihrem alten Gesetz nur ein wenig widerspricht. Auch die *»Zwischensatztechnik«* nutzt die Idee der kleinen Schritte: Dabei sucht man zum bestehenden, veränderungswürdigen Gesetz ein gegenteiliges. Zu »Ich muss immer dafür sorgen, dass es anderen Menschen gut geht« passt zum Beispiel: »Es muss mir völlig egal sein, wie es anderen Menschen geht.« Diese beiden Sätze markieren die zwei extremen Pole eines Kontinuums. Ziel ist nicht, das andere Extrem zu erreichen, sondern nur einen (winzigen) Schritt in diese Richtung zu gehen. Es könnte sein, dass der erste »Zwischensatz« lautet: »Ich muss *nicht* immer dafür sorgen, dass …« Vielleicht gelingt später: »Ich will so oft wie möglich dafür sorgen, dass …« Nach jedem Schritt kommt eine Phase, wo man mit dem neuen Gesetz durch die Welt geht und beobachtet, was sich dadurch verändert. Vielleicht finden Sie sogar Beweise, die das Neue bestätigen? Irgendwann kann die Entscheidung zugunsten eines Gesetzes im lebbaren, gesunden Mittelmaß fallen: »Ich möchte helfen, dass es anderen Menschen gut geht. Aber ich muss nicht; besonders dann nicht, wenn ich mir dadurch selbst Schaden zufügen würde oder mir der andere Mensch Schaden zufügt.« Das klingt fair, oder?

Innere Regelwerke können wir verändern, doch was tun wir mit den vorgegebenen, äußeren? Die wenigsten von uns haben die Macht, Gesetze festzulegen. Erinnern Sie sich an das Beispiel mit dem Strafmandat, das ich ohne Schuldgefühl beglichen habe. Wir können beschließen: »Ich muss das und jenes zwar tun, doch innerlich gilt es nicht (mehr) für mich.« Die Schuld oder Verpflichtung bleibt an Ihnen trotzdem hängen, noch immer müssen Sie sich vielleicht aus Vernunft oder anderen Gründen daran halten, doch nun wenigstens ohne Schuldgefühl.

»Es steht mir zu, ich habe das Recht« (Selbstwert und Rechte aufbauen)

Wer sich ein neues Rechte zuspricht und seinen Selbstwert aufbaut, kann nun selbstverständlich etwas annehmen, fordern oder es verteidigen, ohne dass darauf ein Schuldgefühl folgt. Denn die

Formulierung »Es ist mein Recht« bietet ein enorm starkes und wichtiges moralisches Schutzschild gegen übermäßige Schuldgefühle. Überall dort, wo von Gewaltbeziehungen die Rede war, habe ich auf die Bedeutung davon bereits hingewiesen. Ein wichtiges Recht ist es zum Beispiel, Fehler machen zu dürfen oder respektvoll behandelt zu werden. Vielleicht schützt Sie das nicht immer vor anderslautenden Forderungen, doch zumindest vor Schuldgefühlen.

> *»Am ersten Tag wurde ich gleich dafür kritisiert, weil ich eine Arbeit ablehnte. Ich dachte also, ich darf das nicht, und habe mich bemüht, wirklich immer alles zu erledigen. Nach einigen Monaten erfuhr ich dann von der Abteilungsleitung, dass es mein Recht ist. Seither kann ich ohne schlechtes Gewissen manche Aufträge ablehnen.«*

»Ich teile die Schuld zwischen den Beteiligten auf« (Schuld aufteilen)

Manchmal wird nach Prüfung aller Faktoren klar, dass ein Teil der Schuld einer anderen Person, dem Zufall oder anderen Umständen gebührt. Folgende Fragen können dabei helfen: »Was hätten Sie, was hätte eine andere Person anders machen können? Welche Umstände haben dazu geführt, dass …?« In Konflikten (siehe ab Seite 125) wird die entlastende Wirkung von Schuldaufteilung besonders deutlich: Falls es gelingt, dass jeder seinen Anteil sehen und sich dafür entschuldigen kann, ist schon viel gewonnen. Dabei muss es klar sein, dass eine Schuldübernahme nicht zu einer »Bausch und Bogen«-Verurteilung führt. Schädigungen und Fehler haben meist eine Geschichte, selten hat tatsächlich nur eine Person alle Schuld, meist hätten mehrere anders handeln können oder es mangelte an routinemäßig eingeplanten Feedbackschleifen und Kontrollketten. Das Beispiel der Managerin Tanja Djordjevic, die ein Vier-Augen-Prinzip in ihrer Firma durchsetzen konnte, zeigt, wie sehr eine solche Form von Kontrolle der eigenen Absicherung dient.

Wer von Ihnen Perfektion erwartet, der macht übrigens selbst den schwersten aller Fehler und verdient es somit, Teilschuld zu bekommen.

Und dann gibt es noch schreckliche Zufälle oder grausame Krankheiten. Schlimme Dinge passieren leider. Die Ursachen liegen in Umständen, die kein einzelner Mensch beeinflussen hätte können, bedenkt man die Kriterien für echte Schuld. Trotzdem gibt es Menschen, die dafür die Schuld übernehmen, obwohl sie bei Licht betrachtet vielleicht keinen oder nur einen winzigen Anteil haben. Opfer solcher Katastrophen haben es ebenfalls schwer, denn Gerechtigkeit kann niemals hergestellt werden. Trotzdem können sie solche Gefühle irgendwann ablegen, vielleicht hilft der Weg durch die Trauer.

»Ich kann mich der Traumaerinnerung stellen und damit fertigwerden« (Trauma-Arbeit)

Falls Schuldgefühle zu einem Erlebnis in der Vergangenheit gehören, ist es der effektivste Weg, sich der Traumaerinnerung – zum Beispiel der Naturkatastrophe, Krankheit oder Gewalterfahrung – zu stellen, um sie abzulegen. Wie im Kapitel über Trauma (siehe ab Seite 151) erzählt, können Beteiligte und Opfer von Katastrophen trotz erwiesener Unschuld extrem starke Schuldgefühle entwickeln. Sie waren Teil der katastrophalen Erfahrung, sind als neuropsychologische Überlebensstrategie entstanden, entstehen aufgrund veralteter Kindheitsgesetze oder wurden eingeredet. In jedem Fall sind sie als »alte Kiste« in einem Hirnteil abgespeichert, wo die Logik der Gegenwart nicht leicht hinkommt – traumapsychologische oder -psychotherapeutische Behandlung aber schon. Die »Zeitreise« ist dabei eine Technik, die Erleichterung verschaffen kann. Doch niemand sollte da allein durch.

»Bitte vergib und verzeih mir« (Verzeihung)

Mein Schuldgefühl kann vergehen, wenn mir Verzeihung oder Vergebung von jener Person gewährt wird, die deshalb ein Unrecht erlitten hat. Ich als Schuldige bitte deshalb darum. Während ich mir eine Entschuldigung meist »verdienen« muss, fühlt sich eine Vergebung eher wie ein Geschenk oder Gnade an. Die Bitte darum bringt meinem Empfinden nach zusätzlich zum Ausdruck, dass ich mir als Schuldige von der geschädigten Person nicht nur wünsche, dass sie mein Verhalten entschuldigt. Sie soll mich doch bitte als Mensch wieder mögen und selbst wieder ein gutes, unverletztes Gefühl haben können: »Vergeben und vergessen« heißt es so treffend.

Für den Fall, dass meine belastenden Schuldgefühle gar nicht logisch gerechtfertigt sind oder der geschädigte Mensch nicht erreichbar ist, stehen mir alle Möglichkeiten der Fantasie offen: Ich kann in der Vorstellung um Vergebung bitten und mir danach vorstellen, sie auch zu bekommen. Das kann eine obere Instanz, also eine wichtige Autoritätsperson, sein, das Schicksal, ein Gott oder eben die von mir schuldhaft geschädigte Person selbst.

Vielleicht merken Sie aufgrund dieser Beschreibung – oder wissen es aus eigener Erfahrung: Um Verzeihung zu bitten, das geht recht leicht. Doch wirkliche, tiefgreifende Verzeihung zu gewähren, ist eine große Aufgabe für einen Menschen, der Unrecht erfahren hat, denn er muss dafür hart an sich arbeiten. Dass hier also das Opfer die gesamte innere Bewältigungsarbeit tun soll, war mir immer schon ein wenig suspekt. Ich bin deshalb *nicht* der Meinung, das Verzeihen sei der beste oder »edelste« Weg, um Opfergefühle abzulegen. Vor allem sollte nie wiederholt verziehen werden, sobald deutlich wird, dass der oder die Schuldige nichts aus der Situation gelernt hat und das schuldhafte Verhalten nicht verändert. Im Beispiel über mein Zuspätkommen zum vereinbarten Frühstück im Café wird deutlich: Es wäre sicher nicht klug von meiner Freundin, mir auch noch ein drittes oder viertes Mal zu verzeihen und endlos auf mich zu warten.

Doch einen tatsächlich enorm großen Vorteil hat das Prinzip »Vergeben und vergessen« für Geschädigte: Man kann es tun, *ohne tatsächlich darum gebeten worden zu sein*! Bei aller Ohnmacht der Opferposition gibt es diesen Weg als vollkommen selbstbestimmte Möglichkeit, aus einem Opfergefühl auszusteigen und es danach loszusein. Danach ist die gedankliche Verbindung zur schuldigen Person aufgelöst. Die Ungerechtigkeit bleibt wohl ungestraft, die Trauer wird vielleicht noch eine Zeit lang begleiten, doch immerhin ist man nun frei für ein neues Leben.

Als Opfer gibt es dafür einen zweiten, ähnlichen Weg: *»Ich verzichte!«* Auch das kann man von sich aus tun: »Weil ich als Opfer das selbst so entscheide, verzichte ich heute und hier auf eine Entschuldigung oder Entschädigung. Es ist vorbei.« Es fühlt sich deutlich anders an als das Verzeihen. Ein Verzicht kann jedoch in ähnlicher Weise das belastende Opfergefühl beenden und somit ein unerfreuliches Kapitel des Lebens abschließen helfen.

»Ich erkenne das wahre Gefühl dahinter« (Schutzmantel)

Häufiger, als man auf den ersten Blick vermuten würde, verbirgt sich hinter einem Schuldgefühl etwas ganz anderes. In vielen Abschnitten des Buches war davon die Rede: im Kapitel der Neuropsychologie, der Beschreibung von Basis-Empathie, durch die wir fremde Schuldgefühle so spüren, als wären es die eigenen, über Bindungsbedürfnisse oder die Suche nach Kontrollillusionen, die uns eigene Anteile übergroß spüren oder gar erfinden lassen, hin zum Mechanismus der Verdrängung, wie im Beispiel von Hugo Bauer, der vor lauter Schuldgefühlen eine Weile vermeiden konnte, sich seiner Trauer stellen zu müssen.

Es hilft nicht, der Ablenkung nachzulaufen, denn dadurch wird sich nichts verändern. Doch als betroffener Mensch weiß man in der Regel selbst natürlich nicht, was unter dem Schutzmantel der Schuldgefühle wartet. Bleiben Sie neugierig-forschend, denn wenn die Zeit gekommen und genug innere Sicherheit da ist, wird sich schon zeigen, worum es wirklich geht. Auch das kann danach gesehen, verstanden und akzeptiert werden, bevor Sie etwas damit oder dagegen tun.

»Ich anerkenne meine eigene Not« (Selbstmitgefühl)

Schwierige Situationen lassen sich nachweislich besser überstehen[44] und Schuldgefühle werden weniger stark, wenn es gelingt, mit sich selbst freundlich und mitfühlend umzugehen. Ich empfehle eine ähnliche Vorgangsweise, wie wenn man einem anderen Menschen tröstend Beistand leisten möchte, vielleicht unter der Nutzung der 4 Schritte und der Imagination. Es ist, als ob Sie sich mit sich selbst an einem angenehmen Ort treffen und über das sprechen, was geschehen ist. Niemand kennt das Gegenüber so gut wie Sie und weiß, was er oder sie braucht. Sich in dieser Form selbst zu trösten, sich vielleicht sogar zu verzeihen, reduziert oft Schuldgefühle und wirkt in jedem Fall als starkes Gegengewicht zur Selbstbeschuldigung und Selbstkritik.

»Ich gehe den Weg durch die Trauer« (Betrauern)

Manchmal bleibt bei Schuldgefühlen nur die Akzeptanz des (eventuell) real verursachten Unrechts oder des Schadens, der nie gebüßt, entschuldigt oder wiedergutgemacht werden kann. Vielleicht passt es irgendwann, als schuldiger Mensch die Entscheidung zu treffen: »Ich will dieses Gefühl ablegen. Deshalb akzeptiere ich, dass es bei diesem Punkt niemals Gerechtigkeit geben wird.« Für die Schuldigen führt dann der Weg in der Regel über die Hilflosigkeit durch die Trauer. Auch ein Opfer kann diese Entscheidung treffen, um Opfer- und Unrechtsgefühle ablegen zu können. Es wird vielleicht eine Phase von Zorn oder Verzweiflung durchleben, bevor es ebenfalls noch betrauern muss, dass es keinen Schuldausgleich, keine Entschuldigung und keine Rache bekommen wird.

Danach besteht allerdings die gerechtfertigte Hoffnung, einen unerfreulichen oder schrecklichen Abschnitt des Lebens zum Abschluss zu bringen. Denn im Gegensatz zum endlos quälenden Schuldgefühl oder der bitteren Opferposition hat die Trauer, wenn sie ihrem natürlichen Verlauf folgt und nicht irgendwo hängen bleibt und kompliziert wird, irgendwann ein Ende. Wir Menschen können, so meine Erfahrung, ja nicht nur mit schwerer Schuld oder Schädigung, sondern auch mit den schrecklichsten Verlusten, mit enttäuschten Erwartungen und erschreckenden Erkenntnissen oder Gefühlen fertigwerden, wenn wir mutig und geduldig das Tal der Trauer durchschreiten und alle Tränen weinen, die es zu weinen gibt. Trauer soll in Wellen kommen und gehen dürfen, sie heilt im Lauf der Zeit unmerklich unsere Wunden und irgendwann, irgendwie kann es wieder besser werden.

Und nochmals: *Unlogische Wege helfen besonders gut bei unvernünftigen Schuld- oder irrationalen Opfergefühlen.* Schließlich werden genau diese vielleicht durch irrationale, unvernünftige Gedanken, Gesetze und Fantasiebilder erzeugt oder erhalten. Dann können versuchsweise die bisher genannten Wege in der Vorstellungswelt gegangen werden. Selbstverständlich ist es ist dabei wichtig, vom Verstand her bewusst und klar zu unterscheiden, was »wahr« ist und was nur in der Vorstellungswelt passiert. Wenn das Reale nicht hilft, dann kann uns vielleicht Symbolisches und Rituelles, so wie ein Bußgang oder eine Spende, weiterbringen und aus verworrenen Schuldgefühlslagen befreien.

Oder vielleicht hilft ein anderer Weg …

Vielleicht die eine oder andere Geschichte, eine reale aus dem eigenen Leben, so wie die bisherigen im Buch, oder ein Märchen?

> *»Es geschah einmal in einem weit, sehr weit entfernten Land vor langer Zeit, vielleicht sogar während der Steinzeit. Dort gab es einen Menschen, der lebte recht fröhlich sein Leben, so wie alle es tun, solange die Katastrophen nur in anderen Ländern oder Familien passieren. Er wohnte gut, pflegte Freundschaften, liebte und lebte mit einem gesunden Körper und einem guten Herzen, selbst wenn ihm das oft gar nicht bewusst war. Alles war ziemlich gut.*
> *Doch eines Tages passierte ihm ein schrecklicher Fehler. Er traf eine falsche Entscheidung. Sie veränderte nicht nur sein Leben zum Schlechten, sondern riss auch andere in den Abgrund. Ich weiß nicht, ob*

er es hätte besser wissen müssen oder nicht, ich weiß nur, dass es diesem Menschen furchtbar schlecht ging damit. Denn die Menschen mit gutem Herzen, auch wenn sie dieses nicht ständig vor sich hertragen, leiden unendlich, wenn sie Unglück verursachen. Er musste von sich denken: »Ich bin schuldig. Ich werde nie wieder glücklich sein.« Vielleicht sogar: »Ich verdiene es nicht zu leben.« Mehr schlecht als recht machte der Mensch dann doch irgendwie weiter, doch alle Freude war aus seinem Herzen verschwunden. Denn an der Schuld gab es keinen Zweifel. Ständig kreisten die Bilder und Gedanken über die damalige Katastrophe in seinem Kopf und erinnerten ihn gnadenlos daran. Das Schuldgefühl lastete auf der Seele und nahm ihm beinahe die Luft zum Atmen. So ging das viele Jahre lang. Es war nicht gut, war gar nicht gut. Doch leider, leider kann das einem Menschen passieren, auch den gutherzigen. Besonders den gutherzigen.

Eines Tages begegnete ihm im Traum »die Gerechtigkeit«. Sie sagte zu ihm: »Seit Jahren sehe ich, wie du leidest und damit für deine Fehlentscheidung büßt. Es war furchtbar, damals. Dieser Tag hat viel Schlimmes verursacht, für andere Menschen und für dich. Denn jeder und jede von uns ist einzigartig und wertvoll. Jedes Leben verdient, geschützt zu werden, so will es das Gesetz. Auch das deine. Ich komme heute zu dir, denn es wurde entschieden: Du hast nun genug gebüßt. Deine Schuld ist abgetragen. Doch weil du ein so besonders gutes Herz hast, kannst du das selbst noch nicht fühlen. Daher gebe ich dir eine letzte Aufgabe: Wähle einen dieser Wege und dann sei dir verziehen.« Im Traum durchdachte der Mensch die zwölf gezeigten Möglichkeiten und traf eine Entscheidung: Noch weitere sieben Jahre lang wollte er Wiedergutmachung leisten und alles, was er nicht selbst zum Leben brauchte, jenen geben, denen er damals geschadet hatte. Sieben Jahre lang. Das wählte er und er wählte gut.

Er wachte auf und irgendwie war alles besser. Er begann, seinen Plan umzusetzen. Das war nicht leicht, denn manche dieser Menschen weigerten sich, seine Wiedergutmachung anzunehmen. Sie hatten ihm schon längst verziehen und wollten nur, dass er aufhörte, durch sein Schuldgefühl weiterhin einen Schatten auf ihr Leben zu werfen. Anderen wieder half er damit aus dem Opfergefühl heraus. Auf den Tag genau nach sieben Jahren hatte er sich freigekämpft von aller Schuld und konnte endlich denken: »Es ist vorbei. Ich habe genug getan. Es darf mir wieder gut gehen.« Und genau so war es auch. Er lebte wieder glücklich und zufrieden, dieser Mensch mit dem besonders guten Herzen in dem weit entfernten Land im Kreise seiner Lieben, und hatte noch viele, tolle Tage.

Anhang

Quellen- und Literaturverzeichnis, Literaturempfehlungen

Albani, C. (2007). Interpersonelle Schuldgefühle und psychische Beeinträchtigung. *Zeitschrift für klinische Psychologie und Psychotherapie 36 (3)*, S. 153–163.

Bauer, J. (2009). *Warum ich fühle, was du fühlst. Intuitive Kommunikation und das Geheimnis der Spiegelneuronen.* München: Heyne.

Bibel. (kein Datum). *Altes Testament, Exodus 21,23–25.*

Boll, T. (34 2002). Vorhersage elternbezogener Schuldgefühle bei Kindern im mittleren Erwachsenenalter. *Zeitschrift für Entwicklungspsychologie und Pädagogische Psychologie,* S. 95–105, https://econtent.hogrefe.com/doi/abs/10.1026//0049-8637.34.2.95?journalCode=zep.

Boszormenyi-Nagy, I. (2015). *Unsichtbare Bindungen: Die Dynamik familiärer Systeme.* Stuttgart: Klett-Cotta.

Breines, J. (38 (9) 2012). Self-Compassion Increases Self-Improvement Motivation. *Personality and Social Psychology Bulletin*, S. 1133–1143.

Brock, B. (22 (3) 2011). Cleansing the Soul by Hurting the Flesh: The Guilt-Reducing Effect of Pain. *Psychological Science*, S. 334–335.

Bulmann, et al (35 (5) 1977). Attributions of blame and coping in the »real world«: severe accident victims react to their lot. *Journal of Personality and Social Psychology*, S. 351–363.

Burisch, M. (2006). *Das Burnout-Syndrom. Theorie der inneren Erschöpfung.* Berlin, Heidelberg: Springer.

Cavalera, C. (2014). Cavalera C, Pepe A. Social emotions and cognitions: shame, guilt and working memory. 2014; 112: . *Procedia – Social and Behavioral Sciences; 112*, S. 457–64 .

Clement, U. (2002). Offene Rechnungen – Ausgleichsrituale in der Paartherapie. In R. e. Welter-Endelin, *Rituale – Vielfalt in Alltag und Therapie.* Heidelberg: Carl Auer Verlag.

COE. *Konvention zum Schutze der Menschenrechte und Grundfreiheiten.* https://www.coe.int/de/web/conventions/full-list/-/conventions/treaty/005: Europarat (2.1.2020)

Coles, N. (2019). A meta-analysis of the facial feedback literature: Effects of facial feedback ... *Psychological Bulletin 145 (6)*, S. 610–651.

De Waal, F. (2015). *Der Mensch, der Bonobo und die zehn Gebote.* Stuttgart: Klett-Cotta.

De Hooge. (26 2012). The exemplary social emotion guilt: Not so relationship-oriented when another person repairs for you. *Cognition and Emotion, 26, 1189–1207*, S. 1189–1207, https://www.tandfonline.com/doi/abs/10.1080/02699931.2011.640663.

De Mello, A. (2017). *Warum der Schäfer jedes Wetter liebt: Weisheitsgeschichten.* Freiburg: Herder.

Dirnberger-Puchner, S. (2019). *Werden wir wie unsere Eltern? Die Kunst, sein Leben zu verändern.* Wien, Berlin: Goldegg.

Dodge, K. (74 (2) 2003). Peer rejection and social information-processing. *Child Development*, S. 374–393.

Dölling, D. (1 (1) 2007). Zur Willensfreiheit im strafrechlichen Sinn. *Forensische Psychiatrie, Psychologie, Kriminologie*, S. 59–62.

Donohue, M. R. (55 (10) 2019). Reparative prosocial behaviors alleviate children's guilt. *Developmental Psychology*, S. 2102–2113, https://www.researchgate.net/publication/334685435_Reparative_prosocial_behaviors_alleviate_children's_guilt.

Duden. (2014). *Das Herkunftswörterbuch. Etymologie der deutschen Sprache.* Berlin, Mannheim, Zürich: Dudenverlag.

Felser, G. (2001 (2015)). *Werbe- und Konsumentenpsychologie.* Heidelberg: Spektrum Akademischer (Springer).

Finkel, E. (Juni 2013). A Brief Intervention to Promote Conflict Reappraisal Preserves Marital Quality Over Time. *Psychological Science 24(8).*

Fischer, G. (2009). *Lehrbuch der Psychotraumatologie.* München: Ernst Reinhardt.

Fonagy, P. (2004). *Affektregulierung, Mentalisierung und die Entwicklung des Selbst.* Stuttgart: Klett-Cotta.

Förster, J. (2018). *Warum wir tun, was wir tun. Wie die Psychologie unseren Alltag bestimmt.* München: Droemer.

Gestaltpsychologie. (kein Datum). *https://de.wikipedia.org/wiki/Gestaltpsychologie.*

Global-Peace-Index. (kein Datum). *http://visionofhumanity.org/app/uploads/2019/07/GPI-2019web.pdf.*

Holloway, D. (2005). Guilt can do good., 36(10). *Monitor on Psychology.*

Holt-Lunstad, J. (6 (1) 2012). Social Relationships and Mortality. *Social and Personality Psychology Compass*, S. 41–53.

Hosse, D. (36 2005). Scham, Schuldgefühle und Delinquenz. *Zeitschrift für Sozialpsychologie*, S. 227–238.

https://bauernzeitung.at/gesetzliche-aenderungen-beim-katastrophenfonds (2.1.2020)

https://chrome.google.com/webstore/detail/just-not-sorry-the-gmail/fmegmibednnlgojepmidhlhpjbppmlci (2.1.2020)

https://de.statista.com/statistik/daten/studie/161724/umfrage/verkehrstote-in-deutschland-monatszahlen/ (2.1.2020)

https://de.wikipedia.org/wiki/Abraham_Maslow (2.1.2020)

https://de.wikipedia.org/wiki/Milgram-Experiment (2.1.2020)

https://thework.com/sites/deutsch (2.1.2020)

https://www.jusline.at/gesetz/stgb (2.1.2020)

https://www.krone.at/83180 (2.1.2020)

https://www.wienerzeitung.at/nachrichten/wirtschaft/oesterreich/678904_Land-der-Normen.html (2.1.2020)

www.gbe-bund.de; www.statistik.at (2.1.2020)

Huber, M. (2012). Trauma und die Folgen: Trauma und Traumabehandlung. Paderborn: Jungfermann.

Hülshoff, T. (2006). *Emotionen. Eine Einführung für beratende, therapeutische, pädagogische und soziale Berufe.* Ernst Reinhardt: München.

ICD10-F43. (kein Datum). *https://www.icd-code.de/icd/code/F43.1.html.*

Indien. (kein Datum). *https://www.youtube.com/watch?v=nuvHtCaioBI (26. 10. 2019).*

Julius, H. (2009). *Bindung im Kindesalter: Diagnostik und Interventionen.* Göttingen: Hogrefe.

Julius, H. (2014). *Bindung zu Tieren: Psychologische und neurobiologische Grundlagen tiergestützter Interventionen.* Göttingen: Hogrefe.

Junker, S. (2011). *Schuldgefühle bei Psychotherapeuten. Dissertation.* Psychologisches Institut d. Ruprecht-Karls-Universität Heidelberg.

Kahneman, D. (2016). *Schnelles Denken, langsames Denken.* München: Penguin.

Kernstock-Redl, H. S. (2008). Wohin es Menschen zieht: Der Alpha-Quadrant. *Psychologie in Österreich, PiÖ,* S. https://kernstock-redl.at/media/files/Pi-_Artikel_kernstock-redl_sachsse.pdf.

Keysers, C. (2014). *Unser empathisches Gehirn. Warum wir verstehen, was andere fühlen.* München: C.Bertelsmann.

Kopp-Wichmann, R. (kein Datum). *https://www.persoenlichkeits-blog.de/article/113790/warum-habe-ich-krebs.*

Kouchaki, M. (143 (1) 2014). The Burden of Guilt: Heavy Backpacks, Light Snacks, and Enhanced Morality. *Journal of Experimental Psychology: Genera,* S. 414–424

Kühl, S. (2010). *Informalität und Organisationskultur. Workingpaper.* https://www.uni-bielefeld.de/soz/personen/kuehl/pdf/Informalitat-und-Organisationskultur-Workingpaper-01062010.pdf.

Kurbel, C. (2019). *Helikopter und Phantome. Unveröffentl. Mitt. »Kindertagung VPA«.*

Lammers, M. (2016). *Emotionsbezogene Psychotherapie von Scham und Schuld. Ein Praxishandbuch.* Stuttgart: Schattauer.

Lammers, M. (2017). *Mit Schuld, Scham und Methode. Ein Selbsthilfebuch'.* Köln: Balance Buch und Medien Verlag.

Linden, M. (2017). *Verbitterung und Posttraumatische Verbitterungsstörung.* Göttingen: Hogrefe.

Luhmann, N. (2000). *Organisation und Entscheidung.* Opladen: WDV.

Malti, T. (2009). Children's moral motivation, sympathy and prosocial behavior. *Child Development (80),* S. 442–460.

Malti, T. (2015). *Soziale Kompetenz bei Kindern und Jugendlichen: Entwicklungsprozesse und Förderungsmöglichkeiten.* Stuttgart: Kohlhammer.

Mann, T. (14. 4 2015). Can we Undo our First Impressions? . *Character & Context*, S. http://www.spsp.org/news-center/blog/can-we-undo-our-first-impressions.

Mendes, N. (2018 (2)). Preschool children and chimpanzees incur costs to watch punishment of antisocial others. *Nature Human Behaviour.*, S. 45–51, https://www.nature.com/articles/s41562–017–0264–5.

Ochsner & Gross 2005 in Lammers, M. (2016). *Emotionsbezogene Psychotherapie von Scham und Schuld. Ein Praxishandbuch.* Stuttgart: Schattauer.

Oerter, R. (1995). *Entwicklungspsychologie. Ein Lehrbuch.* Weinheim: Beltz – Psychologie Verlags Union.

ÖIF. (2016). *Forschungsbericht Nr. 21: Erziehung – nicht genügend?* https://www.oif.ac.at/fileadmin/user_upload/p_oif/Forschungsberichte/fb_21_erziehungskompetenz.pdf.

Pauen, S. (2007). *Was Babys denken: eine Geschichte des ersten Lebensjahres.* München: C.H.Beck.

Pe'e, E. (106 (2) 2014). »I Cheated but Only a Little« – Partial Confessions to Unethical Behavior. *Journal of Personality and Social Psychology.*

Pfersdorf, S. (3 2019). Der perfekte Körper. *Psychologie heute.*

PYPO-Network. (kein Datum). *https://www.youtube.com/watch?v=ometHcurfUA.*

Reddemann, L. (2018). Eine Reise von 1000 Meilen beginnt mit dem ersten Schritt. Freiburg: Herder.

Reemtsma, J. P. (1998). *Im Keller.* Hamburg: Rowohlt.

Reiss, J. (2013). *Self-Compassion, Emotionsregulation und Empathie in Zusammenhang mit psychischer Belastung. Unveröffentlichte Diplomarbeit.* Wien: Universität Wien.

Roediger, E. (2016). *Praxis der Schematherapie.* Stuttgart: Schattauer.

Rosenberg, M. (2016). *Gewaltfreie Kommunikation: Eine Sprache des Lebens.* Paderborn: Junfermann.

Rother, M. (2013). *Die Kata des Weltmarktführers: Toyotas Erfolgsmethoden* . Frankfurt am Main: Campus.

Schneider, W. (2012). *Entwicklungspsychologie*. Weinheim, Basel: Beltz.

Spitzer, M. (2012). *Digitale Demenz: Wie wir uns und unsere Kinder um den Verstand bringen*. München: Droemer HC.

Statistik-Austria-Verkehr. (kein Datum). *https://www.statistik.at/web_de/statistiken/energie_umwelt_innovation_mobilitaet/verkehr/strasse/unfaelle_mit_personenschaden/index.html.*

Strough, J. e. (2008 (19)). Are older adults less subject to the sunk-cost fallacy than younger adults? *Psychological Science*, S. 650–652, https://www.gwern.net/docs/sunkcosts/2008-strough.pdf.

Xie, W. e. (24 (3) 2014). Money, moral transgressions and blame. *Journal of Consumer Psychology*, S. 299–306; https://onlinelibrary.wiley.com/doi/abs/10.1016/j.jcps.2013.12.002.

Anmerkungen

1 DeWaal, Frans: 2015
2 Lammers, 2016, S. 55
3 Kouchaki, 2014
4 Coles, 2019
5 Dodge, 2003
6 Roediger, 2016
7 Schneider, 2012
8 Lammers, 2016, S. 225
9 Kernstock-Redl, 2008
10 Bauer, 2009
11 Keysers, 2014, S. 251
12 Breines, 2012
13 De Waal, 2015, S. 177
14 Xie, 2014
15 Junker, 2011, S. 137
16 Burisch, 2006
17 Reiss, 2020
18 Clement, 2002
19 www.schuldgefühle.at
20 www.schuldgefühle.at
21 Lammers, 2017, S. 27
22 Finkel, 2013
23 Milgram, 1963
24 ÖIF, 2016
25 Albani (2007) und Junker (2011)
26 www.schuldgefühle.at
27 Malti, 2015
28 Spitzer, 2012
29 Schneider, 2012, S. 174
30 Oerter, 1995, S. 204
31 Schneider, 2012, S. 532
32 Schneider, 2012, S. 182f
33 Lammers, 2016, S. 97
34 Holloway, 2005
35 Hosse, 2005
36 Boll, 2002
37 www.schuldgefühle.at
38 Schneider, 2012, S. 530
39 www.schuldgefühle.at
40 Donohue, 2019
41 Pe'e, 2014
42 www.schuldgefühle.at
43 www.schuldgefühle.at
44 Reiss J., 2013